具有中原地域特色的新型农村社区形象设计建设体系战略研究与实证分析

陈　萍◎著

中国水利水电出版社
www.waterpub.com.cn

内 容 提 要

本书从城市设计的角度研究新型城镇的设计，运用城市设计、社会学、经济学等学科理论，研究新型农村社区的现代化设计。在设计研究中，既结合了本土的地域特色，又借鉴了国内外相关理论的思想和方法，对农村社区的空间形象、景观形象、公共服务形象、可持续发展动力进行了深入的分析，提出了富有创新意义的建议。

图书在版编目（CIP）数据

具有中原地域特色的新型农村社区形象设计建设体系战略研究与实证分析 / 陈萍著. -- 北京 : 中国水利水电出版社, 2015.5（2022.9重印）
ISBN 978-7-5170-3094-2

Ⅰ. ①具… Ⅱ. ①陈… Ⅲ. ①农村社区－社区建设－研究－中国 Ⅳ. ①D669.3

中国版本图书馆CIP数据核字(2015)第078644号

策划编辑：杨庆川　责任编辑：陈　洁　封面设计：马静静

书　名	具有中原地域特色的新型农村社区形象设计建设体系战略研究与实证分析
作　者	陈　萍　著
出版发行	中国水利水电出版社 （北京市海淀区玉渊潭南路 1 号 D 座 100038） 网址：www.waterpub.com.cn E-mail：mchannel@263.net（万水） sales@mwr.gov.cn 电话：(010)68545888（营销中心）、82562819（万水）
经　售	北京科水图书销售有限公司 电话：(010)63202643、68545874 全国各地新华书店和相关出版物销售网点
排　版	北京厚诚则铭印刷科技有限公司
印　刷	天津光之彩印刷有限公司
规　格	170mm×240mm　16 开本　16.25 印张　211 千字
版　次	2015年8月第1版　2022年9月第2次印刷
印　数	3001-4001册
定　价	49.00 元

前　言

新型城镇化背景下的新型农村社区建设不仅仅是简单的形式上的人口集聚，或者“大鱼吃小鱼，小鱼吃虾米”的村庄重组，而应是在推进过程中，有效保护农民利益，要充分考虑县乡政府和农户的承受能力，并为今后农村居住形态的演化留下余地，同时要不遗余力地保护具有地域特色的元素，包括文化、生态、空间以及特色的生活方式。只有这样，才有可能在快速城镇化的进程中做到真正地因地制宜、富有特色的农村社区建设，才能有效避免出现大规模形式雷同和缺少内涵的农村社区。

本书的研究从城市设计的角度入手，结合城市规划、社会学、经济学等学科理论，以新型农村社区为研究对象，借鉴国内外相关理论的思想与方法，从区域和个体的角度，对其空间形象、景观形象、公共服务形象、可持续发展动力进行研究，整体探求新型城镇化背景下具有中原地域特色的新型农村社区空间形象设计的有效策略，丰富和发展城市形象设计理论。最后，结合城市规划的实证研究，探索如何从战略发展的角度应用和推广新型农村社区的形象设计。

在过去的几年中，关于本书的研究工作，获得了包括河南省教育厅人文社科青年项目基金，河南省社科联以及郑州市社科联的支持和慷慨资助，使得我们有信心和实力坚持将我们前期的研究成果最终出版成册。可以说，本书的出版是向自 2012 年以来，我们所承担的科技厅成果项目、河南省教育厅人文社科青年项目、河南省社科联调研课题以及郑州市社科联调研课题递交了一份圆满的答卷。

本书研究内容的撰写，获得了华北水利水电大学上述研究课题组成员以及设计院同仁们的无私帮助和支持。我们在两年的时间内，共同投入了无数的精力和时间试图寻找那些表面矛盾背后的事实真相，以期给予那些曾经美丽却又落后的乡村社会一个可持续发展的助推力，而不是无视子孙后代的“掠夺”式发展模式。在这里，感谢他们与我共同走过的两年时间，感谢他们为我的研究成果所提供的各种支持和帮助。

此外，本书的出版能够让我引以为豪的，便是将科研调查与学校的社会实践密切联系，我带领学校十余位学生在两年内利用节假日和暑期的时间对省内数个村镇进行实地走访和勘察，获得了大量的第一手资料，学生所撰写的大学生实践报告在省团委组织的大学生暑期社会实践评奖中获得了优秀作品奖和优秀指导教师的荣誉，这对于作为教师的我是一个莫大的鼓励和鞭策。学生在此次研究中的优秀表现和惊人的创新能力比研究成果的出版更加令人感到欣慰和喜悦。

在这里，非常感谢冒着酷暑与我一起实地勘察的同学们，我认为非常有必要在这里提到他们的名字：曹亚宾、傅求妹、海东、刘书炎、刘志军、尚桂山、施炎坤、尚京卫、王璐、王晓安、汪义超、徐峰、薛志平、徐立东、郑向国、赵珍珍、魏亚楠、赵军、张峻溪。

希望我们的微薄努力，可以为新型城镇化背景下的新型农村社区形象体系构建提供科学的支持和帮助。

向所有给予本书支持和帮助的人致以诚挚的感谢和祝福。

陈　萍

华北水利水电大学建筑学院

2014 年 11 月 10 日

目　录

第一章　新时代背景下中国乡村建设运动的内涵

一、农村建设运动内涵的发展

（一）新农村建设运动的内涵

2005年10月，中国共产党十六届五中全会通过《十一五规划纲要建议》，提出要按照“生产发展、生活宽裕、乡风文明、村容整洁、管理民主”的要求，扎实推进社会主义新农村建设。对于新时代背景下提出的社会主义新农村建设，与早先曾多次使用过的提法类似，但是却具有更加深远的内涵和意义。

与以往仅仅以美化乡村风貌不同，新时期的新农村建设运动给中国的乡村社会带来了前所未有的规划高潮。从图纸规划到现实的工程实践，“城乡建设，规划先行”逐步成为乡村基层社会的共识，一个合法、合理和贯彻可持续发展原则的村庄规划成为建设新农村的关键环节。从河南省自2006年开始进行的较大规模的新农村规划建设来看。这一时期的规划原则严格遵照《中共中央国务院关于推进社会主义新农村建设的若干意见》的指导，把科学规划作为新农村建设的龙头来抓，引导生产要素的合理流动和有效集聚，在村庄布局规划指导下，引导土地集约利用和人居环境的改善。

根据“生产发展、生活宽裕、乡风文明、村容整洁、管理民主”的要求，新农村建设初期进行了村庄整治规划的编制，针对中国村庄长期缺少统一有效的规划问题，坚持规划的可操作性和经济性；实事求是，因地制宜；突出重点，统筹兼顾；少拆建，重整治；立足现状，逐步展开；坚持可持续发展，以人为本的弹性规划原则。这一时期的规划内容从村域和村庄两个层面，明确了规划的原则和目标，并对村庄的规模、人口预测、职能分析与定位，经济分析预测与规划结构做了较为详细的规划说明。同时，在村庄建设规划层面，配合图纸对土地利用规划，总体规划布局和村庄建设规划具体措施，以及村庄近期建设的整治规划方案进行了较为详尽的说明。

随着新农村建设的逐步推进，原先的村庄整治规划逐渐暴露出来一些问题，由居住小区模式转换而来的规划方式不能完全解决村庄整治和发展过程中的问题，尤其是容易出现复制城市蓝本，破坏地域形象风格特征的现象。

（二）农村社区与新型农村社区的内涵转变

农村社区一直是社会学和经济学研究农村社会的一个重点，是与城市社区相对应的社区概念。农村社区可以简单定义为，农村居民以农业生产活动为主要生活来源的社会区域共同体。我们把传统意义上的农村社区定义为：以村落为居住和社会活动的地域范围，居民以农业为主要职业、人际关系密切、基层政府和居民自治结合共同治理的社会生活共同体。传统农村社区的特点是：①人口同质性强；②社会关系以血缘关系和邻里关系为基础；③自给自足的自然经济占主导；④规模较小，人口密度较低，居住分散；⑤传统农村社区还具有其他一些显著特征，如较为封闭、文化传统性强、地方特色明显、家族规模较大等。

伴随着新农村建设的深入和新型城镇化建设的稳步推进，传统的农村社区已经不能适应社会发展的需要，在新农村建设过程中，逐渐暴露出以下问题：①农村环境的“脏、乱、差”，单纯的清洁运动很难根治环境问题；②“空心房”“空心村”“建新不拆旧”“一户多宅”现象普遍，缺少有效的整治措施和法律依据；③基础设施投入大，资金“撒胡椒面”式投入，公共资源浪费严重；④产业结构调整难，建设人才匮乏。基于上述原因，以个体村庄改造和兴建为主体的村庄建设很难完全破解城乡二元结构的问题，无法加快城市基础设施加速向农村延伸，公共服务加速向农村覆盖，城市文明加速向农村传播，城市资源加速向农村流动的城乡一体化进程。在这种情况下，我们需要一种新型的农村社区与新型城镇化建设的模式相呼应。

正如前文所述，较早的研究认为农村社区指居住于某一个特定区域、具有共同利益关系、社会互动并拥有相应的服务体系的一个社会群体，是根据血缘和地缘关系聚集起来的人类生活共同体，是农村中的一个人文和空间复合单元。而当前新型城镇化建设背景下的“新型农村社区”已经被赋予了新的内涵和时代意义。第一，新型社区不再是一种自发形成的“社区”，也不是一般意义上的“共同体”，而是一种政府主导的规划性的社会生活共同体，更是一种国家规划性制度变迁的产物，具有强烈的城镇化时代特征。第二，新型农村社区居民经济活动发生明显变化，农业依然成为社区的主导产业，但是第二、第三产业逐渐纳入到社区产业结构中。随着土地、人口的集中、产业的集约，大量剩余农村劳动力可以就地或就近转移到第二、第三产业中去。第三，新型农村社区成员同质性下降。迁村并点的过程中，原有社区的血缘关系和地域关系被重新调整和组合，这一过程中，新社区居民的心理认同感和归属感需要经历一个适应过程。第四，社区居民可以享受一个比较完善的社区服务体系，大大缩小城市社区与农村社区的差别。这一服务体系包括文化、教育、医疗以及公共基础社区等方面。第五，社区组织管理形式多样。新型社区是在原有农村社区单元的基础上发展而来的，以人口和土地的高度集约为特征。新型社区的“新”特征要想长久的保持下去，科学合理的管理组织形式需要多元化，不能一成不变、模式化。因地制宜，科学合理是新型社区组织管理的又一特色。

二、新农村社区建设导则的实施及其特征研究——以河南省为例

为了更加有效地指导河南省新型农村社区建设，省建设厅制订了《河南省新型农村社区规划建设导则》，结合新型农村社区规划建设的发展特点，考虑到县域体系规划和新型农村社区布局规划的衔接，针对新型农村社区建设制定了从村域到村庄详细规划的具体指导细则。

该导则涉及三个层次规划内容：一是新型农村社区布局规划；二是新型农村社区空间发展规划；三是新型农村社区详细规划。在导则中明确规定了新型农村社区布局规划是对村镇体系规划相关内容的深化和优化调整，是对村镇体系规划的补充和完善，应在村镇体系规划的基础上进行编制，并替代其中的村庄布局规划等相关内容。而新型农村社区空间发展规划和新型农村社区详细规划，是指导新型农村社区建设的具体规划，应同时编制。

针对在新农村建设过程中缺少有效规范指导，农村社区建设和城市社区建设混淆，或者生搬硬套的现象。导则中明确针对新型农村社区设立了较为规范的技术指导和建设原则与目标，具体表现在以下几个方面。

首先，明确的专有术语解释。早先的新农村建设尽管有了纲领性的文件指导，但是并没有统一的规范要求和建设细则，尤其是关于新型农村社区建设中出现的一些新术语和用词没有明确和统一的解释，在最终使用的导则中，最先明确规定的就是与新型农村社区建设有关的相关术语的解释说明(表 1-1)。

表 1-1　新型农村社区建设导则术语与居住区规范术语的比较

术语名称	术语解释	居住区规范对应的相应术语解释
新型农村社区	指在农村区域按新型农村社区布局规划所建设的、居住方式与农村产业发展相协调,且具备完善基础设施和社会化公共服务设施的现代化新型农民聚居点	无
新型农村社区布局规划	是指在新型城镇化引领下,进行的县(市、区)域新型农村社区选址布点规划,主要包括新型农村社区的位置、人口规模、用地规模、建设引导等,也包括支撑新型农村社区发展的基础设施专项规划和公共服务设施专项规划	无
新型农村社区空间发展规划	是指在新型农村社区规划范围内,对产业发展、产业布局以及土地利用空间、基础设施和公共服务设施做出安排的规划	无
新型农村社区详细规划	是指对新型农村社区建设用地范围进行的兼有控规内容的修建性详细规划	无
新型农村社区建设用地	是指新型农村社区建设所占用的用地,包括住宅用地和公共设施用地、道路广场用地、绿化用地四类,不包括生产用地	住宅用地、公建用地、道路用地和公共绿地等四项用地的总称

续表

术语名称	术语解释	居住区规范对应的相应术语解释
公共设施用地	社区内为社区服务的行政、经济、文化、教育、卫生、体育等机构或设施的建设用地	一般称公建用地，是与居住人口规模相对应配建的、为居民服务和使用的各类设施的用地，应包括建筑基底占地及其所属场院、绿地和配建停车场等
农村非农产业用地	农村地区从事工业发展、商贸物流业发展、旅游业发展等非农性产业发展的用地	无
交通用地	社区内道路、公共停车场等设施的用地	居住区道路、小区路、组团路及非公建配建的居民汽车地面停放场地
居住组团	社区中被小区道路分隔，设有与其居住人口规模相适应的、居民所需的公共服务设施的居住生活聚集地	一般称组团，指一般被小区道路分隔，并与居住人口规模（1 000～3 000 人）相对应，配建有居民所需的基层公共服务设施的居住生活聚居地
住宅建筑面积净密度	每公顷住宅用地上拥有的住宅建筑面积（万平方米/公顷）	每公顷住宅用地上拥有的住宅建筑面积（万平方米/公顷）
住宅建筑净密度	住宅建筑基底总面积与住宅用地面积的比率（%）	住宅建筑基底总面积与住宅用地面积的比率（%）

续表

术语名称	术语解释	居住区规范对应的相应术语解释
建筑面积毛密度(容积率)	每公顷居住用地上拥有的各类建筑的建筑面积(万平方米/公顷)或以居住区总面积(万平方米)与居住区用地(万平方米)的比值表示	每公顷居住区用地上拥有的住宅建筑面积(万平方米/公顷)
建筑间距	居住建筑正面向阳房间在规定的日照标准日获得的日照量,是编制居住区规划确定居住建筑间距的主要依据	无
日照标准	居住建筑正面向阳房间在规定的日照标准日获得的日照量,是编制居住区规划确定居住建筑间距的主要依据	日照间距系数:根据日照标准确定的房屋间距与遮挡房屋檐高的比值
绿地率	社区内各类绿化用地总面积占该地区总面积的比例	居住区用地范围内各类绿地面积的总和占居住区用地面积的比率(%) 绿地应包括:公共绿地、宅旁绿地、公共服务设施所属绿地和道路绿地(即道路红线内的绿地),其中包括满足当地植树绿化覆土要求、方便居民出入的地下或半地下建筑的屋顶绿地,不应包括屋顶、晒台的人工绿地

其次,导则根据三个不同层面的规划,明确了各自层面的规划内容和规划目标。包括新型农村社区布局规划、新型农村社区发空间发展规划和新型农村社区详细规划三个方面。

(1)新型农村社区布局规划。是在承接县域体系规划的基础上,针对新型农村社区的总体布局进行的新型规划措施,主要内容包括新型农村社区的数量、平均人口规模、产业发展目标、人均收入目标、平均耕作半径等;应依据新型城镇化的发展预测新型农村社区的人口规模。其中,根据新型农村社区建设不再仅仅是在原有村庄建设的情况,专门对村庄整合情况,即单村独建型新型农村社区和多村合建型新型农村社区进行了详细说明和解释。单村独建型新型农村社区指一个行政村或一个行政村内部几个自然村庄单独建设新型农村社区的建设方式,应根据实际情况在编制新型农村社区空间发展规划时编制村庄迁并整合规划,主要是集体建设用地和人口的整合。多村合建型新型农村社区指两个以上行政村或多个自然村共同建设一个新型农村社区的规划建设方式。在编制新型农村社区空间发展规划时应进一步编制以人口、土地、边界调整为主要内容的村庄迁并整合规划。同时,根据合并后社区人口的规模,划分了不同级别的社区(表 1-2)。

表 1-2　新型农村社区规模划分

人口规模(人)	社区类型
6 001～10 000	特大型社区
4 001～6 000	大型社区
2 001～4 000	中型社区
≤2 000	小型社区

注:资料来源于《河南省新型农村社区规划建设导则》。

新型农村社区布局规划,从空间整合和村庄迁并角度,给予了新型农村社区一个清晰、明确的规划框架,有利于整体县域范围内各个乡镇的人口、土地和资源集约。但是缺少对于地区整体形象的要求内容,仅仅是从空间层面控制了新型农村社区的整合分布与发展。

(2)新型农村社区空间发展规划的主要任务。在规划的范围内确定新型农村社区产业发展的方向、结构和目标,按宜工则工、宜农则农、宜商则商的原则，充分体现农民就地就业，就地实现生活方式的转变；编制产业布局规划，尤其是二、三产业布局规划；在规划的范围内对新型农村社区的土地使用和空间布局做出安排，实现与新型农村社区建设用地在功能上的有机对接；在新型农村社区布局规划的指导下，进一步完善规划范围内的村庄迁并整合规划，进一步完善规划范围内的基础设施和公共服务设施规划，其中区域性公共服务设施主要是殡葬、文物和宗教设施。新型农村社区建设用地标准应符合表1-3和表1-4的规定，各项建设用地取值相加不应超过建设用地上限。

表1-3　平原农区新型农村社区建设用地标准

用地类别	占建设用地比例(%)	人均建设用地指标(平方米/人)	
		Ⅰ类	Ⅱ类
住宅用地	50～75	35～55	40～60
公共设施用地	8～19	6～15	6～16
道路广场用地	10～19	7～15	8～16
绿化用地	5～10	4～8	4～8
建设总用地	100	≤70	≤80

注：①公共设施用地包括公共建筑用地和公用工程设施用地；

②资料来源于《河南省新型农村社区规划建设导则》。

表1-4　山区、丘陵区新型农村社区建设用地标准

用地类别	占建设用地比例(%)	人均建设用地指标(平方米/人)
住宅用地	35～80	35～80
公共设施用地	6～16	6～16
道路广场用地	7～16	7～16
绿化用地	4～8	4～8
建设总用地	100	≤100

注：资料来源于《河南省新型农村社区规划建设导则》。

空间发展规划有效地为村域范围内的产业空间协调和统一筹划提供了科学的规划依据和指导策略，能够缓解村庄长期以来各自独立发展的被动局面。但是，值得注意的是，在实际的规划建设过程中，各地政府和规划设计部门对导则中这一政策的解读往往会出现割裂整体空间发展规划的情况。导则规定在规划的范围内确定新型农村社区产业发展的方向、结构和目标，那么，在村庄整合与迁并过程中，新型农村社区空间范围的界定就会出现一定的问题，按照迁并后的村庄格局每个新型农村社区都独自完成一个空间发展规划的情况下，就会出现割裂整体乡镇统一的产业空间格局发展态势，这是一种错误的解读方式。一个乡镇的空间发展规划只能是一个完整的整体，每个社区空间发展规划可以作为其中不可分割的一部分，但是不能重新单独进行各自的空间发展规划设计和建设，否则，又会重新回到各自为政的原点，失去统一规划，统筹发展的意义。

(3)新型农村社区详细规划与建设要求。这一部分包含控制性详细规划和详细规划两个层面，从控制数据到具体的建筑设计对整体的社区建设和风貌第一次进行了较为细致和深入的指导和说明。在控制性详细规划图纸和说明中，除了基本的图纸和必要的说明之外，导则要求适当增加控规图则管制要求，落实空间发展规划的基本思路和发展目标，落实新型农村社区建设的基本要求和基本特点以及建设方向。控规图则主要由九项指标构成，即用地性质、用地面积、建筑密度、容积率、绿地率、停车泊位、建筑退红线、建筑限高、设施配置。

同时，导则对于公共服务设施，建筑设计等内容做了详细的规定和引导。具体内容包括以下四个方面。

(1)公共服务设施。

新型农村社区公共服务设施，原则上按规划的要求配套建设，应达到“规模适度、相对集中、道路硬化、人畜分离、商住分设、饮水卫生、服务配套、街容整洁、风貌鲜明”的基本要求。服务设施应包括：行政管理、社区服务、教育、医疗卫生、文化体育、商业服务、金融邮电和市政公用等八类设施。其配建水平，必须与居住人口规模相适应，并应与住宅同步规划、同步建设和同时投入使用。新型农村社区配套公建的项目见表1-5。

表1-5　公共服务设施建设指标（▲〈必设〉；△〈宜设〉）

类别	设施名称	服务内容	建设规定与规模要求	配置级别			
				特大型	大型	中型	小型
社区行政管理及社区综合服务	社区委员会（物业管理）	具备社区“八室”（村党组织办公室、村委会办公室、综合会议室、警务室、档案室、阅览室、党员活动室、信访调解室）	建筑面积≥200平方米	▲	▲	▲	▲
	社区服务中心	家政服务、咨询服务、代客订票、美容美发、洗浴、综合修理、辅助就业设施	建筑面积≥300平方米	▲	▲	▲	▲
	礼堂及场地	社区举办红白事的场所	占地面积800～1 000平方米	▲	▲	△	△
	计生站	可与卫生站合设	建筑面积20平方米以上（3 000人以上或有条件的社区可分设）	▲	▲	▲	▲
	养老院、民福院	老年人全托式护理服务	活动场地应有1/2的活动面积在标准的建筑日照阴影线之外；容积率不应大于0.3；床位数量应按照40床位/百老人的指标计算	▲	▲	△	—
	治安联防站	—	可与社区委员会合设，15～30平方米	▲	▲	▲	▲
	农具统一存放站	农具统一存放	每千人1座，占地面积300平方米以上	▲	▲	▲	▲

续表

类别	设施名称	服务内容	建设规定与规模要求	配置级别			
				特大型	大型	中型	小型
教育	托儿所	保教小于3周岁	根据规划设置，托幼可以合设，根据实际情况确定全托与半托的比例，人均占地面积不少于15平方米	▲	▲	△	△
	幼儿园	保教学龄前儿童		▲	▲	▲	△
	小学	6—12岁儿童入学	可参照《农村普通中小学建设标准》；可考虑小学与初中合建，设九年制学校	▲	▲	△	—
	中学	12—18岁青少年入学	按教育部门规划设置	—	—	—	—
	远程教育、科普教育学校	可综合利用学校设施，以学校为基础扩展兼具基础教育、职业教育、农村继续教育功能的新型农村学校	按规划设置	▲	▲	△	△
医疗卫生	卫生站	社区卫生服务站	建筑面积30平方米以上	▲	▲	▲	▲
文化体育	文化活动中心	老年活动中心、儿童活动中心、农民培训中心	建筑面积50～200平方米	▲	▲	▲	▲
	小型图书馆	农村科技活动、书刊与音像制品	靠近或者结合社区中心绿地或广场，安排用地面积不小于100平方米	▲	▲	▲	▲
	科技服务点	农业技术教育、培训、农产品市场信息服务	结合小型图书馆布置	▲	▲	△	△
	全民健身设施	球类、棋类活动场地，儿童及老年人学习活动健身场地、用房	结合公共绿地安排	▲	▲	▲	▲

续表

类别	设施名称	服务内容	建设规定与规模要求	配置级别			
				特大型	大型	中型	小型
商业服务	农贸市场	销售粮油、副食、蔬菜、干鲜果品、小商品	按组团设置，占地面积100～300平方米，农贸市场可与食品加工点合设	▲	▲	▲	△
	食品加工点	粮油、副食、蔬菜、果品加工					
	餐饮	主食、早点、举办婚丧宴	按规划设置	▲	▲	▲	△
	社区超市	烟酒糖茶等百货、日杂货	占地面积70～150平方米	▲	▲	▲	▲
	农资超市	化肥、农具、农药等销售点	占地面积50平方米以上	▲	▲	△	
	邮政、储蓄等代办点	邮电综合服务、储蓄、电话及相关业务等	按规划设置	▲	▲	▲	△
市政公用	垃圾收集点	服务半径不大于100米，分类收集，垃圾集中处理率达80%以上	——	▲	▲	▲	▲
	公厕	——	每800～1 000人1座，建设标准应不低于30～50平方米/千人，设置人流集中处，公厕应考虑无障碍设计	▲	▲	▲	△
	公交点	——	根据规划设置	▲	▲	▲	△
	配电房	——	（按供电系统技术要求设置）建筑面积50平方米左右	▲	▲	▲	▲
	水泵房	非集中供水区域内社区设置	按规划设置	—	—	—	—
	小型污水处理站	因地制宜，可集中，可分散	按规划设置	▲	▲	▲	△

注：资料来源于《河南省新型农村社区规划建设导则》。

(2)住宅与建筑。

新型农村社区内建筑应包括住宅建筑、公共设施建筑和其他建筑三部分。其他建筑的设置,应符合无污染、不扰民的要求。各类建筑必须进行设计,低层住宅建筑可参照省市推荐的户型,也可根据需要委托具有资质的设计单位完成,以满足结构安全要求。建筑必须体现地方乡土特色,与周边环境相协调。住宅建筑规划设计应符合以下规定:综合考虑用地条件、选型、朝向、间距、绿地、层数、密度、群体组合、空间环境、使用者要求等多方面因素,采用院落组合、街坊组团等多形式灵活布置。应建设一定比例的老年人公寓,且宜靠近相关服务设施和公共绿地,按《老年人居住建筑设计标准(GB/T 50340—2003)》实施。新型农村社区以低层住宅、单元式多层住宅为主,具备条件的可适当建设高层住宅。低层住宅控制在2～3层。其中,新型农村社区多层和高层住宅占总住宅的比例宜结合人均建设用地指标给予适当考虑(表1-6)。住宅建筑风格要简洁大方,建筑立面丰富,应配有必要的阳台、窗台、雨篷等构件。必须重视并体现对地方传统民俗文化的继承和利用,且与当地环境和田园风光相协调。住宅建筑色彩要社区整体协调、局部统一。社区色彩应采用建筑效果图进行报批以确定色彩。色彩应与当地环境、特色建筑相呼应、协调。宜参照《常用建筑色》(02J503—1)、《中国建筑色卡》确定。

表1-6　新型农村社区住宅建筑面积净密度

住宅层数	建设分区	
	Ⅰ类	Ⅱ类
低层(2～3层)	0.5	0.4
多层(4～6层)	1.2	1.0
中高层(7～9层)	1.8	1.5
高层(9～22)	2.8	2.5

注:①若低多层混合,取两者的指标值作为控制指标的上限值;

②本表不计地下层面积;

③建设分区按人均建设用地标准划分;

④资料来源于《河南省新型农村社区规划建设导则》。

(3)基础设施建设。

道路系统。新型农村社区道路在平原区及微丘区一般采用人车混行的道路系统,对于特大型、大型的新型农村社区宜推广人车部分分流的道路系统;在重丘区及山区可根据地形特点将车行道与人行道分开设置,自成系统。道路系统分级设置,一般分为三级:社区级道路、组团级道路和宅间道路。其设置应符合表1-7规定。社区道路边缘至建筑物、构筑物的最小距离,应符合表1-8规定。

表 1-7　新型农村社区道路分级设置一览表(米)

	特大型社区		大型社区		中型社区		小型社区	
	道路红线	建筑控制线	道路红线	建筑控制线	道路红线	建筑控制线	道路红线	建筑控制线
社区级道路	10～20	20～30	8～15	14～21	8～12	14～18	8～10	14～16
组团级道路	8～12	14～18	8～10	12～14	6～10	10～14	6～8	10～12
宅间道路	4～6	6～8	4～6	6～8	4～6	6～8	4～6	6～8

注:资料来源于《河南省新型农村社区规划建设导则》。

表 1-8　道路边缘至建筑物、构筑物最小距离(米)

与建、构筑物关系	建、构筑物层数	社区(级)路	社区组团(级)路
建筑物面向道路	低层	3	2
	多层	4	3
建筑物山墙面向道路	低层	1.5	1
	多层	2.5	1.5
围墙面向道路	不限	1	1

注:资料来源于《河南省新型农村社区规划建设导则》。

给排水工程。邻近城镇的新型农村社区,应优先考虑连接城镇供水管网供水到户,实行集中供水。有条件的地区,要实现区域管网联村联片集中供水。集中式给水应包括确定用水量、水质标准、水源及卫生防护、水质净化、给水设施、管网布置等。集中式给水的用水量应包括居民生活用水量、公共建筑用水量、浇洒道路广场及绿地用水量、未预见用水量及管网漏失水量、消防用水量。居民生活用水量指标为：基本型：生活用水定额50～120 升/人·天(最高日)；提高型：生活用水定额 100～200 升/人·天(最高日)。公共建筑的生活用水量应符合现行国家标准《建筑给水排水设计规范》(GB50015)的有关规定，也可按居住建筑生活用水量的8%～25%进行估算。

各社区应综合考虑城镇总体规划、环境保护以及当地的自然条件，结合社区的污水量、水质、所接纳的水体以及原有的排水设施来选取适合的排水体制。新型农村社区排水工程建设，原则上采用“雨污分流”制。居住建筑生活排水系统排水定额宜为相应的生活给水系统用水定额的 75%～90%。公共建筑生活排水定额应与公共建筑生活给水用水定额相同。

电力电信工程。电力工程主要确定供电电源点的位置、主变容量、电压等级及供电范围；确定配电电压等级、层次及配网接线方式，预留变配电站的位置，确定规模容量等。供电工程规划应以(乡)镇域基础设施规划和新型农村社区布局规划以及新型农村社区空间发展规划为指导，并依据《农村低压电力技术规程》(DL—T499—2001)

电信工程规划应以镇域基础设施规划、新型农村社区布局规划和新型农村社区空间发展规划为指导。电信工程规划应包括确定邮政、电信设施的数量、位置、规模、设施水平和管线布置。邮政局所设置要便于群众用邮，要根据人口密度和地理条件所确定的不同的服务人口数、服务半径、业务收入三项基本要素来确定。居住人口达 4 000 人以上的社区，宜设置 1 处邮政所，小于4 000人的社区宜设置邮政代办点。

广电工程、有线电视、广播网络根据社区建设的要求应尽量全面覆盖，宜户户通有线电视。有线电视、广播管线应与电话、网络同路由敷设，采用穿管埋地敷设方式。

环境卫生设施。环境卫生设施的规划与建设主要是为了加强新型农村社区环境卫生设施的规划、设计、建设、管理，提高环境卫生设施的整体水平，满足新型农村社区环境卫生设施发展和完善的需要，促进农村社区社会、经济和环境的协调发展。新型农村社区环境卫生设施的规划建设应符合现行国家标准《村镇规划卫生标准》(GB18055—2000)的有关规定。新型农村社区环境卫生设施的设置应符合城镇总体规划和新型农村社区空间发展规划的功能要求：布局合理、整洁卫生、方便实用、有利于环境卫生作业。重大环境卫生工程设施的设置宜做到联建共享、区域共享、城乡共享、实现环境卫生重大基础设施的优化配置。垃圾收集转运站宜设置在靠近服务区域的中心或垃圾产量集中和交通方便的地方。收集转运站的服务半径不宜超过 800 米，建筑面积不应小于 60 平方米；收集转运站周围应设置不小于 5 米宽的绿化带。新型农村社区应设置垃圾收集容器(垃圾箱)，每一收集容器(垃圾箱)的服务半径宜为 50～80 米，不大于 100 米，且位置固定。

公共厕所和户厕的建设、管理和粪便处理，均应符合《村镇规划卫生标准》(GB18055—2000)的要求。社区内主要道路两侧、公共设施等人群密集场所宜设置节水、环保型公共厕所，设置要求 1 座/800～1 000 人。独立式公共厕所外墙与相邻建筑距离一般不应小于 5 米，周围设置不小于 3 米的绿化带。公共厕所建设标准应不低于 30～50 平方米/千人，达到或超过三类水冲式标准；公共厕所应考虑无障碍设计。户厕应为水冲式厕所或其他环保型厕所。卫生器具和配件应采用节水型产品，不得使用一次冲水量大于 5 升的坐便器。户厕排污须连接到社区排污系统。

(4)景观与环境。

新型农村社区绿地主要包括公共绿地、宅旁绿地、道路绿地等，应体现当地的地域特色风貌，形成良好的生态环境。新型农村社区主次干道两侧、河渠两岸应营造良好的绿化环境；外侧应设置以乡土常绿树种为主的生态防护林带。

新型农村社区内的绿地系统应根据社区规划布局形态，采用点、线、面相结合的方式，统一安排。社区出入口、居民集中活动场所可适当设置集中绿地；利用不宜建设的场地改造成小型绿地。

异地新建型社区植物配置要统一规划，反映地域田园特色与文化特色，优先选用经济、美观的乡土树种，一切可绿化的用地均应绿化，重点发展垂直绿化。社区公共绿地设置应符合下列规定(表 1-9、表 1-10)。

表 1-9 各级绿地建设规定

中心绿地名称	设置内容	要求
公共绿地	花木草坪、花坛水面、雕塑、老幼设施、铺装地面、桌椅、简易儿童设施等	便于居民休憩、散步和交往使用，宜采用开敞式，用绿篱或其他通透式院墙栏杆做分隔；结合周围苗圃、农林等乡村绿地统一建设
社区游园	花木草坪、花坛水面、雕塑、老幼设施、铺装地面	园内布局应有一定的功能划分
组团绿地	花木草坪、桌椅、简易儿童设施等	不少于 1/2 的绿地面积在标准的建筑日照阴影线范围之外的要求，并设置儿童游戏设施并适于成人游憩活动
道路、边沟	布置绿化带或行道树	绿化带宽度以 1.5～4.0 米为宜
绿化面积	—	不宜小于 60%(含水面)
社区内带状公共绿地	—	宽度同时满足不小于 4 米，面积不小于 200 平方米

注：资料来源于《河南省新型农村社区规划建设导则》。

表 1-10 社区公共绿地人均指标及绿地率

社区类别	人均公共绿地	绿地率
异地新建型社区	不少于 8.0 平方米	不应低于 35%
地改建型社区	不少于 6.0 平方米	不应低于 30%

注:①特大型新型农村社区绿地率、人均公共绿地在上述指标基础上可适当增加 10%;小型新型农村社区绿地率,人均公共绿地在上述指标基础上可适当降低 10%;

②资料来源于《河南省新型农村社区规划建设导则》。

新型农村社区空间布局与建筑应体现地方特色,与周围环境相协调。注重景观和空间的完整性,市政公用站点等宜与住宅或公共建筑结合安排;供电、电讯、路灯等管线宜地下埋设。公共活动空间的环境设计,应处理好建筑、道路、广场、院落、绿地和建筑小品之间及其与人的活动之间的相互关系。

新型农村社区建筑风貌应符合下列规定:根据社区整体风貌特色、居民生活习惯、地形与外部环境条件、传统文化等因素,确定建筑风貌及建筑群的组合方式。

社区建筑风格应整体协调统一,并能体现地方特色。住宅尽量运用地方建筑材料,形成鲜明的地方特色,单栋住宅长度不宜超过 65 米。各类公共建筑除满足功能要求和方便人的活动外,必须与社区环境充分协调,注重特色空间的塑造。社区内河道驳岸宜随岸线自然走向,采用斜坡形式,修饰材料宜以地方材料为主,并与绿化相结合。河道设计应满足防洪和排水要求。社区内的景观小品设计,应符合以下规定:环境小品设施主要包括场地铺装、围栏、花坛、园灯、座椅、雕塑、宣传栏、废物箱等。场地铺装,形式应简洁大方,利于排水。围栏设计美观大方,采用通透式。各类小品宜布置于道路两侧或公共空间,尺度、体量、风格应以环境场所要求为基础,营造丰富社区景观。路灯、指示牌、废物箱等风格应统一协调。

新型农村社区建设不得破坏或改变经认定应予以保护的历

史文化遗产，建设活动应确保遗存的安全性和遗产环境的和谐性。历史文化遗产分布区内的社区建设应制定专项方案，并会同文物行政部门论证通过后方可实施；涉及文物保护单位的整治措施应符合国家文物保护法律法规的相关规定。

新型农村社区建设应注重保护具有乡土特色的建（构）筑物风貌、山水植被等自然景观及与当地风俗、节庆、纪念等活动密切关联的特定建筑、场所和地点等，并保持与乡土特色风貌的和谐。

第二章　国内外城市形象设计的发展及趋势

一、城市形象设计的兴起

城市形象的塑造自古有之，与城市设计、城市规划、建筑设计的关系密不可分，早期城市形象的设计与城市设计的联系最为紧密，是城市设计中不可或缺的重要组成部分。古希腊时期的城市设计思想体现在城市的面积大小是有限的，在视觉上是可以接受的，在政治上是可以控制的，体现出对大自然本身的尊重，在这种城市设计指导下的城市以建筑个体的表达为主体，城市形象的个体要素占据了绝对的统治地位，而整体性形象欠佳，秩序混乱。到了古罗马时期，随着城市设计理念从城市个体的注重转变为城市公共空间的塑造，整体城市的形象开始纳入一个统一的空间体系中去，随着一连串空间的纵横、大小与开合上的变化而变化，但是此时的城市形象更加趋从于物质空间的变化结果，在视觉形象上较为突出。中世纪的城市创造了一种新的城市历史和文化，给人以明确的造型感，即使是最小的城镇，由于其弯曲的街道也具有丰富而细致的视觉和听觉效果，在人的尺度的连续性下，城市整体的形象丰富而有趣味，但常常由于街道空间的无关联性容易引起视觉的迷惑。文艺复兴时期的城市设计对城市的建筑群和公共开敞空间提出了更为详尽的设计法则和艺术原则，强调了视觉美学原则，但是在强烈的视觉美学基础上建立起来的城市形象体现了对美学规则和城市快速生活的绝对尊崇，城市形象设计依旧没有摆脱从属城市空间的地位。

进入 19 世纪以来，随着工业革命带给社会的巨大变化，城市基础设施、道路系统、城市格局发生了重大的变化，城市功能的主导地位逐渐上升，城市形象沦为城市功能的从属，伴随着城市功能的“同质化”和“国际化”，城市形象的个体特征逐渐弱化。即使在“城市造美运动”中，强调城市美化与绿化景观设计，力求创造城市新的视觉美和景观美，但城市形象设计流于表面，在奢华的建筑实体和精致的城市空间涌现的同时，忽略了城市的发展和市民的生活改善，无法解决城市实际问题。而现代主义时期设计师们秉承功能至上理念，城市设计被用来直接解决如城市更新、就业、生态等问题，规划实践并不能从人性化的角度出发，个性化的研究遭到忽视，使得城市个性化特征丧失，城市形象成为城市功能布局的伴生物，毫无吸引力。

直到 20 世纪 60 年代，设计师和专家们才将城市形象作为一个独立的整体进行研究和运用，现代的城市形象设计的理念逐渐形成。

二、国外城市形象研究的发展历程

德国城市形象设计历时长久，始于 20 世纪 20 年代末，至 20 世纪 90 年代已形成高峰。作为最早实践城市形象设计的国家，早在 20 世纪 60 年代就开始了大量的城市形象识别设计的实践和理论活动，成果与经验颇多。在德国众多成功的城市形象设计中，尤以柏林的城市形象设计最具有代表性。自 1966 年柏林议会委托设计师安东-斯坦科维斯基对柏林城市形象进行发展与设计开始，至 1992 年东西柏林合并，柏林城市形象设计始终保持着连贯性与系统性，而并不是割裂的，阶段化的，相互间没有关联的设计。设计的核心是始终围绕柏林城市的历史，传统与信仰。除了首都之外，德国在面对城市发展时探索出了诸多城市形象传播的理论与模型，而在众多的理论中，就城市指导性战略的整体发展而言有三种最具有可行性的项目模型，它们分别是城市 CI、城市方案以及城市营销。

美国的城市形象设计经历了四个不同的发展阶段。萌芽阶段主要从艺术、政治改革和城市更新三个层面来美化城市，但由于过度造美，而忽略了人本主义精神；发展阶段则强调城市设计的连续性，注重设计的过程而非结果；成型阶段的城市设计更倾向于注重连续决策的过程，不是构想一个成型的方案而是制定一些使城市成型的操作规范和重要原则；在成熟阶段，城市设计的目标和内容由感性转向理性，更倾向于满足人的基本需求和对环境特征的高度重视。美国城市形象设计理论主要表现在城市空间、城市特征、构成要素、生态文化、景观与意象等方面。与欧洲城市形象设计不同的是，美国的城市形象设计更注重实用性，通观数十年来美国城市形象发展的轨迹，可以得出以下几点结论：其一，城市形象设计是城市规划和景观设计的衍生物；其二，城市形象建设的价值取向应该是面向广大的城市市民，面向大众，创造适宜人类生存的现代环境；其三，美国城市形象设计的主要特色表现为以下几个方面：整体化、人性化、科学化、特色化和持续化。

欧美国家的城市形象设计在经历了萌芽到成熟的阶段之后大都独立于城市规划或城市设计体系外，自成一体，但是又与城市设计或城市规划保持密切管理，由于国外的城市建设与城市规划体系往往能够较多地体现设计者与规划者的构想，现代国外城市形象“既能够较好地反映城市形象创造者的个性，也能够较多地展示城市形象的个性。”不仅如此，世界上比较有影响的城市，都塑造了或正在积极塑造“别致的差别优势”和“差别的相像”。这种“差别性”对于我国的城市形象及农村形象建设具有较强的借鉴意义。

三、城市形象研究的主要理论

（一）城市形象识别系统（CIS）①

CI(Corporate Identity)为企业形象识别。CI 由 MI(理念识别——Mind Identity)、BI(行为识别——Behaviour Identity)、VI(视觉识别——Visual Identity)三方面组成。城市 CI 是将 CI 的一整套方法与理论嫁接于城市设计中，全称为城市形象识别系统，城市形象识别系统(CIS)理论是对企业形象设计理论(CI)的借鉴和拓展(谭文，1996.12)。城市形象设计以正在形成的城市形象识别系统(CIS)为基本思想理论，强调城市综合体各个领域之间协调发展的研究与设计，实现城市规划和艺术设计学科的边缘交叉。城市的总体形象，是人们对城市价值评判标准中各类要素如自然、人文、经济等形成的综合性的特定共识。城市 CI 即要在这些因素中提取关键，并用图式的语汇来表述，然后在城市设计中针对各种景观构成要素进行统筹的安排。狭义的城市 CI 为城市视觉识别系统，主要处理城市的公共界面，如广场、街道(步行街)、滨江滨湖滨海地带、公园和绿地等城市景观。这种景观大可至城市或街区，小可至建筑或软硬质景观。

城市形象识别系统(CIS)设计包括如下。

(1)形象定位与概念抽取。即从城市自然、人文、经济等错综复杂的对象中抽取其中的要点并概念化。这些要点及概念应能综合反映出城市的地域性、文化性、时代性特征。

(2)概念的图式化过程。依据上述形象定位及分析得出的概念进行图案设计，该图案应能比较准确的表达概念的意义，这是城市 CI 设计的关键。

---

① 王云霞.小城镇形象设计研究——以江南水乡古镇为例.苏州科技学院硕士论文，2008

(3)标志物与标志图案。基本图形确定后,应考虑图形的适合对象。主要图形应选择城市结构中的要点,它可以是建筑、构筑物,也可以是广场。选用建筑物和构筑物能借助其空间体量,视觉冲击力强;选用广场则可利用其在城市中的特殊地位及空间的亲和作用,增强心理凝聚力。

(4)标志色。分两个层次:第一个层次为城市的总体色彩,主要由建筑构成。如北京市市政管理委员会规定以灰色调为主的复合色是北京的标志色。该色彩是在北京 800 多年建都史中形成的,并和北京的地域及气候特点相适宜。第二个层次为近人尺度的城市硬质景观色彩,主要由人行道及广场铺装、各种标示广告牌及城市设施的用色。城市的标志色也可导入分区概念,以创造丰富多彩的城市格局。

(5)城市景观元素的 CI 设计。包括建筑小品、广场及人行道铺装、绿化、城市亮化、城市标牌及广告牌等。在其规划设计中融入 CI 设计理念,形成视觉的完整、统一性。

有些学者对城市特征形象系统(CIS) 规划进行了探索,将其分为了三部分。

(1)城市生产活动系统理念识别规划,充分分析城市的区位条件、交通条件、经济发展基础条件等,并在分析基础资料的基础上,对城市未来的经济、社会发展做出预测。

(2)城市行为活动识别规划在城市行为识别规划中,制定城市市民用语,制定各行业的行为规范、市民守则等都是必要的。

(3)城市景观视觉识别规划在规划中要布局城市景观系统,通过对城市景观要素的精心组织布局,形成展示城市特色的景观序列。通过城市空间布局、城市轮廓线、城市空间、公园绿地系统、商业街区、文化场所,构成富有吸引力的良好城市景观视觉系统。此外,还可进行城市标志形象的设计,如市徽、市花、市名、市歌等。

综上所述,城市 CIS 规划的思想对于村镇形象的塑造十分有益。我们可将系统的思想引入村镇形象塑造和公共空间景观建设中，从设计理念的打造、活动行为的引导和景观系统的规划三个层面出发，使其构成一个有机的系统。

（二）城市方案[①]

城市方案与CIS系统相比较，可以理解为拥有另一套结构的城市形象规则。同样是以城市信仰为出发点，以城市的传统与文化为基础。城市理想在一系列的步骤中所起的作用是一个比较高的目标和原则。而后从城市理想中提炼出局部目标和在组织和传播结构上以及一般问题解决行为上的可行性战略框架，逐渐导入这些措施来实现各个局部目标。

（三）城市营销

“城市营销”概念最早来源于西方的“国家营销”理念。菲利普·科特勒在《国家营销》中认为，一个国家，也可以像一个企业那样用心经营。在他看来，国家其实是由消费者、制造商、供应商和分销商的实际行为结合而成的一个整体。

城市营销力求将城市视为一个企业，将具体城市的各种资源，以现代市场营销手段，向目标受众或目标客户宣传或兜售。这里的资源包括产品、企业、品牌、文化氛围、贸易环境、投资环境、人居环境及至城市形象，等等。其营销市场既包括本地市场、国内市场以及海外市场，还囊括了互联网络上的虚拟市场。城市营销是运用市场营销的方法论，对城市的政治和经济资源进行系统的策划与整合，以求找到符合市场经济规律的发展路线，通过树立城市品牌，提高城市综合竞争力，广泛吸引更多的可用社会资源，来推动城市良性发展，满足城市人民物质文化生活需求的营销科学。

城市营销的特点：

① 赵侃.西学中用——德国城市形象设计.艺术与设计(理论)，2009(2)

第一，城市活动本身是要从树立城市品牌出发，活动必须具备长期性。

第二，活动必须有可参与性，创新性，活动本身必须能够充分吸引相关人员的积极参与。

第三，活动本身蕴含巨大的商业机遇，如招商作用、销售产业、或营销政策环境资源等。

第四，城市活动营销必须可以驾御城市的有形和无形资产，使现有资源充分发挥其最大效应。

第五，城市活动必须充分考虑到前效应、中效应和后效应，同时可以考虑与后期的旅游产业结合，建立长期的消费机遇。

四、我国城镇形象设计的研究及其进展

中国城市形象的发展历程与欧美国家大体相同，在初期都是依存于城市设计或城市规划理论，是城市空间塑造过程的衍生物，中国现代意义上的城市形象设计起步较晚，最早的城市形象设计可以追述到20世界20年代的城市美化，此时城市形象设计并没有独立于城市规划或者城市设计理论之外，而是作为城市设计中的一个重要元素加以研究，直到20世纪90年代初，受企业形象的启发，国内一些学者开始试图将企业形象理论应用于城市形象设计实践，来指导具体的城市形象设计，但是并没有意识到发展自己的理论与方法。

真正将理论与实践相结合来进行地区形象设计与建设，要追溯到1992年由罗治英教授所主持的《花都市形象建设》课题。以及其在1994年12月又出版的《地区形象理论研究及其应用——〈广东省花都市形象建设〉课题报告》一书，使探索地区形象的初步理论迈出了重要的一步。罗治英教授在其1994年出版的《地区形象理论研究及其运用——广东省花都市形象建设》课题报告中提出了一种地区形象定量评价方法。其基本原则是将复杂的评价过程和感官的评价因子转变为可以操作的指标，通过可视的

指标结果来评定形象特征和质量是:①代表性,选择最能代表因子的指标;②独立性,把相关程度高、独立性不强的指标删除;③通用性,力求操作指标在不同时期、不同地区之间有较高的通用度;④可操作性,既力求与现行统计制度衔接,又易于操作和搜集,同时要顾及设置指标的系统性、全面性。

在这之后,城市形象设计进入到理论研究与实践的高潮,国内学者明确提出一系列有关城市形象设计的理论研究,并出现了一批较有影响的论著,如王建国:《现代城市设计理论和方法》(1991 年)、罗治英:《都市形象设计课题报告》(1993 年)、陈俊鸿:《城市形象设计、城市规划的新课题》(1994 年)、王家善:《加强街面管理,树立城市形象》(1994 年)、朱铁臻:《建立现代城市形象》(1994 年)、张鸿雁:《城市形象与城市文化资本论:中外城市形象比较的社会学研究》(1994 年)、徐根兴:《论城市公关与城市形象》(1995 年)、张鸿雁:《城市建设的"CI 方略"》(1995 年)、仇保兴:《优化城市形象的十大方略》(1995 年)、郭廷建:《城市文化形象塑造》(1996 年)、高文杰、路春艳:《城市特征形象系统(CIS)规划》(1996 年)、卢继传:《持续发展观与城市形象设计》(1997 年)、张鸿雁:《中外城市形象比较的社会学研究》(2002 年)、钱智:《城市形象设计》(2002 年)、曹随:《城市形象细分》(2003 年)。其中,1995 年 3 月,著名社会学家朱厚泽在《中国农村》第 2 期发表了《西部的地区生态重建与东部的地区形象建设》一文,从战略高度阐述了地区形象建设的意义,对推动我国各地的地区形象建设具有很大的指导作用。同年 9 月,在北京召开了"地区形象设计与建设理论研讨会",这是我国举行的关于地区形象理论的第一次研讨会,在我国地区形象建设事业中具有里程碑的意义。同年 10 月,在金华市举行了"全国地区形象理论研讨会暨金华形象设计论证会",其间,仇保兴书记的关于金华形象设计基本思路的报告《优化城市形象的十大方略》受到了高度的评价。同年 12 月,我国首家以研究地区形象问题为主要任务的地区形象研究所于广州正式成立,为地区形象理论与实践在中国生根成长提供了肥沃的土壤。

1992 年至今，城市形象与地区形象研究在理论与实践的探索方面硕果累累，在城市设计和城市美学的基础上，研究普遍认同城市形象是社会系统全方位的完整切面，形象设计更倾向城市的精神凝聚与发展定位，城市形象的塑造不能照搬企业形象设计的成熟动作模式，而必须自立理论门户。同时，对城市形象评价方法和区域形象的经济价值测度方法进行了初步的研究。

通过中国城市形象设计的发展历程我们可以看到，城市形象设计的主旨，首先要植根于民族文化和地域文化的土壤，根据城市所在区域的民族、历史、文化、环境等特点，塑造具有自己特色的城市形象；其次，必须尊重和发扬经过一定时间的历史发展及约定俗成的特征；再次，城市形象设计不应忘记人类对自然美的本能渴望，在改造自然为其所用时要尊重自然而不顾此失彼。目前我国关于城市形象的理论研究正逐步深入，并且开始从城市形象建设的经验总结逐步提升到注重城市形象的文化内涵及其关系的研究，运用认知科学、行为科学观点建立城市形象理论模型研究等方面。但是，研究的重点和对象主要是大中城市及知名小城镇，这对于快速城市化进程中地区形象的整体建设以及广大农村社区的建设是不利的。

第三章　新型农村社区形象战略建设的必要性与紧迫性

一、全球快速城市化进程中，城市发展与人文环境的矛盾凸显

在人类历史的发展过程中，具有 6 000 多年文明史的城市历史相比 300 万年的人类社会历史是短暂的，人类在没有城市的自然状态下生活了 90%以上的时间。而人类自从踏足城市文明以来，整个社会就进入了加速发展阶段，尤其在进入工业化时代后，城市的物质环境得到了重大改善。然而在这一过程中，人类付出的代价是“地域文化的多样性和特色逐渐衰微、消失……城市文化出现趋同现象和特色危机”。针对这一情况，人们开始意识到城市建设的重心需要从以物质生产和单纯经济增长为中心的城市发展模式，转向以人为中心和保持生态环境与人文环境协调、平衡的发展模式。与此同时，越来越多的国家意识到城市的标准化使城市特色逐渐衰退，人们已经开始对这种快速发展所造就的“成果”提出质疑。

二、新型城镇化速度过快，新型农村社区形象建设问题突出

伴随着中国社会经济的快速发展，中国城市建设的各项指标以一种火箭的速度在增长。随着大中城市可开发空间的逐渐减少以及城市设施的日益完善，城乡建设的巨大差别也在逐渐拉大，三农问题日益突出。为了顺应中国时代背景、满足“工业反哺

农业，城市支持农村”新阶段的要求。国家先后提出了新农村建设战略和新型城镇化建设战略。这一过程我们已经取得了骄人的成绩，乡村生活空间和格局发生了重大改变，乡村正以一种崭新的面貌出现在人们眼前，传统的乡村生活格局在乡镇村庄的快速城市化中悄然转变。

2011年，中国城市化率达到了51.27%，城镇人口首次超过了农村人口，2012年《中国城市发展报告(2012)》指出，我国已结束了以乡村型社会为主体的时代，开始进入到以城市型社会为主体的新的城市时代。在城市物质条件迅速发展，城镇化率不断提高的进程中，中国社会必须面临一系列从乡村型社会向城市型社会为主体转变过程中的问题。如何正视并解决这些问题，是中国社会战略发展的一个重要内容。而在这些问题当中，如何避免在乡村改造过程中再次重复城市建设过程中的“趋同现象”，这是每一个规划师和建筑师需要直面的首要问题(如图3-1)。

图3-1　千城一面漫画(资料来源:罗杰绘)

事实上，我们目前在大多数新型农村社区建设过程中所使用的技术手段和政策导向在重复着城市发展初期阶段的路线——过于专注技术性规划手段的应用，过于用城市发展的眼光来看待乡村的发展。一个村庄的消失并不可怕，可怕的是一种无序状态下的消失和改变。我们必须要反复强调一个问题，那就是新型农村社区的“新特征”基础是农村社区，他的出现是为解决城乡二元矛盾，提升乡镇居民生活质量，但不是为了割裂中国乡村社会发展过程中的历史传承。但是，在进一步发展过程中，一个最突出的问题暴露在我们面前：新型农村社区建设在城镇化进程中，正在被“城市特征”同化，具有人类传承特征的乡村社会正在以一种标准化的模式被“城市特征”逐渐抹杀。在社会发展更新与交替的过程中，人类习惯性的用现代文明创造出“千城一面”的城市形象之后，又开始进行“千村一面”的形象设计；模式化的复制现代文明让越来越多的人开始思考如何平衡现代文明的实用性和传统社会的传承性。

三、河南省新型农村社区形象建设调查研究

（一）研究对象及范围

课题的研究主体为中原地区的新型农村社区形象，河南地处中原地区的核心地位，在整个中原经济区建设中具有重要的地位和作用，因此，研究的主要对象是选取河南省内具有典型代表性的新型农村社区建设，从城镇型居住社区、近郊型新型农村社区、新型农村社区三个层面进行调查研究。通过实地调查和问卷调查，分析研究其在建设过程中的形象问题以及由此而引起的社区的可持续建设问题。

（二）问题一：空间形象雷同，地域特征属性陷入同质化危机

以郑州市为例，根据《新型城镇化合村并城新型社区建设五年行动计划暨 2012 年工作任务（讨论稿）》的要求，从 2011—2015 年，郑州市预计启动合并兴建新型农村社区 105 个，共计合并行政村 241 个，设计农户 9.6 万户，人口 37.6 万人。全市域范围内的社区兴建包括中原区、二七区、金水区、郑东新区、巩义、新郑、

上街区在内共设计16个区市。依据《任务》中所涉及的村庄和地区，研究小组进行了实地走访和考察，报告从空间形象、景观形象、公共服务形象三个方面入手，分析在城镇化背景下郑州市新型社区在建设过程中出现的“同质化”危机。

第一，新建农村社区主要的依据标准是《河南省新型农村社区规划建设导则》《居住区设计规范》等具体的物质空间技术规范。实际建设过程中对城镇化的理解过多的倾向于“城市化”，其结果是地域与地域之间的差异特征很容易在标准化的模式之下被轻易抹杀，无论东西南北，都遵循理性规划建设的思路，将社区发展建立在城市发展的终极目标上，凸显了城市的现代化特征，弱化了村镇长期以来保持的独立的形象系统。这种差异性的抹杀在民居形象建设中最为凸显，以近郊型社区的民居建设最为严重。如图3-2所示，郑州市周边村庄新建主干道两侧的现代化的城市建筑，集中体现了城市边缘风格化的临街建筑形象，属城乡结合部形象特征，缺少地域性特征，又缺少城市建筑的精品形象特征。

图3-2　左图为荆庄村主干道，右图为小乔村主干道（自摄）

第二，区域形象整体融合性缺失。近郊型社区与城市主体的发展关系紧密，城中村的改造应该与城市主体品牌形象相融合，而远郊型村镇的社区建设则应该根据区域发展的要求与地区品牌形象体系相融合。但是，在具体的操作过程中，我们往往会出现两个极端，一方面，我们把所谓的融合理解为同化，将社区按照城市的模式兴建，抹杀两者之间的区别，消磨了原有社区的村镇属性。另一方面，将社区建设视为独立的个体对象，不考虑区域形象体系构建的长期发展，使得新建社区与周边商品房的开发反差巨大，社区本身不能成为区域中具有典型地域属性的地标，又无法融入到整体区域的形象体系中去，只能沦为一种单纯的居住方式，一种没有自我特性的居住方式，一种既非城亦非村的居民点。无论哪一种情况发生，当我们意识到需要构建中原地域特征的地区形象建设来增强城市综合竞争力的时候，政府需要投入更多的精力和财力去调整在建设过程中出现的各种问题，去弥补在后期城乡品牌建立推广过程中缺失的环节和要素。而由于总体层面策略的缺失，这一建设—调整—补充的过程是割裂的，随性的、缺乏连续性。这对于崛起中的郑州形象建设，对于城镇化战略的发展极为不利。

如图 3-3 所示，龙湖镇广场隐匿在城市的高层建筑与村镇的多层建筑杂居的城市空间之中，城市天际线缺少动人的曲线感，远处高层建筑被一平到底的多层建筑从视觉效果上拦腰打断，整个广场由远及近缺少丰富的层次感，建筑组合空间的衔接冰冷而又僵硬。作为节点的雕塑可谓是整个广场的形象中心，视觉冲击力很强，但是背景被广场上杂乱感无章的广告和平淡的天际线打乱，广场整体形象质量大打折扣。

图 3-3　龙湖南镇广场雕像及广场周边建筑（自摄）

（三）问题二：乡村特色文化、景观面临消亡危机

乡村与城市不同，特色和个性是乡村社会的神韵，而这种特

色和神韵很大程度上根植于当地独特的自然景观和文化景观的地域特征。当我们在城市建设中不断地呼吁和尝试运用自然的属性免费为城市的人工环境服务的同时，却在新型社区的建设中毫不留情地为它们烙上城市的人工痕迹。

1. 自然景观的忽视与破坏

乡村自然景观是最早遭遇破坏的特征元素之一。在具体的实践过程中，从规划领导者到规划设计者，都过于相信现代文明的技术力量可以改变一切，带来更高的物质文明程度，这种偏颇的指导思想在快速城镇化的背景下被推向极致，我们打着土地集约、人口集中、产业集聚的旗号，在自然景观中树立起一座座小型的、微型的钢筋混凝土的人工环境。宽阔的主干道，开敞的街道空间，模式化建设的居住建筑，广场、雕塑、甚至喷泉。巨大的城市基本要素以微缩的方式重新出现在新型社区中。这到底是微观的城市？还是变异的乡村？我们是否意识到在解读新型城镇化建设过程中过多地掺杂了经济利益的因素。新型农村社区不是要建立新型城市社区，它的本质依然是农村社区，是能够反映出原有自然地域风貌特色的农村居民点。新型城镇化过程中首要考虑的问题是如何协调自然与人工环境的利益关系和平衡，而不是简单的东风压倒西风。利用自然格局兴建和改扩建社区应当成为农村社区规划建设的一种基本思路和基本原则。

如图 3-4 所示的社区街道完全按照城市的模式来兴建，空间质量、环境质量都不高，街道空间缺少原有乡村街道空间的宜人尺度，脏、乱、差的环境问题并未得到有效改善。路面在雨季很容易形成积水，造成交通不畅和环境污染。图 3-5 所示为一建成社区的边缘空间，自然景观良好，但是规划设计中被设计师完全抛弃在规划设计之外，没有将其作为人工环境与自然环境的交接边界空间加以处理和引导，已建成的社区和自然环境之间的联系被人为地割裂。

图 3-4　某改造后的社区内街(自摄)

图 3-5　未利用的自然环境(自摄)

如图 3-6 所示,此处为某农村社区通往社区外的小吊桥。设计简介,使用的主要材料都是在当地最普遍的竹木材质,没有使用城市中常见的钢筋混凝土材质,和周围的林、水、地等环境自然融合,浑然一体。小吊桥从设计到使用,都反映出绿色、环保、生态的设计理念,恰如其分地发挥了人工技术与自然材料的最佳组合,体现了浓郁的乡土气息。

图 3-6　村外的小竹桥

2.外域文化的入侵与本地文化融合的矛盾

外域文化的入侵是在新型城镇化建设过程中社区建设的又一个矛盾。外域文化是一把双刃剑，用得好，可以实现多元文化的融合，提升中原地区文化形象的品质；用得不好，脱离了本土的经济基础与地域历史人文环境，不假思索地盲目接受舶来品，拷贝抄袭蔚然成风，“拿来主义”“榜样城市”“风情情结”到处泛滥，村镇建设在“国际主义”的光环下逐渐走下迷失。

宝相寺，这是个寺村合一的名称，现位于新郑龙湖镇（原小乔村）南一华里，107 国道东侧。相传，这里的居民最早是为寺庙种地的农户，在寺外定居下来，形成村落后随寺名叫宝相寺村。图 3-7 展示了宝相寺步行街的入口景观。除了入口标牌上的“宝相寺”字样，人们很难把此处与宝相寺有任何的联系，可以说，原有的地域文化特征已经在城镇化的进程中消磨殆尽，宝相寺步行街在现代商业文化的入侵下，抛弃了原有的地域文化景观，成为城市边缘众多农村商业一员，个性特征被完全抹杀。相比而言，图 3-8 所示的德国某小镇步行街，从街道景观到店铺经营特色无不渗透着当地独特的传统生活气息和文化特质，小镇居民现代化生活就流淌在这传统的文化景观长河中，惬意、舒适，一切仿佛从未改变。

图 3-7　龙湖宝相寺步行街(自摄)

图 3-8　德国某小镇步行街

（四）问题三：公共服务形象体系不健全

社区空间的视觉质量是社区形象建设的基本物质要求，尊重自然景观、文化景观的利用与传承是社区形象建设的基础，而公共服务形象质量是社区形象活力建设的关键所在。在形象体系的构建中，公共服务体系的完整性、便捷性、可持续性对于形象质量的提升至关重要。新建新型农村社区或者改建社区，即便在建筑形象和城市空间形象都趋于城市发展水平，但是在公共服务设施建设上的滞后直接影响了整体社区形象建设的发展，缺少可持续性的发展态势，并不能从根本上提高社区的竞争力和活力。

调研实证一：郑州周边不完全改造村庄幼儿教育情况调查

1. 调研范围

调研范围包括刘庄、邵庄、高皇寨，区域位于郑州市金水区柳林镇，与汽车新北站相邻；并且被城市主干道（中州大道、文化路）和过境高速（连霍高速）三面包围，同时城市主干路花园路从中穿过（图 3-9）。

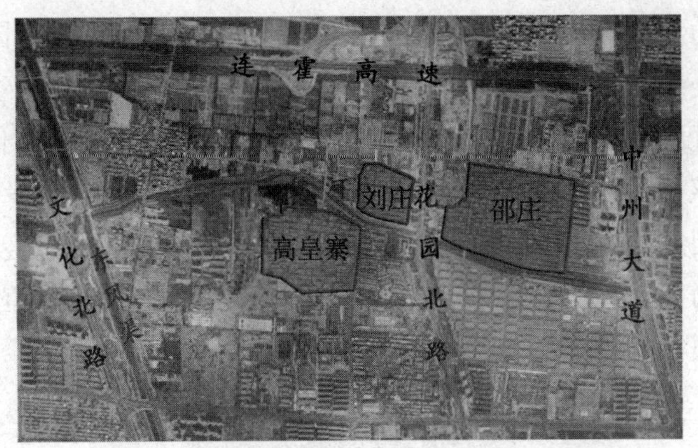

图 3-9　调研村落分布

2. 幼儿园布局状况调查

幼儿园分布特征：①整体幼儿园的数量很多，但整体分布不均匀，邵庄片区数量相对于刘庄和高皇寨多，而且超出相关规范；②幼儿园的分布主要集中于尚未改建的城中村内部，邵庄片区分布过于密集，其他地方分布过少，增加了家长到幼儿园接送孩子的不方便性。

整个幼儿园的布局在邵庄区域较为集中，且大多分布在此地段中尚未改建的城中村，周边影响整体教育质量的因素较多。而在刘庄和高皇寨数量偏少，这也与村庄人口数量及教育需求低有关。如图 3-10 所示。

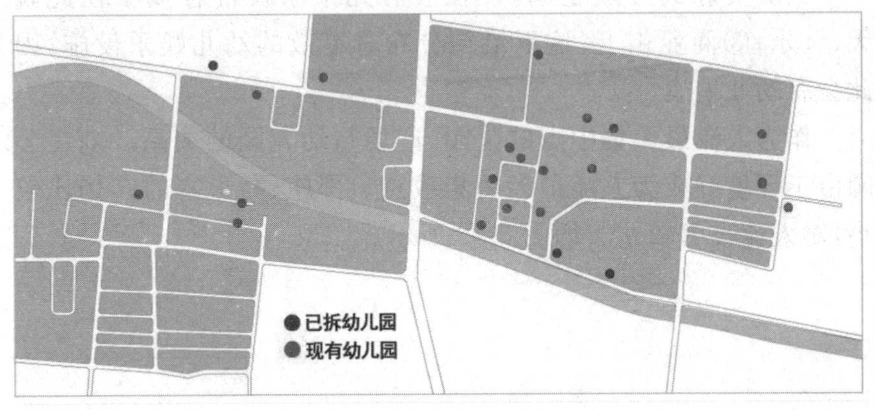

图 3-10　调研区域幼儿园分布图

从幼儿园 300 米辐射范围来看，邵庄西南地区幼儿园辐射区已基本处于重叠状态，幼儿园相邻很近，基本处于供过于求的状态，高密度的幼儿园分布对孩子的教育品质有一定影响作用。家长接送孩子、与学校老师的沟通交流更为方便，如图 3-11 所示。幼儿园相互之间相距很近，家长接送孩子的方式主要是步行和乘坐非机动车，但是幼儿园出入口大部分是面向机动车道的，且路边停车现象很严重。

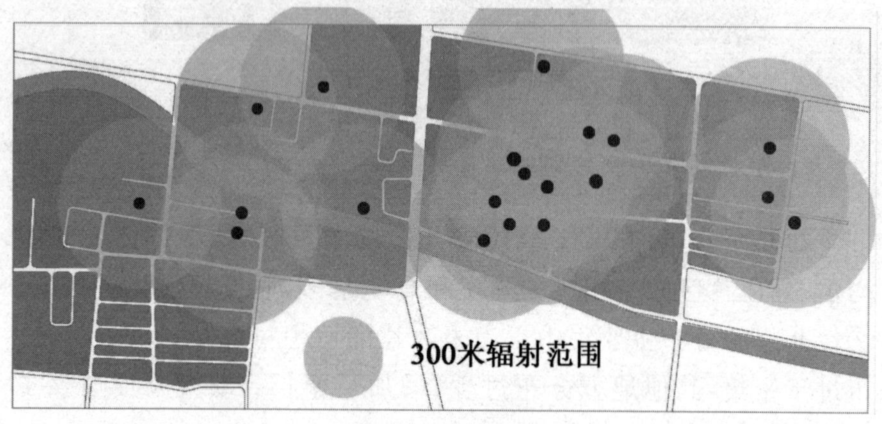

图 3-11　调研区域幼儿园服务半径图

幼儿集散点分布特征：分布较散，但主要集中的区域有三个：①公园、广场：这是城中村内唯一可以作为休闲的公共空间，很多家长会带着孩子来这里进行交流；②胡同的十字路口处：这里是一个相对安静的开敞空间，往往会有几个家长带着孩子在此聊天、玩乐；③商业街上：这里沿街分布着零散的幼儿娱乐设施，因此会有幼儿聚集。

作为人流最大集中点的公园、广场与幼儿园的关系。刘庄公园由于环境好成为人流最大的集散点。邵庄、高皇寨的广场比较小，对人流吸引较差。如图 3-12 所示。

刘庄公园

邵庄小广场

高黄寨广场

图 3-12　社区内幼儿集散点(自摄)

3. 幼儿园建设情况调查

社区内基本没有幼儿园专用地,目前侵占的都属于居住用地,经过内部改造装修成为活动室,外部活动场地占用的是两栋建筑之间的日照间距或者道路用地(表 3-1、表 3-2)。目前的幼儿园室内空间狭小,活动室和卧室共用,生活和学习两者混为一谈。门窗规格都是按照居民住房设计,尺寸较小,室内通风换气条件不好。

表 3-1 社区幼儿园建筑面积

建筑面积	100～500 	500～1 000 
幼儿园	邵庄大部分幼儿园面积处于100～300 平方米的范围，个别幼儿园和刘庄、高皇寨幼儿园建筑面积为 400～500 平方米。	三个村庄中只有三所幼儿园建筑面积在 500 平方米以上，分别是 570 平方米、540 平方米、1 000平方米。

表 3-2 社区幼儿园建筑性质

建筑性质	居民改建	独立建筑	商业建筑改建
幼儿园	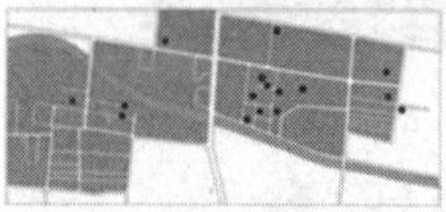 大部分幼儿园都是由居民楼改建，并且位于居民楼底层。	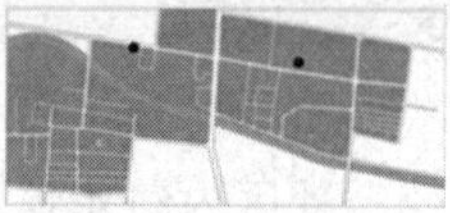 邵庄和刘庄都有独立建筑作为幼儿园，且拥有宽敞的室外活动场地。	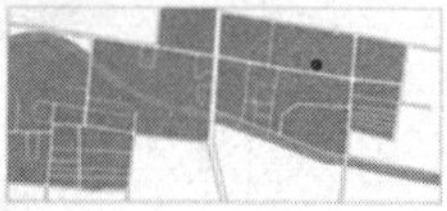 只有邵庄商业街上有一栋商业建筑改建的幼儿园，位于二层，底层仍为商业。

室外活动场地建设情况不容乐观。室外活动是关乎幼儿身心健康的一种有效方式，场地的日照时间、面积、活动设施布置及安全性都很重要。由调查可看出家长对孩子的户外活动质量很关注，但是目前这些幼儿园的室外场地情况却不容乐观，场地面积都在 50 平方米左右，没有齐全的活动设施，甚至连基本的日照时间都不满足（表 3-3）。

表 3-3　幼儿园室外活动场地日照情况

日照	基本满足	缺乏日照	没有日照
室外活动场地日照情况	基本满足每天有一定时间的日照，但是由于周边建筑间距影响，日照时间显然太短。  	基本没有日照，以骑楼、搭建帐篷形式存在的半开场空间，作为室外活动的场地阻挡了儿童接受阳光的权利。  	没有室外活动场地，幼儿园存在于居民楼两层以上的空间。  

幼儿园周边环境状况堪忧。一个良好的生存环境对孩子的身心健康发展有很大帮助，当代人日益将环境质量放在重要位置。然而现有社区幼儿园周边环境质量令人堪忧。周边环境问题主要有以下几个方面：①视觉因素缺乏“幼儿的自然色彩”，整个幼儿园包括周边缺少必要的符合幼儿园视觉习惯的景观绿化设计，幼儿园自身的建筑缺少必要的童趣，仅仅表现在墙面用简单的颜料粉刷出来；②安全因素存在隐患。很多幼儿园周边配电箱、电线乱搭乱放，有些甚至随意搭在幼儿园室外场地上方，但没有任何的保护措施，存在很大的安全隐患；③卫生条件难以令人满意。由于缺乏垃圾回收站，社区内部垃圾随意堆放，却没人处理，以致很多改建和在居民区中的幼儿园都处在环境卫生条件较差的区域。

交通状况与预期规划差距较大。现有幼儿园与道路的位置关系有三种：胡同里、车行道旁、道路交叉口（表 3-4）。在胡同里的一般处于居住组团内部，由居民住宅楼改建，或者位于居民住宅楼内。其余两种都是沿街。这三种不同情况对幼儿园的可达性和外部噪声干扰有很大影响，社区内部缺少有效交通规划和管制的道路状况也使得后两种幼儿园在接送高峰时期成为交通拥堵的重要节点(图 3-13)。

表 3-4　幼儿园位置与道路关系

幼儿园位置	幼儿园胡同里面	幼儿园在道路旁边	幼儿园在道路交叉口
可达性	胡同道路尺度有限，容纳的人流更有限，因此可达性差。	人车混行道路，通达性较好，能够很大程度地接受光照。	商业活动对孩子的影响较小，道路通达性好。
噪声干扰状况	胡同尺度小，没有大量人流，甚至没有车辆通过，因此较为安静，幼儿园受噪声干扰的现象不严重。	很多幼儿园的室外场地侵占了人行道，影响街容的情况下还存在不安全因素。道路两端的商业活动会对儿童产生一定噪声干扰。	来往车流量很大，对上下学的儿童影响大，噪声、环境污染对幼儿的影响较为明显。

4. 调研结论

随着城镇化的快速推进，城市周边的村庄在快速经济发展的背景下，成为最接近城市的前沿阵地，整体的建设面貌和公共服务发展也依托城市开展，成为城市外围服务的重要支撑点。但由此而引发的人口集聚和频繁的人员流动并没有成为村庄社区建设的重要关注点，从而引发了众多以公共服务和公共安全为主要问题的社会问题。幼儿园的基础教育仅仅是公共服务体系暴露出来的冰山一角，从幼儿园自身到周边环境暴露出来的问题，无疑使得公共服务体系的形象大打折扣，不利于村庄未来在基础教育和公共安全方面的可持续发展。

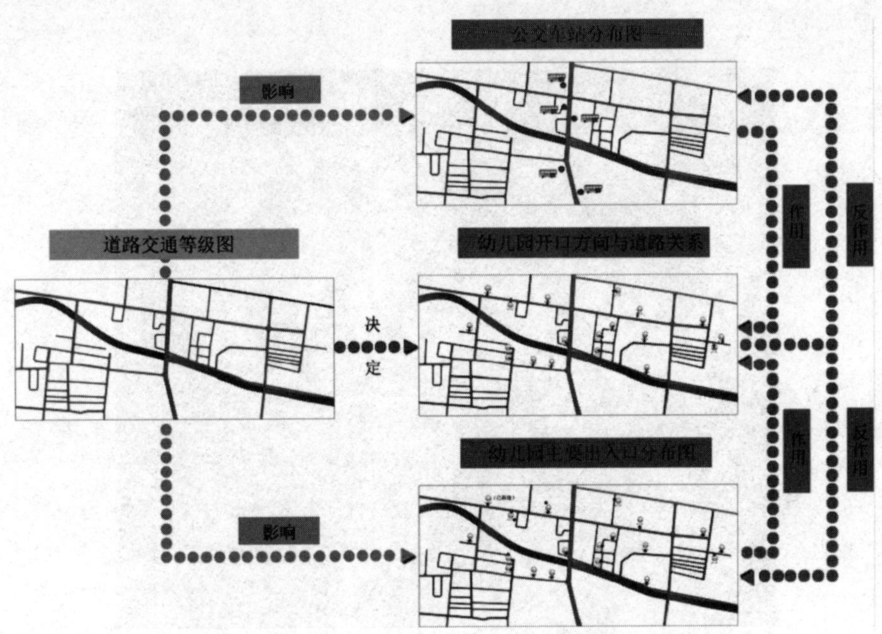

图 3-13　幼儿园出入口与道路等级的关系

调研实证二："合村并城"改造计划后的社区建设现状

1.调研范围

郑东新区祭城范围内公共服务设施，重点调查了龙岗社区的公共服务设施的使用情况，通过全局与个体的对比寻找社区公共服务建设与社区形象之间的关系。

2.郑东新区祭城范围内公共服务设施现状

调研范围内共有 6 所幼儿园，2 所小学，2 所中学，服务范围遍布各个社区，可以基本满足当地居民的需求，经过调查 70％以上的适龄儿童采取就近入学方式。

社区外围街道边基本都设有一个卫生服务站或者卫生所，基本能满足居民日常就诊的需要。社区西边与南边各设置两所规格较高的医院。社区的商业设施已趋于完善,基本能满足当地居民的生活需求,在调查的居民中,83%的居民对商业服务设施满意度较高。

图 3-14　教育设施分布图

图 3-15　医疗卫生设施分布图

图 3-16 商业服务设施分布图

图 3-17 金融邮电设施分布图

从祭城区整体公共服务设施分布和使用情况来看，祭城内各个社区的公共服务设施初具规模，但是服务质量较低，在服务半径、种类设置以及管理等环节还存在很多问题。具体到个体的社区，这种矛盾更加突出，以龙岗新城的使用情况为例进行分析。

(1)关于教育设施

社区内存在四种选择：社区幼儿园、社区小学、附近中学、其他幼儿园和小学。社区幼儿园和小学以“幼儿园在一二层，小学在上层”的模式开办的，这种模式不安全、幼儿园的孩子需要一个较为安静的环境，而小学生喜爱打闹且没有自我控制的能力，很容易就会和幼儿园的孩子发生冲突、碰撞。小学和幼儿园处于该小区的最东，小区规模又较大，不满足幼儿园的服务半径。

调查问卷中显示龙岗新城的居民“孩子上学地方”的问题中发现，有 47％的龙岗新城居民选择让孩子接受其他教育，只有33％的龙岗新城居民选择让孩子在社区小学接受教育，这种调查在很多农村社区的教育设施调查中很普遍，城市微观化的农村社区并没有获得原住居民在其质量品质上的认同感，这种现象在教育设施的认可度上尤为突出。

(2) 关于医疗卫生设施

龙岗新城内没有医院，只有一个简易的社区卫生服务站，两个小诊所以及一个小药店，卫生服务站和小诊所主要集中在社区西面。距离最近的医院是祭城医院，门口有公交车直达。车程约为 12～15 分钟(表 3-5)。

表 3-5　社区居民生活调查——求医问药

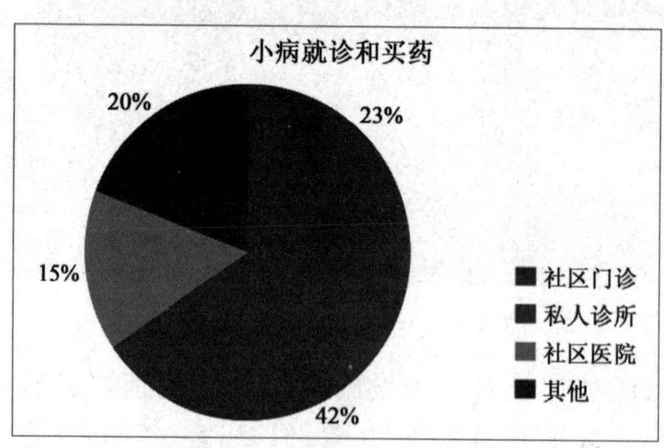

在问卷中关于该小区居民“小病就诊和买药”的问题中发现，

42%的龙岗新城居民小病时选择在私人诊所就诊和买药，只有23%的龙岗新城居民选择社区门诊，特别是只有16%的龙岗新城居民选择社区医院，龙岗新城居民对社区医院和社区门诊的满意度较低。教育与医疗是城乡二元结构中城乡差别最显著的地方，然而新型社区的建设仅仅是从形式上模拟了城市的特征，但是在实际使用品质上并没有在原住居民中形成较高的认可度，这种情形下，社区公共服务形象建设徒有其表。

(3)关于商业服务设施

小区内的商业设施据统计共有一个大菜场、七家杂货店、四家小型超市、一家五金、两家饭馆、四家小吃摊位、一家理发店、一家家具店、一家美容店、一家综合修理店、一家洗衣店、一家婚庆用品店、三家旅馆、两家移动服务、一家平安保险、一家裁缝店兼空调修理、一家福彩。具体分布如表3-6所示。

表3-6　龙岗新城部分商业设施分布

名称	图片	方位	数量
大菜场		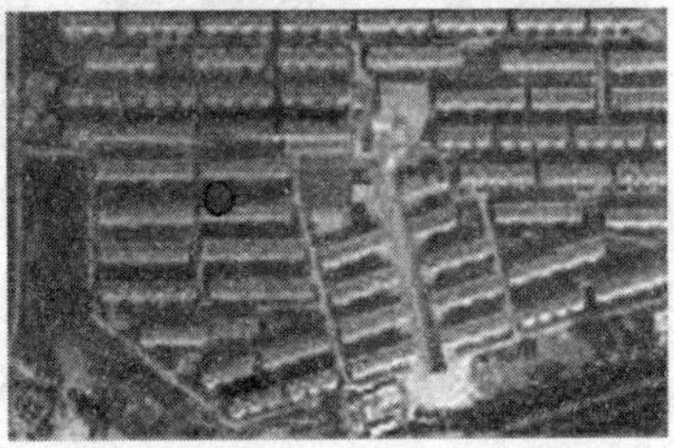	1
杂货店		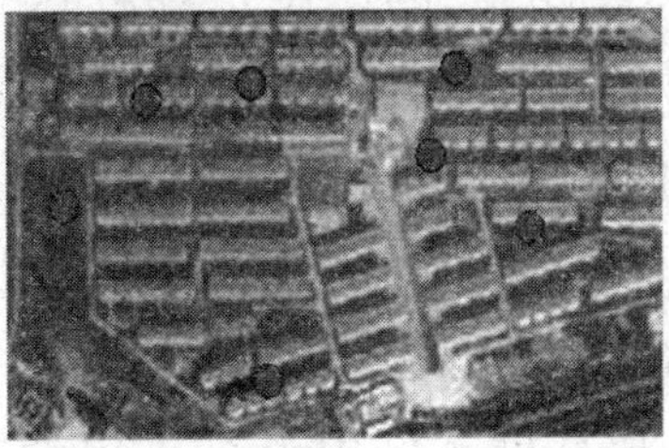	7

续表

名称	图片	方位	数量
小型超市		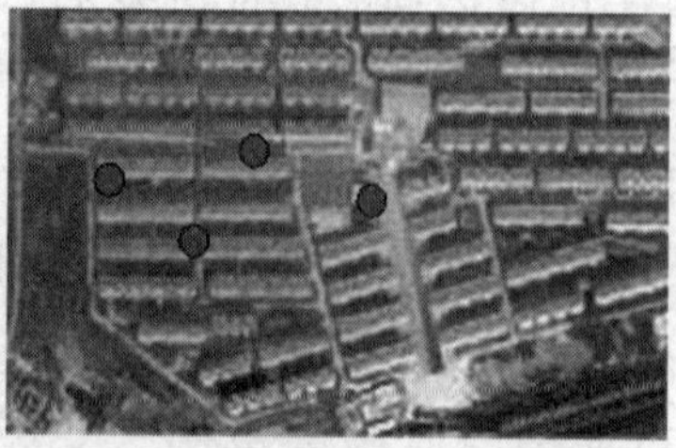	4
饭馆	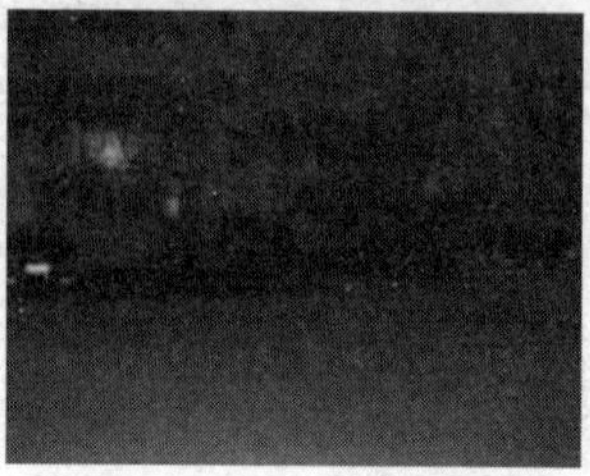	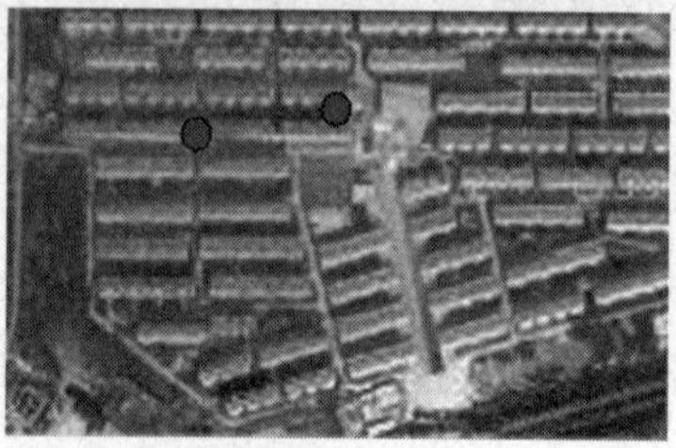	2
旅馆		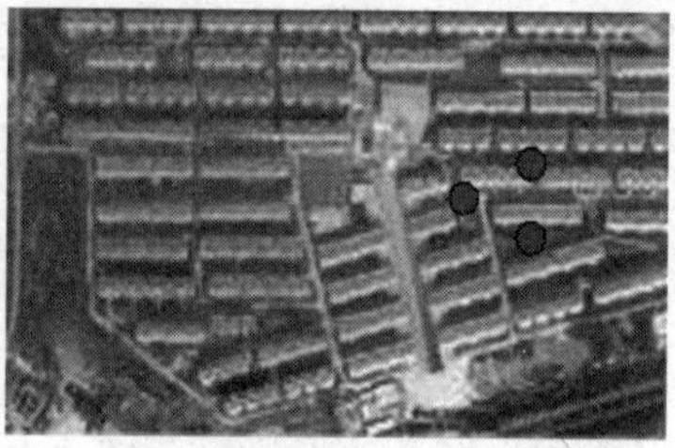	3

关于居民“买菜”“吃早餐”和“日用品”的问题中发现：72%的小区居民选择在社区市场买菜；46%的居民选择在市区超市买日用品，只有39%的居民选择社区市场购买；83%的居民选择在家中吃早餐。商业步行街在社区中没有投入使用，分布在各个居民楼中的杂货店和小型超市成为日常用品的主要销售渠道（表3-7）。

(4)关于市政公用设施

龙岗新城小区内没有正规的变电室、路灯配电。全区在菜市场入口处有一个设施简陋，环境较差的厕所（恶臭）。社区没有专门的垃圾站，居民把垃圾倾倒在规划绿地上。

表 3-7 社区居民日常生活调查——购物

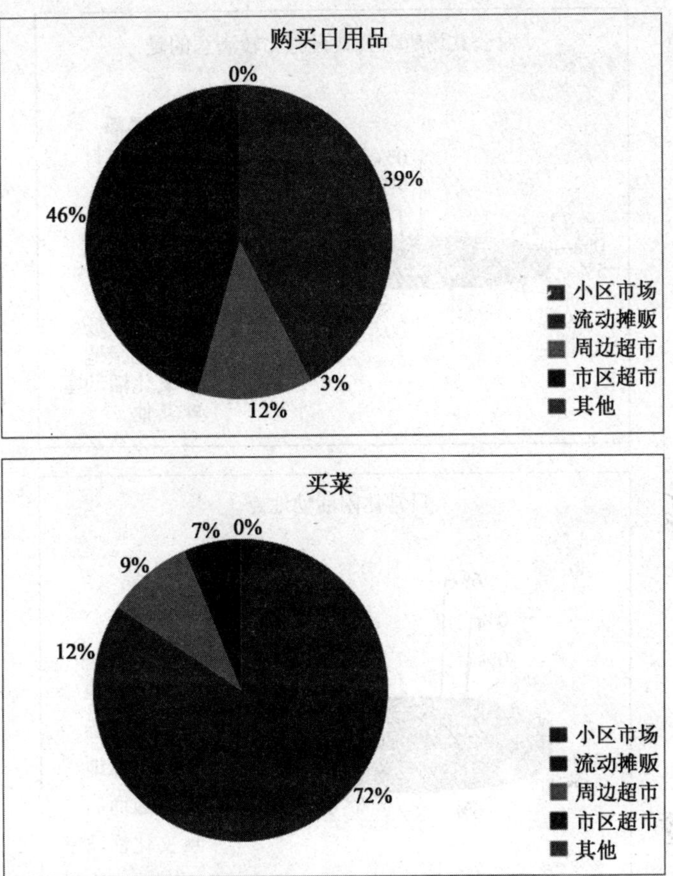

(5)关于文化体育设施

社区内体育用地集中在大门口处小型健身器材室外场地，临时集市后面的篮球场以及临时集市前的小广场这三处地方；篮球场兼有文化广场的职能，供社区居民进行娱乐活动，居民最主要的活动方式就是交谈以及孩子的玩耍。

关于该小区居民的"休闲活动方式""日常休闲生活地点""对公共服务场所和设施较满意的"问题中发现：33%的龙岗新城居民的休闲活动方式是看电视，还有31%的龙岗新城居民选择散步；53%的龙岗新城居民选择家中作为日常休闲生活地点，只有6%的龙岗新城居民选择小区绿地(表3-8)。

表 3-8 社区公共设施满意度及日常活动区域调查

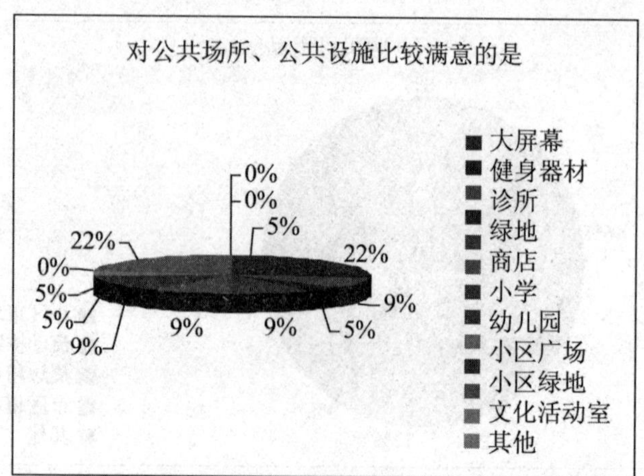

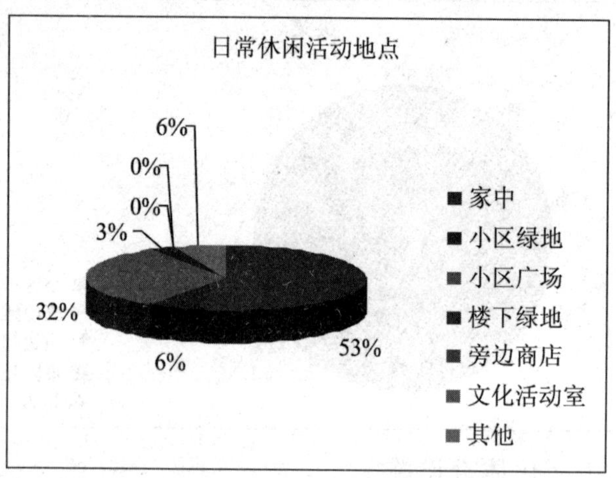

(6)调研结论

通过对祭城区域范围内的公共服务设施的分布和使用情况以及龙岗新城的情况分析，在已建成的新型社区维系一段时间之后都会出现以下问题：社区公共服务质量不高，管理混乱，总体形象较差，与地区总体形象建设过程中的城市形象建设仍存在较大差距。从祭城社区以及其他地区的社区布局来看，基本上都能严格按照政府要求配备较为完善的基础设施和公共服务设施，但是其质量内涵远远没有达到预期的目标。目前龙岗新城的房屋空置率相当高，富士康公司将大批量的员工安置在社区的出租房内,这不过是原有空心村现象在新型社区内的一种变异形态:空心村过渡到闲置住房。这一类现象在建成社区还有很多,闲置安置房在郑州市边缘地带形成了廉租房的主力军。从某种意义上讲,他们已经失去了新型农村社区的“新型”内涵,只是一个在下一轮规划中等待被改造的社区。

(五)问题四:城镇化进度过快,与原村庄反差过大,“类城市化”现象严重

纵观2012年前后,河南省内大部分地区都先后进行并完成了新型农村社区布局规划。这一规划的完成,很好地体现了城乡统筹、集约发展的规划思想和原则。坚持城乡统筹原则,既可以安排城镇和乡村建设、人民生活、产业发展和资源环境保护;又可以统筹安排城乡基础设施和公共设施建设布局,以县域村镇体系规划引导县域城镇、村庄的协调发展。坚持集约发展原则,实施可持续发展战略,依据资源和环境承载能力,合理确定建设规模和建设标准,引导县域空间有序开发利用,合理用地、节约用地、集约用地;提高土地利用效率,建设紧凑型城镇,实现城乡可持续发展。

这一规划的进行和实施从战略角度而言是非常必要而有效的。但是,在执行和操作过程中所展示的事实难免就差强人意。最突出的现象就是在土地集约、人口集中的过程中,城镇化进度过快,新建的社区与原村庄反差过大,缺少乡村社会发展的延续性。著名的建筑设计师俞孔坚说:“祖坟,村头的风水树、风水林、风水池塘,一条小溪,一块界碑,一条栈道,一座龙王庙,都是一家、一族、一村人的精神寄托和认同,它们尽管不像官方的、皇家的历史遗产那样宏伟壮丽,也没有得到政府的保护,但这些乡土的、民间的遗产景观,与我们的祖先和先贤的灵魂一起,恰恰是中华民族精神代代相传的基础。①从这个角度而言,乡村的魅力

---

①　王晓雅.从英国的田园风光到美国的特色小镇.决策探索,2013(3)

所在正是那些融入记忆中的生活要素，与城市人造景观有所区别的生活“记忆”。这种记忆一旦被破坏，其修复过程是不可逆的。以法国乡村和我省部分地区新建社区相对比，我们可以看出城镇化过程的不同结果。

1. 中国城镇化的产物——类城市乡村

2011年，中国城市化率达到了51.27%，城镇人口首次超过了农村人口，2012年《中国城市发展报告(2012)》指出，我国已结束了以乡村型社会为主体的时代，开始进入到以城市型社会为主体的新的城市时代。在城镇化率不断提高的进程中，中国的乡村形态发生了重大的变化，产生了一系列“类城市”村庄。这类村庄最突出的特点就是有着城市的外衣，这个外衣最显著的代表特征就是统一的现代化住宅楼，统一开发的沿街门面房。从管理者到投资者，似乎都有一个共识，快速城镇化就是快速的接近城市水平，就是住上别墅、高楼，用上自来水，通上柏油马路。这些硬件措施最有利于向社会、向当地居民展示城镇化的效果(图3-18)。

图3-18　新建社区住宅楼与底商(自摄)

在调研当中，我们听到的最多的一句话就是“我们也可以像城里人一样……”。初听这句话，我们不禁要为快速的城镇化效果感到欣慰，但是仔细思考和观察，不难发现，既然都是像城里人一样了，那为什么城里人还要挤破脑袋到乡村度假、住农家院、吃农家饭,甚至是安度晚年。这说明,人们的生活需要有差级,从现代的人类生活向自然界的过渡中不能生硬地用一个人工边界去划分——城市内的就是现代化的生活,城市外的就是自然界。所以,城应该保证城的特点,镇保留镇的特色,乡保留乡的风貌,村保留村的原味。这样,从人类生活向自然界过渡的过程中才能循序渐进,也更加符合人类社会发展的步伐和进度。目前大部分的“城镇化”成果都无一例外的割裂了与原有村庄的联系,包括了从建筑形态、村落肌理、血缘及族缘传承、生活习惯传统等各方面。在调研过程中,我们发现建成后的社区除了与“城市长得比较像以外(更多的是与城中村类似),已经很难找到与原先村庄的关联了。我们常常可以看到这样一个场景,以往村头那个乘凉、交谈、戏耍的树下空间不见了,取而代之的是城市中的广场和喷泉雕塑。以往具有人体自然尺度空间的街巷消失了,取而代之的是城市中笔直的马路。惬意的农家小院消失了,取而代之的是城市中随处可见的阳台。广场、马路、高层建筑,这些城市中特有的要素逐渐的取代了原有乡村风貌中的要素,儿时记忆中清澈流淌的小河,随意攀爬的后院大树、偷偷翻墙去采摘的葡萄,这一切都随着城镇化数字的节节攀升而成为了乡村下一代孩子们生活的绝版场景。城镇化的结果是不是必须以“城市形式”的乡村出现,否则人们就不能享受现代文明的成果呢?

2.莫奈的花园——法国的吉维尼

吉维尼位于巴黎正西方向70公里的上诺曼底省,在塞纳河谷的一个小山坡上,周围是葱郁的树林和碧绿的草场,村前是一片略有倾斜的开阔地,一直延伸到塞纳河边。晚年莫奈坐车途径此地,被自然优美的乡村景色所吸引,于是在此购置一套居所,安享晚年。从他那些闻名于世的《吉维尼小船》《睡莲》《睡莲上的木桥》等系列绘画中,我们可以领略到早期法国典型的诺曼底乡村风貌。时隔半个多世纪,当我们再次欣赏这座法式风情小镇的时候,不禁惊讶地发现,莫奈手中的自然美景似乎依然保持着原有的品位，静静地流淌在塞纳河谷的山坡上（图 3-19）。

图 3-19　法国小镇吉维尼自然风景

面对这个只有千余人的小镇，每年却有超过 60 逾万的游客慕名而来，我们真的很疑惑，这些人真的都是在追寻莫奈大师的足迹吗？他们是否真是在这里寻找对印象派艺术的领悟？不可否认，必然是有的。但是，曾经来过和想要拜访此处或者偶然经过的人，他们更多的是被小镇的街道、建筑、小花园、自然风光所吸引、所折服（图 3-20）。

图 3-20　法国吉维尼小镇街道组图

法国是个现代化的农业国家，除了巴黎、里昂、马赛这些我们所熟悉的大城市之外，更多的是遍布于法国全境的典型小城镇和乡村。这些地方在法国城镇化的进程中在保留其“乡土”风貌和文化传承的前提下完成了向现代生活过渡的华丽转身。几千人的小城镇也好，几百人的小村庄也好，没有大城市的喧嚣，但是却依然可以享受到现代文明带来的巨大利益，更为重要的是它们有着大城市所无法比拟的自然风貌和“乡土”文化的传承。这也是为什么那里的人们不愿意让机械化、数字化的现代文明完全占领乡村的原因，因为他们的生活需要一个安静的、能够与自然更贴近的生活场所。这个场所在享受现代文明带来的便利之时，完全可以保留其独有的地域特征和形象。

城镇化不是一蹴而就的事情，需要一个循序渐进的过程。急功近利的追求城镇化的速度和城镇化的数字，往往只能从形式上改变某一地的外在形象，但是从本质的发展动力和可持续的发展活力两方面很难获得支撑力量。大多数的新建社区、在建社区或准备建设的社区看似是要彻底摆脱“农村”形象，拉近与城市的距离，无一例外地选择一种城市居住区的修建方式来证明自己的“新”形象。这种“新形象”的背后却往往隐藏了更多开发商的意志。这种意志更多地是关注了土地开发的收益，而忽略对整体环境的维护。因此，这样建成的社区特征必然是：房价相对城市很便宜，居住面积相对城市很宽敞。在总体建筑及空间面貌上已经与城市居住小区相当接近，但是在形象特征和整体社区质量上与城市居住区还有较大差别。这类社区，即没有了原有乡村社会的“本土”气息，又不能与城市真正的居住区相媲美。社区开发建成了一批“类城市”的乡村，造就了一批因地产开发而富裕的少数人，失掉的是永远也回不去了的“乡土”风情。想必，莫奈的花园如果放在时下的环境中，必然会被一批高档的别墅群所替代，莫奈故居固然会被保留成为旅游的景点，而人们也只能去看看这个被保留的“点”吧。

四、新型农村社区形象设计问题成因剖析

（一）管理者对新型农村社区的界定理解有偏差

新型农村社区在对其性质的界定上仍然是农村社区的范畴，其依然是与农业生产方式相适应的居住点。不管什么样的公共服务，保持与农业生产方式相关的生活习惯和民俗特征也应成为

新型农村社区建设的必然要求。脱离了这种必然要求，在实际建设中就容易形成“两不像”的社区形象，既不像城市，也不像乡村，居民的身份也随之尴尬，既不像农民的生活方式，也不是城市的生活方式。对新型农村社区的理解总是偏重于“新型社区”四字是造成社区形象同质化的最根本原因，究其根本，是对“城市化”过度追捧思想在作怪，认为城市的生活就是现代化生活，高质量生活的代名词，而忽视了新型农村社区建设是在工业化、新型城镇化、现代农业化三化协调发展的大背景下开展的。

（二）新型农村社区受利益驱动过热，与工业化发展步伐不协调

新型农村社区建设必须依托于工业化发展，而不仅仅是一种外在形象的建立和土地的集约。城市形象体系的构建中，外在形象的建立只是其中感官要素和物质空间需求的一项基本要求，要想长久的确立某一地区的形象体系，必须有足够的产业支撑和公共服务体系相互支撑，共同创造出具有活力、动力、吸引力的城镇形象。因此，在商业利益和部分个人利益驱使下，大量的利用土地集约过程中的商业地产开发无疑会损坏在新型农村社区建设中最主要的使用者——农民的根本利益。

目前很多社区在没有成熟产业支持，没有转变传统产业生产方式的前提下，大量开展新型农村社区建设，而大部分农民并不能从土地的溢值过程中享受到更多的福利（城中村改造的农民除外），只能给他们造成更多的经济负担，带来生活方式的不便，极易造成形式上的“新”社区。社区建设不过是一个“美妆”过程而已。

（三）单纯的村庄迁并、人口集聚并不能反映城镇化的结果

1. 社区建设所需资金持续性较差，多元化的资金筹措渠道尚未形成

目前所进行的新型农村社区建设非常类似于城中村改造或

者旧城改造，所不同的是，城中村改造和旧城改造有商业利益的潜力支持，可以获得连续的资金支持，城中村改造中的居民也可以获得较好的利益补偿。这也是为什么同样是农民，近社区或者城中村居民比远郊社区农民更支持社区建设的原因。市场机制的作用在城市中运用得得心应手、如鱼得水，但是在新型农村社区建设中基本失灵，建设新社区需要的大量的持续性资金紧靠政府投入只能是杯水车薪，而依靠产业发展所带来的经济利益又往往追求“多”“快”特征，很容易牺牲环境利益。因此，仅仅在形式体现人口和土地的集约并不能反映城镇化的结果。

2.社区发展与城镇化发展步伐不协调，不能完全解决资源浪费现象

以空心村现象为例。空心村现象反映了城乡资源流动过程中乡村磁力较低，劳动力资源单向流动的一种社会状况，也是一种资源的浪费和限制的表征。这种现象在新农村社区迁并过程中并不能完全解决。以商丘市黄岗镇为例，按照《社区布局规划》中的指标要求，到 2030 年，黄岗镇一共要形成除中心区以外共计 4 个社区，最小的社区规划人口 5 349 人，最大的社区人口8 790 人。从社区人口数量和公共配置的最佳人口数量来考究，社区规划、人口预测较为合理。但问题是从社区建设开始到 2030 年，社区是否可以始终保持着 5 349 人左右的常住人口，如果不能，那么新建的楼房照样会空置，不过是从原有的空心村变成了城市中的空置房，是不是要到了那个时候，我们又要像研究城市的高空置房率来解决社区中的空置房问题呢？所以说，社区的迁并仅仅是一个人口和土地的集约，没有配套的社区政策相支持，并不能完全解决原有村庄中的各种资源限制和浪费问题，并不能完全解决村民就地城市化的预期目标，自然也不能顺利完成城镇化的预期任务和目标。

（四）新型农业生产模式没有成为社区形象的典型特征

在调查中发现，每个家庭至少有一名轻装劳动力不会或者不

再从事农业劳动，转而寻求进入大城市学习或者打工。城镇化率越高的地区，这种比例就越高。这说明农村有大量闲置的劳动力资源可以为产业提供更多的劳务输出，但是，现实是农村的农作劳动力在不断减少，闲置耕地资源在逐渐增加。农业生产并没有因为社区的建设有较大的改变，农民的种植方式和销售方式并没有随着社区的建设有本质的变化。食品安全、农产品积压、收购价较低这些困扰农民增收的问题并没有随着社区的建设而有较大改善。这不仅让人质疑：我们的新型农村社区建设改变的仅仅是村容村貌吗？缺少农业生产模式转变的新型社区会有长足的发展力吗？会在激烈的竞争中树立自己的社区形象，成为强有力的“磁体”吗？传统的农业模式不转变，广大农民的生活不会发生根本性的变化；新型农业生产模式的建立与新型农村社区的建设不能建立密切联系，社区建设与农业生产各自为政，独立发展，那么若干年后，现在树立起来的徒有其表的社区形象必然破败。

五、河南省加快新型农村社区形象建设的必要性与紧迫性

首先，加快新型农村社区建设是我省快速城镇化的重要途径，是统筹城乡发展、推进新型城镇化的可贵探索和实践，也是中原经济区建设需要解决的重大问题。这一途径的实现过程，传统的城镇规划理论和实践不能完全指导其建设，必须需要新的适应时代发展需要的规划理论作为其实践的依据和策略。其次，新型农村社区建设是我省新型城镇化建设的重点。河南的新型城镇化不同于传统的、不同于其他地区的新型城镇化，河南新型城镇化的重点在于如何进行新型农村社区的建设。作为农业、人口大省和国家粮仓，河南就是中国的一个缩影，其城镇化问题从来就不仅仅是城市自身的问题，它更是农业问题、农村问题和农民问题以及农村和城市协调的问题。因此，新的规划理念不应该是消灭农民，消灭农村，而是平衡城市和农村的矛盾，促进城乡一

体化的和谐发展。随着城镇化的不断推进和暴露出来的一系列问题，我们迫切需要一种新的规划策略来保护乡村在快速发展过程中的人文环境，平衡经济发展与环境、人文资源的相互关系，促进乡村在新时代下平稳、合理地过渡到新的形态。

第四章 构建具有中原地域特色的新型农村社区形象设计建设战略探索与研究

一、构建具有中原地域特色的新型农村社区形象建设战略的目的

课题研究的基础建立在城市设计思想之上，通过分析和借鉴国内外相关理论的经验和方法，依据在社区建设中的实际经验，探讨在总体策略层面上，中原地区新型农村社区形象体系的构建，并最终将其纳入到科学的规划体系中，使之成为必须遵循的法律原则。课题系统完整的探讨中原地区新型社区建设中的形象问题及对策研究，强调对形象要素的保护利用，侧重城市文化与乡村文化的“结合”；倡导人工环境要素与自然环境要素为一体的形象设计观念。研究的出发点并不着意于追求具体的城镇空间模式，而是侧重于将保护与利用形象要素的观念贯穿于普遍的规划设计理念之中。

二、构建具有中原地域特色的新型农村社区形象建设战略的意义

（一）理论意义

目前，关于城市形象设计的理论研究已经趋于成熟，基于中小城镇早期的开发建设基础，针对小城镇城市形象研究的理论也相对比较完善，相比而言，河南省新型农村社区建设作为实现新型城镇化的有效途径和建设重点是独一无二、不可复制的，目前

并没有成熟的城市设计理论体系支持。在实际建设过程中，领导者与设计者更习惯于用技术的眼光和手段来促成社区的规划与兴建，即使少数运用城市设计理念塑造新型社区的规划设计，实践中更加注重物质空间形态的规划和演进，形象设计则成为空间形态设计的一个衍生物，缺少统一法定地位的导则作为社区形象设计及建设的引导。

在这种情况下，基于中原地区新型农村社区形象建设为目标的策略研究具有积极的理论意义，既可以有效地为创建具有中原地域特征的新型农村社区形象提供建设性的指导原则，也可以为整个河南省新型农村社区形象建设提供一种全新的理论思路。

（二）实践意义

能够解决实际问题，并具有代表性。与以往先建设后研究不同，我们正处于新型农村社区快速的发展时期，在此之前，我们有大量可供参考的城市建设和中小城镇建设的经验和教训，可以在农村社区的建设之初就给与正确的形象建设引导，避免在规划、建筑格局、形态完成之后才对其形象进行改造、改观、弥补等工作。新型社区形象战略的研究与探讨对于在总体层面上制定完善的新型农村社区的城市设计导则，指导具体建设，明确城乡地域特征和文化传承有着重要的实践意义，对于中国农村社会的传承具有现实意义。

三、新型农村社区形象设计体系的层次

（一）新型农村社区分类

十六届六中全会之后农村社区被定义为介于传统村落与现代的城市社区之间的一种过渡性社会组织形态，拥有比自然村落、社队村组织更具有弹性的制度平台。主要探讨如何构建新型社会生活共同体，注重资源整合、服务完善来增加人们的生活质

量和归属感、认同感以及凝聚力。

在《新农村社区规划设计研究》中将新型农村社区定义为："指居住于某一特定区域，具有共同利益关系、社会互动并拥有相应的服务体系的一个社会群体，是农村中的一个人文和空间复合单元。"新型农村社区构建的目的是为了满足农村村民居住生活生产的物质文化、环境要求，并逐步打破城乡二元的经济结构体系，使村民也可享受经济发展和社会进步所带来的物质精神文化成果。

新型农村社区根据本地特色推进城镇化进程，在其城镇化进程中尊重"工农兼顾"的战略原则发展，因而我们将新型农村社区的发展分为以下两种转型并存的格局。

第一，针对当地有发展条件的社区，采用直接转型的方式，直接从传统农村转变为新型社区，而这种城镇在发展过程中，应该考虑"新市民"的就业要求，在推进新型工业化的进程中不能将其遗忘，在充分发展新材料、装备制造等新型产业的基础上，适当保留一些劳动密集型产业，零售商业服务、农产品加工业、服装纺织等，为这些"新市民"提供充足的非农业就业岗位。

第二，采用两步走转型方式：先从农村转型为新型农村社区，身份由农民转化为半城镇化居民，由以务农为主转化为宜工则工，宜农则农，宜商则商，二次转型从新型农村社区转化为新型社区，其社区居民逐渐转型为以工商业为主的城镇居民。

根据以上两种农村转型方式，我们可以将地区的新型农村社区根据其各自的地理区位空间、经济社会属性、发展潜力等因素分为以下几类。

1. 城市型新型社区

(1)城中村改造新型社区

此类型社区位于该地区城区以及各县城区周围，根据城市居住区建设标准进行建设，引导农民以集资资产所有权置换为股份合作社股权、以宅基地住房置换为城镇住房产权、以土地承包权置换为城镇社会保障、农保并社保，农民基本改变原有的传统的农耕生活，将城郊乡镇政府改为街道办事处或者城中村居委会改为居委会社区模式。

(2)工业小城市型新型社区(图 4-1 为“工业小城市型新型社区”空间概念图)

其位于拥有资源优势或者特定功能区的特殊小城镇的扩展范围内，就业结构以工商业为主的新型社区。虽然规模较小，但是其以独立工矿区、工业、市场为发展条件在向中小城市迈进的同时，必然可以为社区居民带来大量的工商业就业机会，因此借助推进建设新型社区的同时，同时加强工业小城市建设与新型社区建设的紧密结合。此类型的新型农村社区在公共设施建设配置上根据城市居住区标准配置。

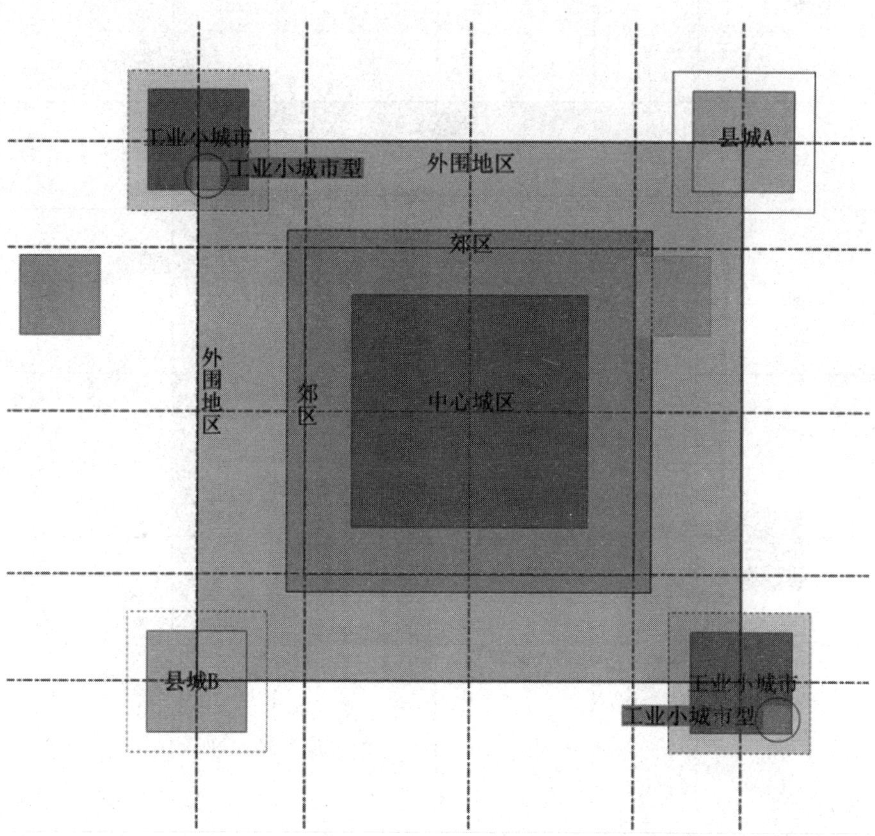

图 4-1　“工业小城市型新型社区”空间概念图

2. 集镇型新型社区

(1)城郊镇型新型社区(图 4-2 为“城郊镇型新型社区”空间概念图)

城郊镇型新型社区居民以工、农兼业为主，城市空间区位位于各级中心城市半小时通勤圈以内。其公共设施配置与城市居住区配置一致。这种类型的新型社区以集镇为依托，实质上是对重点镇的扩张建设。农村社区的居民居住在新型农村社区，每日在县、镇、村之间通勤，在县产业集聚区从事第二产业工作或者在县级城市从事服务业。长远看来，这些地区将成为县城的组成部分，逐步撤乡设立街道办或者成为中心城区和县城的卫星镇。

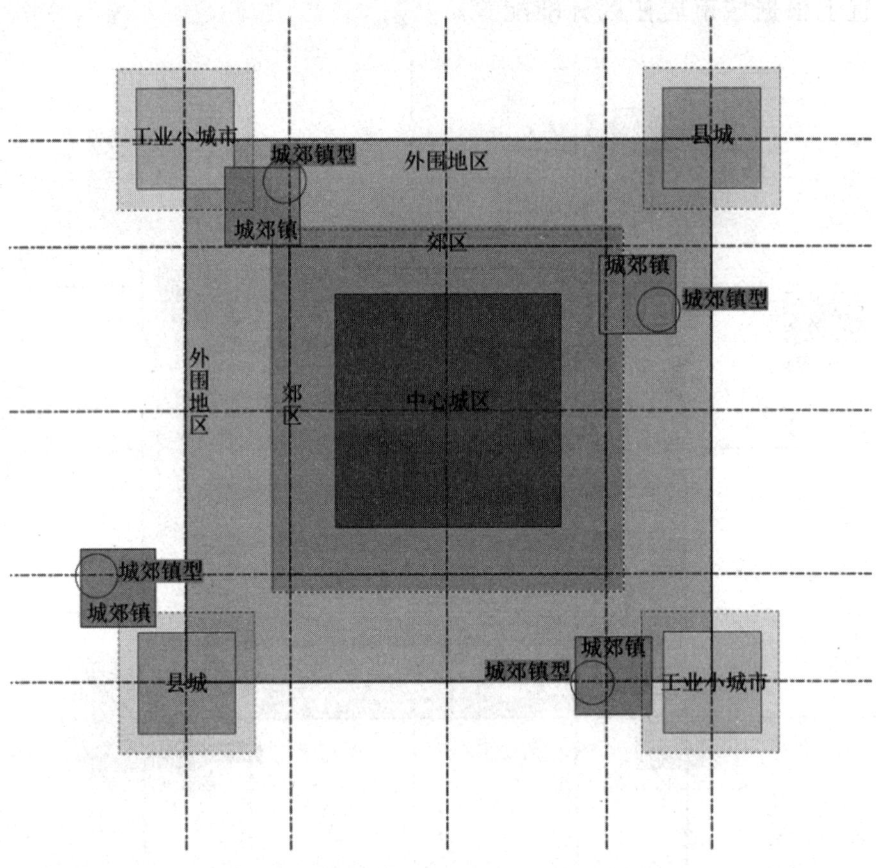

图 4-2 “城郊镇型新型社区”空间概念图

(2)远郊镇型新型社区(图 4-3 为“远郊镇型新型社区”空间概念图)

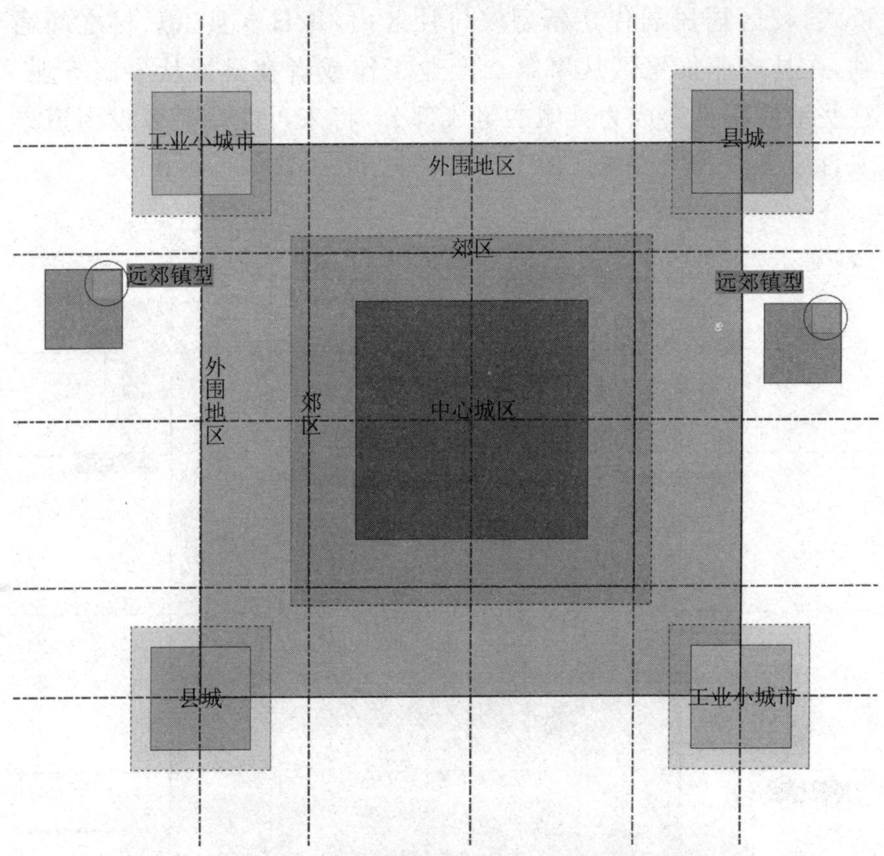

图 4-3　“远郊镇型新型社区”空间概念图

远郊镇型新型社区近期发展建设应依据当地发展情况和农民意愿,因地制宜推进建设,并逐步提高配套公共服务设施配置等级。这类社区位于距各级中心城市区较远的位置,依附强镇建设,工农兼业,规划与镇区进行联合建设。

3. 中心村型新型社区

(1)城郊村型新型社区(图 4-4 为“城郊村型新型社区”空间概念图)

城郊村型新型社区是工农兼业、位于各城区半小时通勤圈内新型社区,在公共设施配置上与城市居住区配置标准一致。此类社区以条件较好的自然村为发展中心,将村庄合并成中心村社区模式,社区居民居住在新型农村社区内,每日在县、镇、村之间通勤,在县产业集聚区从事第二产业工作或者在县城从事服务业。这些地区同样会成为县城的组成部分,将来可能会撤乡设街道办或者成县城和中心城区的卫星镇。

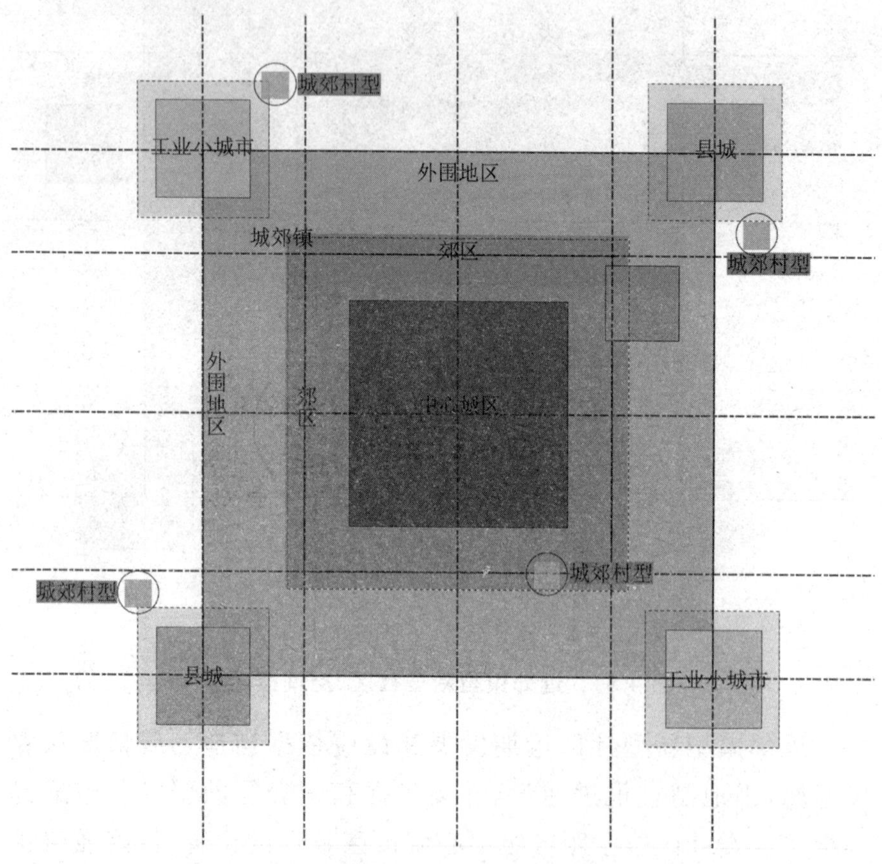

图 4-4 “城郊村型新型社区”空间概念图

(2)远郊村型农村社区(图 4-5 为“远郊村型农村社区”空间概念图)

这类新型社区位于距各级中心城市和强镇较远的偏远地区,规划结合发展条件较好的自然村落并存建设,以农业为主引导建设成为工商业就业的新型社区。这类社区应该在镇区的设施服务范围不能衍射在偏远地区的情况下视当地条件发展，起到服务三农作用，打造农村的“一公里服务圈”，从而保证当地农民在不超过一公里的范围内可公平地拥有与城市居民无差别的公共服务。由于这类社区建设风险较高，因此不建议大量推广。这类新型社区居民以务农为主，受耕作半径限制，此类社区的规模应适当减小，其公共服务设施配置也可适当降低。

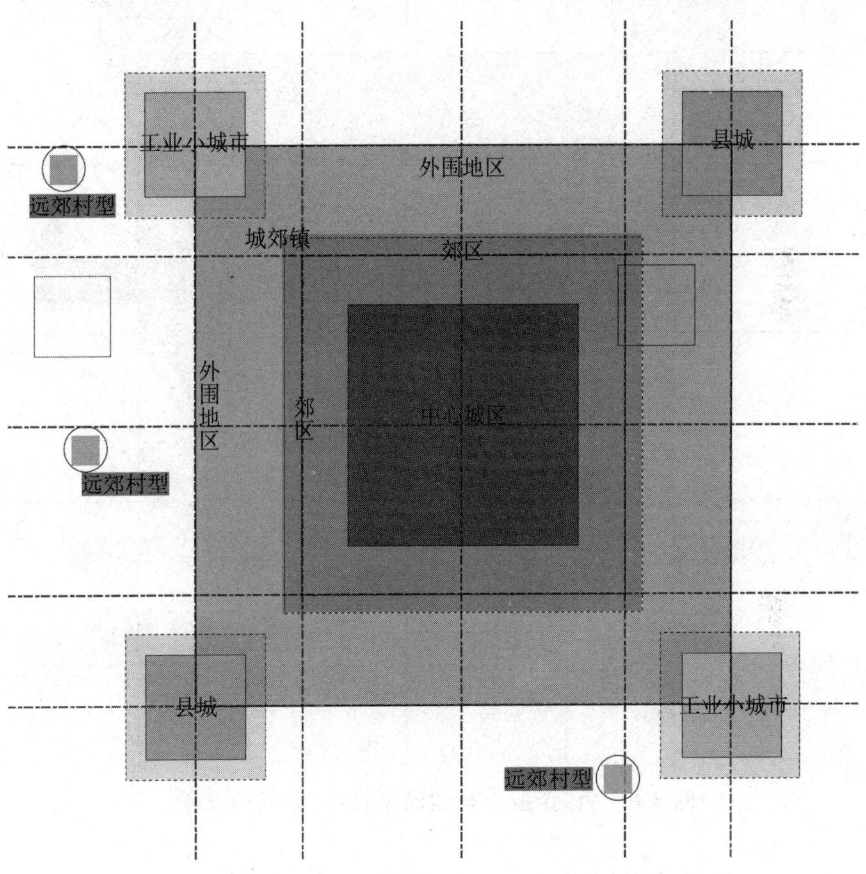

图 4-5　“远郊村型农村社区”空间概念图

(3)企业带动型新型社区(图 4-6 为“企业带动型新型社区”空间概念图)

该类社区是为龙头骨干企业配套的新型农村社区，社区发展建设需要其村、镇具备有较强的就业带动力和经济实力，通过龙头骨干企业的扶植，壮大当地经济实力，并且带动非农产业、特色产业的发展，居民就业选择较广，岗位丰富，实现农村劳动力资源的有效配置，通过经济发展和居民产业结构的转变，从而改变农村居民的生产、生活方式，并且该类社区为农村社区文化、经济发展提供物质基础和发展条件。

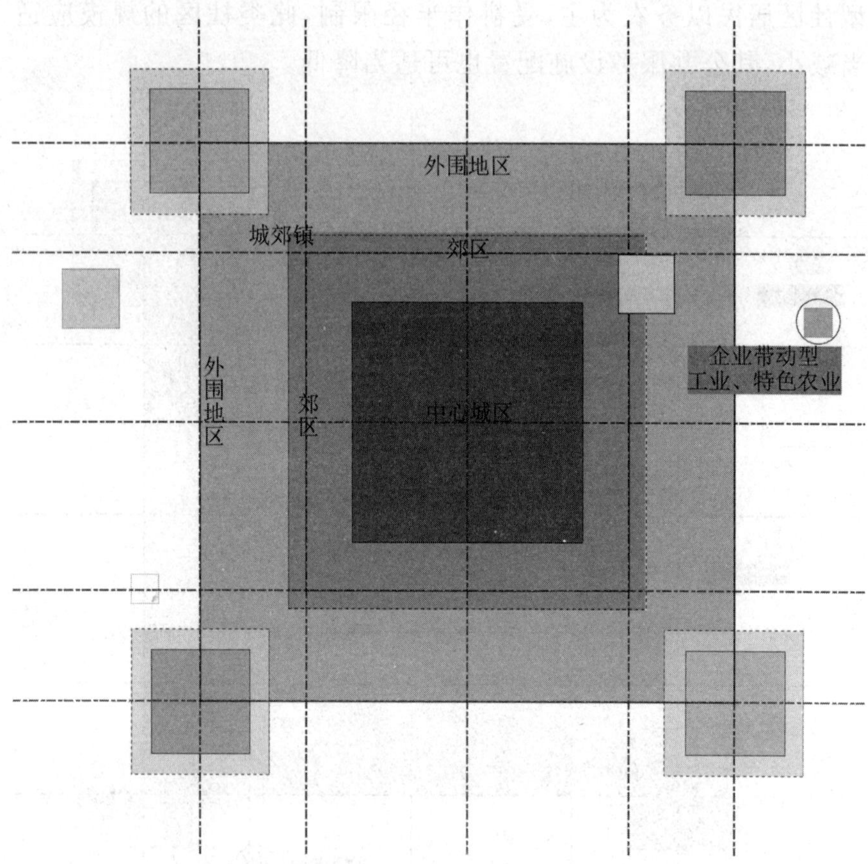

图 4-6　为“企业带动型新型社区”空间概念图

（二）新型农村社区形象设计体系分类

通过特色产业塑造社区形象。一个知名度极高的企业或者名牌，常常将该地区的形象托起、美誉度提高，因此具有特色产业的新型农村社区可以将地区形象战略同特色产业结合起来，相互依托、相互渗透，促进其形象的推广与提升（表 4-1）。

表 4-1　特色产业的社区形象塑造

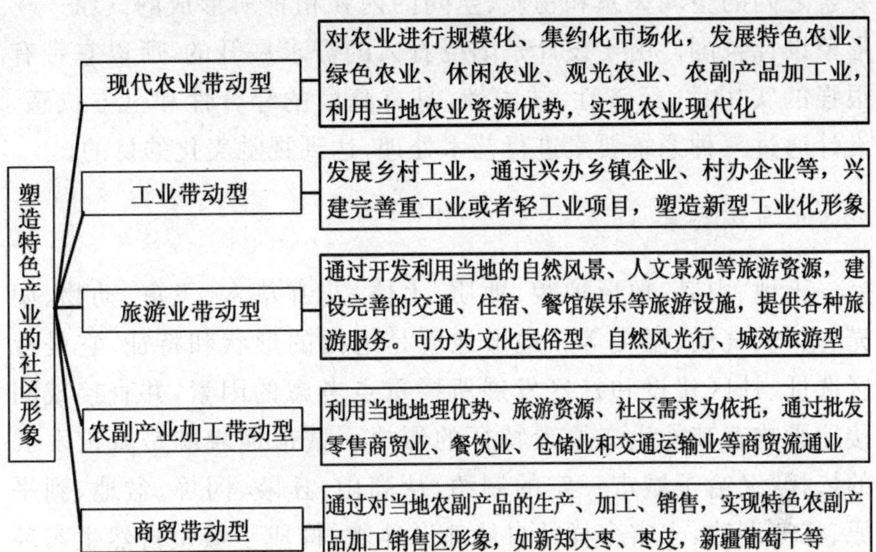

通过社区传统文化与思想的内涵性。将传统性与未来性巧妙衔接，通过弘扬本地优秀文化历史、人文精神，并且提出新的社区思想与进取的观念，才能推动经济建设与社会发展，社区形象设计不能仅仅停留在表面的视觉符号和形式动作上，结合地区传统文化结晶进行提升，注入独特精神、文化和思想内涵，对内增加凝聚力，对外产生吸引力。

经济发展战略的未来性。社区形象战略的实施，主要目标是推动地区经济建设和社会发展。因此，地区形象设计所提出的理念部分，不能停留在对过去的总结、对现在的要求上，而更应该凸显对未来发展战略的目标，激励人们振奋精神，并努力奋斗，应考虑地区经济发展战略形象同国际经济接轨的定位与追求。

四、新型农村社区形象设计的基本构成要素

（一）新型农村社区形象设计要素

形象设计首先是一种视觉造型艺术设计。这种造型艺术设

计有别于一般的纯艺术设计:它的设计对象是社区中的一切物质要素之间的空间关系和物质、空间的内在精神所形成的气氛——形象设计氛围。由于设计是围绕着人的需求展开的,所以它带有很强的实用性、经济性、技术性,具有高度的综合性和全方位感。设计通过三种系统要素进行艺术处理,达到视觉美化的目的。

1. 自然要素

土地、山脉、地形地貌、地质、水体、花卉草木、飞禽、动物、阳光、空气、气候、温度等。地形地貌是地面的形状和特征,它是社区选址、社区建设和社区发展所要重点考虑的因素,并直接或间接地影响着其他生态要素特征的形成。城市地貌既是城市发展的依托,又给予城市一定的制约,从高山、丘陵、冈埠、盆地,到平原、江河湖泊,丰富多样的自然地形地貌,构成了城镇自然生态环境的主要特征,形成了不同的城市风貌。丰富多样的地质构造机理,也可形成富有特色的大地景观。因此,地质也应是社区形象设计应考虑的因素之一。同时,特定地域气候的要素是该地域范围内城镇规划和建筑环境设计的最主要决定因素之一。

如图 4-7 所示,登封某社区整体属于浅山区。地形高度在 180～248 米之间,一般在 195 米左右,最大相对高差为 47.6 米,村域山岭多耕地少,村庄居民用水较为紧张。基于现状特征,总体社区布局呈带状展开,使景观、空间自然成为建筑空间的室外延伸。注意环境空间尺度的把握,尤其是景观构筑物和器具的尺度与建筑空间相适宜,形成场地协调、尺度宜人的室外空间。注意所有场地的细部处理,强调变化,强调自然材质的运用,在秩序和变化、刚与柔、新与旧之间寻求平衡。注意景观空间序列的处理,强调空间的层次感和变化,形成步移景异的效果。立面为灰白、砖红结合的简洁风格,并采用多空间形态的组合方式,高低错落,与山形相辅相成,同时辅以棕色的百叶,金属的栏杆,结合传统房屋造型特点,体现时代感与传统特征的融合,提升整体社区的建筑形象。

图 4-7　登封地区某社区总体鸟瞰图

2.人工要素

农村社区生活质量的提高离不开人工环境的塑造，社区中的建筑物、构筑物、园林、广场、道路、灯光、桥梁、雕塑、壁画、广告及其公共设施等都属于重要的人工要素。在设计中应重点把握以下几点原则。

第一，任何建筑群体效果对社区特色的塑造。

第二，保护和促进形成社区的公共空间系统，有助于保护原有生活状态的原真性与传承性。

第三，认识社区空间组织结构与自然地形和自然环境关系的重要性。

第四，注重社区的色彩设计与保护。

第五，不断反思和评价社区建设依托的法规，保证最佳的建设选择。

第六，在项目开发目标实现过程中注重质量而不是数量和速度。

第七，强调新旧建筑的视觉协调和过渡。

第八，在社区重点地段鼓励高水平的建筑设计。

第九，鼓励尊重并改进公共空间与其他公共地段整体性的建筑形态。

第十，对建筑高度的控制与考虑应考虑农村社区模式与城市模式的不同。

第十一，加强对较大项目开发中的城市形象问题的认识。

3.人文要素

社区的地方特征，民族民俗特征，社会宗教习惯，居民文化背景，人口构成特点，人们的衣食住行、交往的特征等。郑州市地处中原腹地，有深厚的文化底蕴和历史背景，所属的16个区市无论是从文化背景还是交往特征都有属于自己的地方属性，在设计中应重点研究以下行为活动的特征，在建设过程中应加以尊重和保护，不能强制性地给予边缘城市化的生活（图4-8、图4-9）。

第一，户外活动的类型。户外活动的类型可以划分为三种类别，必要性活动、自发性活动和社会性活动。每一种活动类型对于物质环境的要求都大不相同，而每一种活动类型都具有“连锁性”特征。高品质的社区空间可以创造高质量的户外活动频率，而高质量的户外活动频率可以加强社区人与人之间的互动关系，形成高质量的场所亲和力，从而提高社区的凝聚力，形成人性化的社区形象。

第二，社会关系与建筑布局。社会交往的形成与否主要取决于居民之中是否存在经济、政治或者意识形态方面有共同兴趣。如果找不到这些因素，就没有相互交往的基础。因此，我们需要通过建筑布局形态和一系列公共设施的合理安排来促进和引导某中积极的特定的社会关系存在，引导居民形成某种活动模式，而这种模式恰恰与其原有生活的状态存在因果关系。

第三，步行系统的独立性与主导性。人文要素大多发生在步行系统的空间，因为这里有足够的时间、空间、气场提供具有吸引力的人文要素。因此，不要仅仅把细节设计放在广场、绿地等开放空间内，还必须创造出宜人的、可逗留的、极具新引力的步行空间系统。

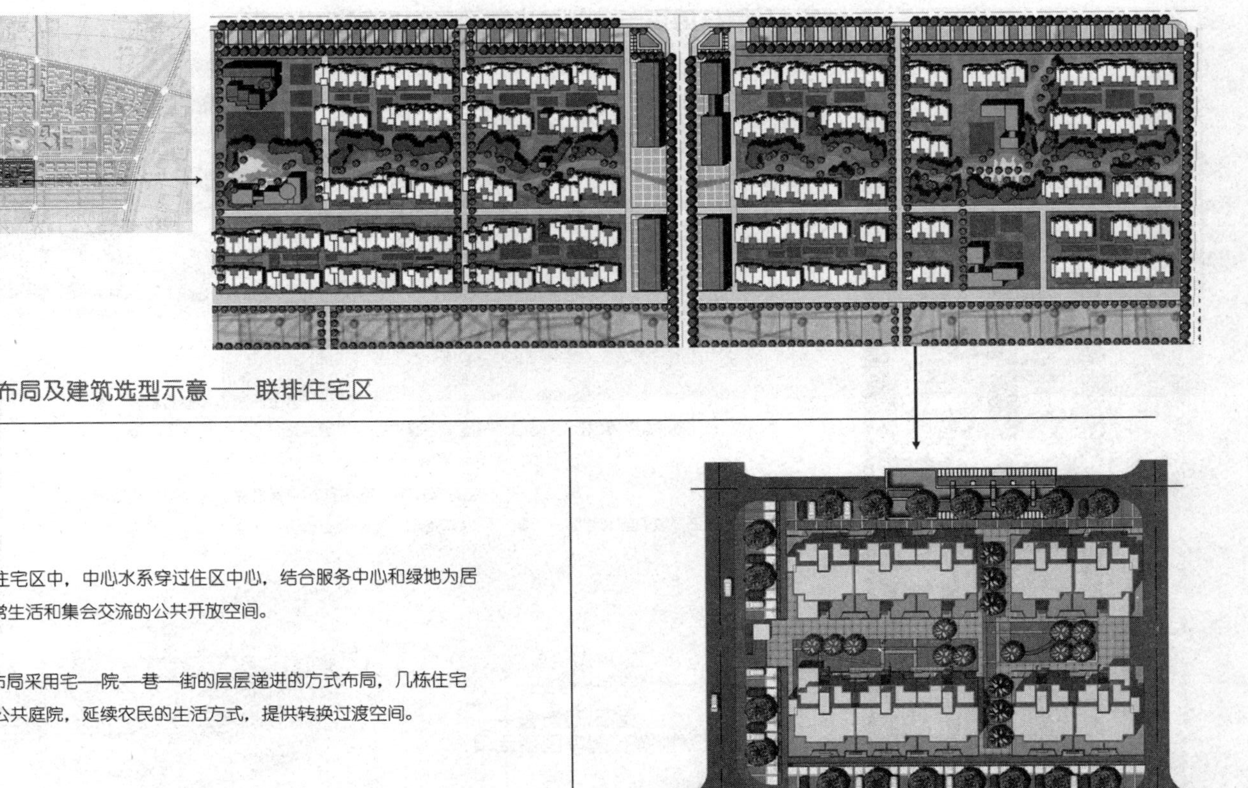

图4-8　薛店镇某社区城市设计——组团布局分析1

住宅组团布局及建筑选型示意
——多层住宅区

多层住宅区组团采用规模不等的围合院落式布局，增加东西向底层建筑，东西向建筑既方便放置农具，又能加强院落的围合感。

每组住宅围合一个公共庭院，入口设置门禁系统，四周取消围墙，代以绿篱。绿篱外可以设置停车场。

组团布局方式 1

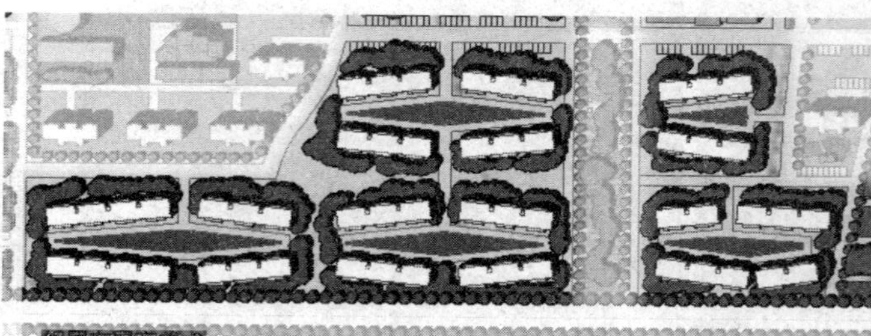

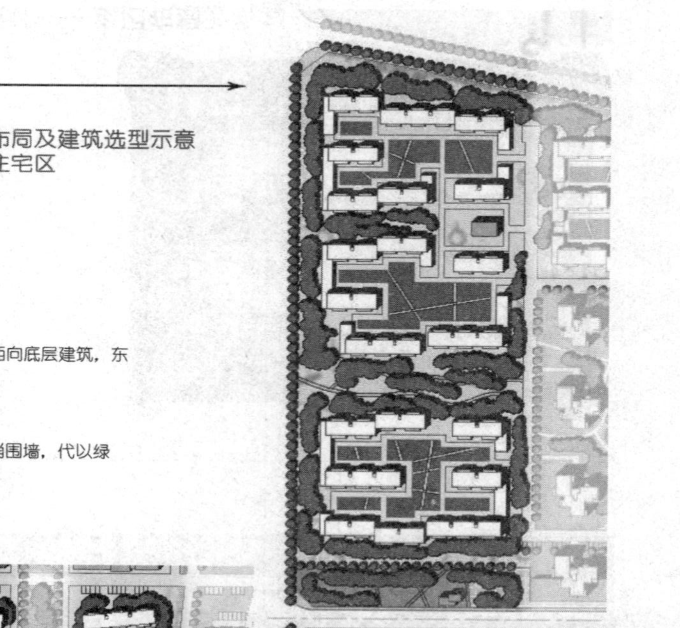

图4-9　薛店镇某社区城市设计——组团布局分析2

(二)社区形象三大识别系统的建立

理念识别系统、视觉识别系统、行为识别系统是完整社区形象识别系统的基本内容。社区形象识别系统的建设有利于加强社区形象的特色性、持续性。

1.理念识别系统

一个较为完整的新型农村社区理念识别系统应该具有如下要素:新型农村社区的精神理念、管理理念、经营理念、发展理念、新型农村社区对内和对外的宣传口号以及广告语等。理念识别系统的设计应该遵循以下原则。

(1)整体性原则

一个新型农村社区是一个整体,新型农村社区的理念识别系统应该能反映它的整体意义,反映新型农村社区居民的整体意愿,反应出乡村社会变迁的过程。

(2)个性化原则

新型农村社区的理念是在新型农村社区长期以来的社会活动中,结合历史文化特征、地域特征和风土民情所形成的。它的设计和应用也是基于对新型农村社区发展历史的理解并对新型农村社区的文化特质进行深刻的挖掘。因此,新型农村社区的理念识别系统应该具有一定的个性,避免雷同。

(3)开放性原则

现代的新型农村社区本身就是一个开放体,形象设计的一个目的就是进一步推动新型农村社区的开发、开放的进程。这种开放首先就应该是观念上的开放,而观念上的开放会比较集中的体现在理念识别系统上,并在行为识别系统和视觉识别系统中予以落实。

(4)整合性原则

很多新型农村社区历史悠久,文化内涵丰富,涉及的范围广泛,在这种情况下,设计理念识别系统就必须对新型农村社区的文化进行提炼，归纳出能够总结新型农村社区与众不同的、有特色的形象元素，不能够面面俱到。

(5)稳定性原则

新型农村社区的理念识别系统一旦确立就不能轻易修改，并以此为依据指导其他形象识别系统。

2.行为识别系统

新型农村社区的行为识别系统是理念识别系统的具体体现，是一个较为庞大的文化系统。它主要指新型农村社区中群体与个体的行为规范、行为准则、行为方式等。具体来说包括以下一些内容：政府行为系统、企业行为系统、居民群体行为系统、居民个体行为系统、居民生活方式系统等。本文主要研究的是政府行为系统和居民群体行为系统。

新型农村社区政府的形象是新型农村社区形象的核心和主题要素之一。从形象要素本身来说，政府的形象本身就体现和代表着新型农村社区的形象。同时，政府还必须指导、管理新型农村社区的形象设计。因此，政府的行为方式对于整个新型农村社区的行为识别系统来说就显得非常重要。新型农村社区居民群体行为更多的是社会行为与文化行为的表现。例如新型农村社区自创的各种节日、运动会、大型文艺演出、会议等。这种群体行为活动不仅仅能丰富居民的生活，发挥新型农村社区的主体性和创造性，而且还能使新型农村社区形象在竞争中凸显出来。

新型农村社区的行为识别系统设计应该遵循以下几个原则。

(1)参与性原则

参与性是行为识别系统首先要考虑的，尤其是在群体行为中，如果活动的定位不准确，群众的参与性不够，哪怕设计得再巧妙，也不会达到预期的效果。在设计中要充分考虑参与人群以及如何调动参与积极性，计量扩大参与人群的范围，做到雅俗共赏，既不能让人觉得曲高和寡，也不能让人觉得俗里俗气。

(2)动态性原则

在进行行为识别系统的设计过程中,要把它放在一个时间段内进行考虑,用动态的和发展的思维进行思考。

(3)开放性原则

设计新型农村社区的行为识别系统,其最终目的还是为了提升整个新型农村社区的形象,所以在设计中不能拘泥于新型农村社区的范围本身,而是要加大宣传,吸引新型农村社区外部人员的参与,这样才能扩大新型农村社区的影响力和知名度。

(4)特色性原则

新型农村社区的行为识别系统与它的历史文化和风俗民情有直接的关系,不同的新型农村社区可能会有类似的行为识别系统,创新的关键在于行为识别系统的表达方式。必须根据地区的历史文化传统,设计独具特色的行为识别方式,避免“邯郸学步”现象。

3.视觉识别系统

视觉识别系统从广义上说是新型农村社区的外在形象,包括一切作为外新型农村社区形象载体的物品和符号。它是形象系统中最直观、最外在的表现形式,也是向社会传达信息最直接的部分。一般来说,新型农村社区的视觉识别系统包括了基本要素和应用要素。基本要素包括了新型农村社区的标志、标准色、标准字体、辅助图案等,应用要素包括了政府办公用品、公关礼品、各种宣传品、工作人员服饰、室内外标识系统,另外可以根据具体条件设计新型农村社区的吉祥物、标志性建筑、景观小品、各类广告等。

视觉识别系统的设计应该遵循以下原则。

(1)理念为核心原则

视觉识别设计与一般的平面静态的符号设计不同,它作为传达新型农村社区理念的重要媒体,应当从多层次、多视角、全方位、立体化来传达新型农村社区的理念,脱离了理念的设计符号,只能作为普通的标记,而不是视觉识别设计。

(2)特色性与统一性结合原则

在视觉识别要素中,点、面、线、体等多种要素要统一,要有自己风格的一致性,要与其他新型农村社区区别开来,形成自己的独特个性。如果不顾及自身的风格、个性、特点,简单地套用就会适得其反。

(3)美学原则

视觉识别应当符合美学的原则,使人们在接触中唤起美感,引起美的共鸣和冲动。公众的视觉识别过程实际上是一个审美过程,人们往往在审美的同时来强化识别。因此,视觉识别的设计者应当根据艺术形式美的规律,在视觉识别系统的设计上充分运用对称与均衡、统一与变化、节奏与韵律、比拟与联想、调和与对比、比例与尺度等美学原则。

(4)民族性原则

在城市形象设计中,不但理念识别、行为识别设计离不开民族文化,而且视觉识别也要寓于民族文化之中。"洋"东西虽然可爱,但随便"拿来"放到自己的"家园"可能就不伦不类。各个民族文化、生活方式、价值观念、思维模式、宗教信仰、风俗习惯不同,甚至存在很大差别,因此,在接收视觉信息上也存在差异。所以,在视觉设计上注重民族化,才能被本民族接受。

(5)生动形象原则

视觉识别系统以生动的造型和图像构成视觉语言,具有魅力的视觉语言,是通过生动的造型艺术达到传神的目的。这些生动的造型在纷华的视觉世界中吸引着人们的眼球,传达给他们的神经系统并留下深刻的印象,真可谓此时无声胜有声。所以,设计时应力求生动,有较强的个性,避免自然形态的简单再现。为了能够达到易于识别、便于记忆的最佳效果,在设计时可以使用夸张、重复、节奏、象征、寓意和抽象的手法。另外,必须做到图像清晰,引人注目,不仅要有显著特征,而且要做到远看清晰醒目,近看精致巧妙,无论任何角度、任何方向看上去,都有较好的识别性。在设计时，必须还考虑到视觉识别系统不同媒体上的传达效果。

（三）新型农村社区空间形态对居民行为的塑造与引导分析

社区是自然、经济、社会的复合体，同时也承载着地方传统观念和生活。而当地居民是社区空间的主体。一方面，社区需要为生活在其中的居民提供日常行为所必需的空间和心理场所；另一方面，当地居民的行为和意志，推进社区空间形态日趋完善的进程。因此，在社区发展过程中，各种空间的形成与设计，都是与一定时间、地点，和特定社会条件下人们的心理和行为需求相适应。社区的空间形态是一种客观性的存在，而居民是社区空间的主体，在社区空间上发生的居民行为是居民活动的全部形式。在社区空间作用下的居民行为，涵盖居民心理活动全部过程，居民行为是居民心理过程的外在表现和最终环节。

1. 新型农村社区公共空间形态中的居民行为

盖尔的《交往与空间》运用了行为学理论对人类行为与空间的相互关系进行研究，对人们在户外的活动类型、活动要求、活动的质量等进行了分析，从规划设计、建筑以及建筑细部三个层次得出人们社会生活对物质环境要求，以及运用何种手段能增加人们之间交往发生的可能性。他将人们在户外空间活动行为简化为三种类型：必要性活动、自发性活动、社会性活动，并且提出每种活动对外部物质空间环境的要求不尽相同。

表 4-2 盖尔三种活动对比表

活动类型	必要性活动	自发性活动	社会性活动
活动内容	上学、上班、购物、等人、候车、出差、递送邮件	散步、呼吸新鲜空气、驻足观望有趣的事情、聊天	儿童游戏、交谈、互相打招呼、各类公共活动

续表

活动类型	必要性活动	自发性活动	社会性活动
与外部环境关系	各种条件下都会发生,与外部环境关系不大	条件适宜情况下发生,依赖于外部的物质条件	有一定关系
自发程度	不由自主	自主参与	有赖于他人参与
活动特征	这些活动是必要的,很少受到物质构成的影响,在各种条件下都可能进行,相对来说与外部环境关系不大,参与者没有选择余地	有赖于外部物质环境条件,只有在适宜的环境下才会发生。当户外空间质量较差时,只会发生必要性活动,外部条件较好时,必要性活动时间延长,随之而发生的自发性活动就会增加	绝大多数情况下是由另外两种活动发展而来的,人们处在同一空间就会自然引发各种社会性活动,改善公共空间中必要性活动、自发性活动条件,就会间接促成社会性活动,并且可能促进更加综合性的社会性活动出现

2. 新型农村社区公共空间对居民行为的引导

(1)新型农村社区公共空间的承载功能

社会交往功能:交往是人类日常生活工作所必需的,是人的一种存在形式,是人们社会关系中基本的行为。社区公共空间的交往功能体现在四个方面:促进邻里互帮互助、培养村民村落归属意识、促进邻里互帮互助、对人们行为的约束和管理。

村落文化功能:文化包括群体的价值观、信仰、道德规范、传统习惯等,人们受文化环境的影响,同时又是文化环境的创造者和支配者。文化的传递是一种有意识的自觉传递或者是有意识、潜移默化的传递。村落文化的核心是血缘、地缘关系,费孝通的

《乡土中国》中将农村社会比拟成为一个熟人社会，村民之间常见的交往空间是村民生活交往场地，也是其精神感情交流的场所，因而具有承载村落文化的功能。

(2)传统交往空间的延续

道路与特定场所的延续：道路与特定的场所是传统村落肌理的重要组成部分，传承着村落文脉，维系居民的生存空间，是村落在漫长发展历史中所表现的文化特色，这种文脉的传承将会是人流汇集的焦点和村民精神寄托场所。

院落空间的延续：传统村落中院落空间为其特色空间，主要是生产铺助功能，包括种植蔬菜、堆柴堆粮、停放农机具、家庭手工加工，当前情况下庭院空间的生产功能退化，空间需求逐渐减弱，主要原因有乡村经济结构转型，农户小规模家庭手工生产已没有市场竞争力，庭院加工功能逐渐消失；生产工具改进传统的大型农机具已逐渐淘汰，其堆放生产工具功能退化；乡村大量劳动力外流是其利用率不高，浪费土地资源，缩减庭院面积十分必要。缩减并不代表完全取消庭院空间，庭院承载村民行为习惯，赋予其归属感，因而在新型农村社区规划应该循序渐进地实现院落空间的转变，尽量给村民留有足够面积的院落。

(3)促进社区居民交往的设计原则

提供交往机会：交往和互动需要一定的条件，就是提供双方碰面的机会和适合交往行为发生的场所，这样在某种程度上可以促进双方进一步交流交往，碰面的机会产生于人们的自发性和必要性活动，巧妙的设计手法可以增加其碰面机会如通过社区内游园路径的设置引导人们集聚和交往，利用公共设施或改变空间属性，增加人们在空间逗留的时间。

创造积极的交往空间：人的行为在不同的时间和季节都会有不同的表现内容。在进行空间设计时尽可能创造出多样的、能在同一空间能承担不同时间不同人群的行为活动，保持空间的活力。在有限的空间范围内，最大限度提高使用率，最大限度地增加居民在户外逗留的时间，这样才能增加居民交往的机会。

提高空间舒适性：营造交往空间要考虑人的心理感受和生理需求。公共空间要选在人群聚集的地方，公共空间环境能得到居民认同和认可，满足其需求。一个消极空间只能进行必要性互动，其他活动发生概率极低，不能促进人们的交往。反之，舒适的空间能够增加生活的乐趣，带来情感的愉悦，吸引更多的人到来，就可以创造出更多的交往机会。

在交往空间功能和构成形态方面，传统农村社区和城市社区是相同的，虽然两者有不尽相同之处，但对于新型农村社区规划设计而言，影响较大的往往是交往心理需求与行为模式和交往活动属性。新型农村社区处于从传统农村向城市社区演进的过渡阶段，所以在相同的社会背景、共同认可的精神文化、相近相似的风俗习惯这的大背景下，只要能够增加新型社区居民见面、打招呼、说话等发生沟通交流的机会，就能够起到促进其交流交往的作用（表 4-3）。

表 4-3　传统农村与城市社区的交往空间比较

<table>
<tr><th colspan="2"></th><th>传统农村</th><th>城市社区</th></tr>
<tr><td rowspan="2">相同点</td><td>功能</td><td colspan="2">信息交流分享、丰富精神</td></tr>
<tr><td>构成形态</td><td colspan="2">公共—半公共—半私密—私密层层递进关系</td></tr>
<tr><td rowspan="4">不同点</td><td>形成影响因素</td><td>依托自然、血缘、地缘关系并在共同劳作下形成</td><td>在都市功能主义理论下逐渐形成</td></tr>
<tr><td>交往活动属性</td><td>以生产劳作、宗教仪式的等活动为基础</td><td>依赖于媒介的交往或是人与物的交往</td></tr>
<tr><td>交往心理需求</td><td>共同的社会背景、共同的精神文化、相近的风俗习惯</td><td>社会背景、文化背景、风俗习惯差异大</td></tr>
<tr><td>对外界物质环境的需求程度</td><td>不太高</td><td>较依赖</td></tr>
</table>

3. 新型农村社区交往空间体系构建

该体系主要包含两方面的内容：社会要素和物质要素。交往空间社会要素主要包括社区宗族文化和邻里传统格局两种。在邻里交往空间的物质要素方面，新型农村社区邻里交往空间分为不同的空间层次（表 4-4）。

表 4-4　新型农村社区交往空间体系构建

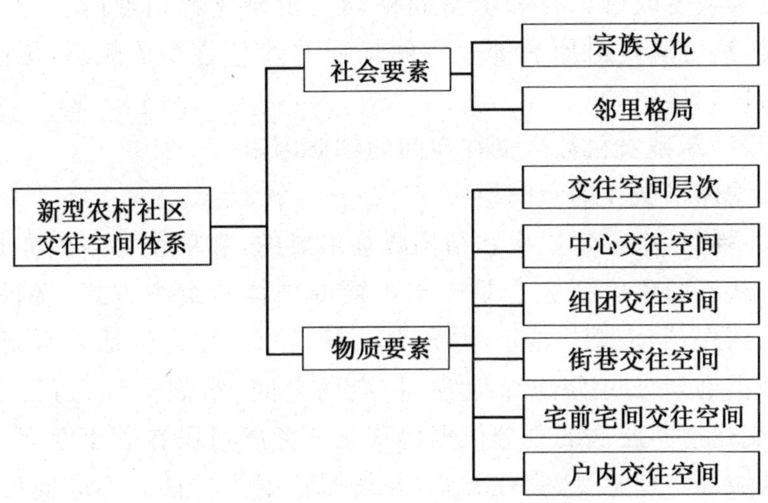

(1)新型农村社区交往空间体系的社会因素

宗族文化。很多村落聚族而居，依靠宗族关系构成社会群体的纽带。至今许多村落仍以姓氏命名，分别有单姓村、主姓村（以一两种大姓为主，也可包含若干小姓）、杂姓村（若干姓杂处而没有大姓的村庄）等类型。以血缘关系为纽带连接起来的众多家庭组成户、家族、宗族，形成无形的社会结构，影响着村民的生活方式、居住方式。在当代社会，村庄的社会结构出现变化，原有的以血缘、宗缘为基石的联系纽带正在淡化，新的社会结构正在形成，虽然村庄社会结构发生着变化，但是变化是缓慢的，所以在新型乡村社区规划中，必须要考虑村落居民对宗族关系和文脉的传承，这也是保证新型乡村社区和谐的要点之一。

邻里格局。农村社区的邻里空间格局是经过世代相传慢慢沉淀的。长期的共同生活使村民对邻里空间格局非常熟悉。新型农村社区建设时，村民不愿意搬迁的原因大部分是因为对原有生活环境的依赖感和对陌生环境的恐惧感，搬迁所带来的陌生感主要是由于周围环境改变所造成的，包括物质环境和社会环境，对搬迁村民来说物质环境的改变是无法避免的，但如果能在尽量维持原有社会环境，特别是邻里格局的情况下进行设计规划，村民的陌生、恐惧感会大大降低。因此应在新型乡村社区规划设计时延续或者改善原有邻里空间格局。相邻或者相近的住户统一安置，这可满足对原有邻里空间格局的熟悉感和依赖感，更能增加村民归属感。

(2)新型农村社区交往空间的物质因素

①邻里交往的空间层次

系统是由一定层次和结构要素组成的，邻里交往空间亦是如此。从不同角度研究会呈现出不同的结构和组织方式。例如空间以居民活动范围划分，可分为动态、静态、综合性活动空间；以空间类型划分可分为绿地空间、广场空间、水面空间、道路空间等，交往空间层次的划分依据应该充分考虑村民在邻里空间中不同领域的心理感受、交往方式，并根据新型乡村社区不同规模，其邻里交往空间的层次要有所不同(表 4-5)。

表 4-5 不同规模的新型农村社区的空间层次分析表

新型农村社区类型	规模		空间级别	空间层次
	户数	人数		
小型社区	100～500	400～2 000	三级	户内交往空间→宅前交往空间→街巷交往空间
中型社区	500～1 500	2 000～6 000	四级	户内交往空间→宅前交往空间→街巷交往空间→中心交往空间

续表

新型农村社区类型	规模		空间级别	空间层次
	户数	人数		
大型社区	1 500～2 000	6 000～8 000	五级	户内交往空间→宅前交往空间→街巷交往空间→组团交往空间→中心交往空间

②中心交往空间

中心交往空间指整个社区交往的中心区域,可与社区中心空间相对应理解,属于交往空间中的公共领域:社区公共广场、中心广场和公共活动中心。交往对象为全体居民。

中心广场:新型农村社区中心广场设计应从环境行为本质出发,创造出适宜乡村社区村民交往的优质空间。广场的面积可综合考虑社区规模及具体设计要求来确定,要保证广场有充足的日照。注重景观节点形式、色彩与空间结构的统一,运用框景、对景、借景的处理手法,通过雕塑、凉亭、廊架等景观小品,营造出舒适的休闲交往空间。

中心广场的设计要点:因地制宜利用原有地形,如坡地或水体环境要素,形成丰富的空间层次。在广场中设置有居民比较感兴趣的活动设施,如象棋桌、健身器械、休息座椅等,吸引居民进入广场并且能够停留在广场。合理布置公共服务设施方面居民使用。通过不同的地面铺装、高差变化、植物种植等方式形成不同活动区域,能使各区域既能够减少相互干扰又能相互联系,方便使用者的生理、心理需求。场地内除了提供树池坐凳、棋牌桌椅之外,还可以预留部分开敞空间,鼓励广场舞、健身等活动,丰富乡村社区村民日常生活。

社区入口:传统村庄村口承载着村庄的整体形象、人文精神理念,代表着村落文化,往往需要非常精心设计来表达。在传统自然村落中的某些地方，如村头的古树、祠堂等可能是村民们约定俗成的聚集场所，特别是村头具有标志性的枝叶繁茂的老树，老人和小孩往往聚在树下纳凉、聊天、玩耍。村口的合理设计可以有效地增强村庄的凝聚力和村民的归属感，因此，在新型乡村社区规划设计中，提供给社区居民认可的聚集、纳凉的空间和场地是非常有必要的。

社区入口有以下三种非常重要的作用。一是门户作用：作为联系社区内外的交通节点，是对外联系的必经之地；二是象征作用：社区入口的标志性景物象征着村庄的重要地位；三是文化交流作用：社区入口是村庄最具有代表性的节点空间，村民对其有较强烈的空间认同感。

能够营造促进村民交往的村口设计可以通过以下几个设计要点达到：

首先，通过植物营造可通过一定规模的高大乔木作为社区入口标志，不仅美化环境，也可为社区居民提供夏季纳凉之地，为居民提供休闲娱乐的地方。也可通过植物与景观小品巧妙配合形成层次丰富的入口形象，从而达到烘托社区入口的效果。

其次，通过建筑营造可利用社区公共设施如公共活动中心等，作为社区入口环境的主体。通过加强建筑与景观的导向性，设置一定规模的广场，突出社区入口形象。充分考虑建筑与植物配置的关系，尽可能利用或保留原有植物。

最后，通过一些构筑物营造，利用社区入口处原有地形地貌、高差变化，结合构筑物如：雕塑、山石、牌楼、凉亭等或其他小品，能够达到构筑物与周围环境的协调，并起到提示村口的作用。

③组团交往空间

组团交往空间针对大型新型农村社区，在街巷交往空间与中心交往空间之间设置组团交往空间，方便社区居民的使用。

交往空间布局。克里斯托弗·亚历山大用数学中集合的方法对城市设想方案进行相关分析。亚历山大认为[①]，那些在漫长岁月中或多或少地自然生产起来的城市为“自然城市”(Natural City)，那些由设计师和规划师精心创建的城市和一些城市中那样的部分为“人造城市”Artificial City)，“自然城市”有着半网络结构，“人造城市”具有树形结构。树形结构(Tree Structure)和半网络形结构(Semi-lattice Structure)均为数学集合论的重要概念。树形结构：对于任两个属于同一组合的集合而言，当且仅当要么一个集合完全包含另一个，要么二者完全不相干时，这样的集合的组合形成树形结构。树形结构也是一个比较简单的半网络结构。人造城市按树形结构组织[②]，严格遵循功能分区，各功能之间彼此独立，形成明显的等级化空间组织结构。

典型的树形结构如马里兰州哥伦比亚市“社区研究和建设组织”方案：五个组群的邻里圈形成村落，交通网把这些村落和一个新镇联系起来、半网络结构：当且仅当两个相互交叠的集合属于一个组合，并且二者的公共元素的集合也属于此组合时，这种集合的组合形成半网络结构。自然城市按半网络结构组成，由于各类城市功能在城市组织结构中的相互交融，使城市功能无法形成明确的从属关系，相互之间具有一定的重叠部分。结合村落的传统特点，用树形结构形成农村社区邻里空间结构布局，总结出以下三种邻里空间布局模式。

“串珠式”布局。串珠式布局适应于带状社区或者折线状社区，这种社区的建筑多沿道路单侧或两侧布置，且社区规模较小，邻里交往空间呈串珠状布局方便居民的交流活动(图 4-10)。

---

① [美]克里斯托弗·亚历山大著；严小婴译．城市并非树形．建筑师，1985(24)

② [美]克里斯托弗·亚历山大著；严小婴译．城市并非树形．建筑师，1985(24)

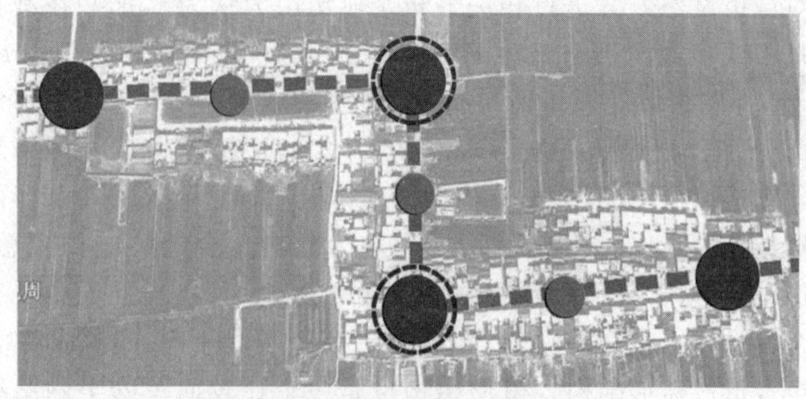

图 4-10 “串珠式”布局

“围合式”布局，社区内路网常以网格形状出现，通常来说沿南北向或东西向按一定距离平行布置。“围合式”布局的特点是邻里交往空间具有层次性、系统性。

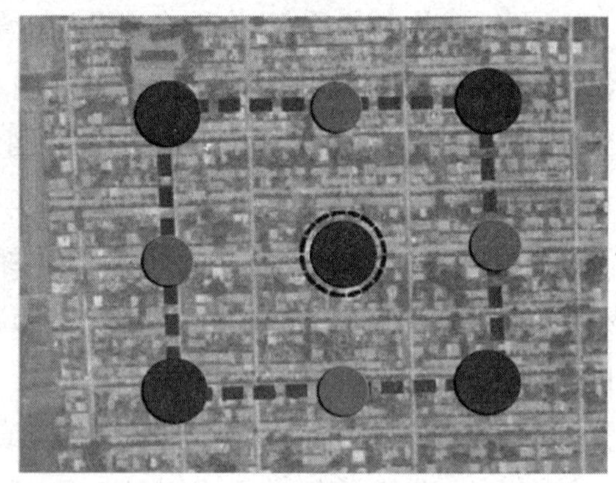

图 4-11 “围合式”布局

“综合式”布局适用于地形有河流、不规则国道或者省道的社区，这类社区路网系统多为圆形、环形、自由形的混合布局，所以其邻里交往空间的布局需结合其特点有针对性的设计，没有统一的规划设计方案，但是设计要点仍是需强调空间层次性、均匀性和就近性。

④街巷交往空间

街巷交往空间属于公共空间，指街巷中的空间节点，交往对象含大部分居民。

图 4-12　“综合式”布局

街巷是村落交往空间的重要部分，它承载着文脉、村民的血缘地缘，是一个乡村在漫长历史发展中所表现出来的独特文化。街巷空间的功能属性包含物质和社会生活两侧层次。在物质形态方面，街巷主要起着连接外界交通的作用。同时，街巷空间联系各个住宅，并将社区内主要的公共空间及建筑联系起来，起到组织社区空间次序和层次的作用。在社会生活方面，街巷空间大多和社区广场、商店等公共设施紧密联系，其社会生活功能远强于交通功能。同时，街巷空间为居民提供了一个聚集、相互交流的场所，是其生活场所的延续，家与街紧密相邻相连，与生活相关的活动、社会聚会等也使街巷融入生活，体现出浓厚的生活气息。街巷空间在推动村民形成和谐的邻里关系上有着非常重要的作用(图 4-13)。

图 4-13　街巷交往空间平面方案

街巷空间的设计要点主要包含以下几个方面：第一，通过宅前宅后、左右相对关系的变化实现空间的巧妙围和，在局部街巷空间形成放大或缩小的空间，形成公共性、开放性的过渡空间，以形成丰富额街巷景观。第二，住宅沿曲线、折线等错位或渐变布置，构成更自由、灵活的街巷空间。第三，在街巷空间中要留有适当的静态空间，如街道两侧的石凳、台阶等满足居民坐、站、靠的需求。第四，采用弯道、局部窄路或路面驼峰达到限制车速的作用，保证居民在街巷活动时的安全性。第五，住宅建筑考虑院落的设计方位，尽量增进大门与街道的距离，增加居民交往的机会。第六，街巷环境设计方面要注重文化艺术性和趣味性，特别是细部的设计，以吸引小孩的玩耍和大人的聚集。第七，考虑到农村社会习俗：红白喜事、婚丧嫁娶时常在自家宅前，所以街道宽度应满足这种特殊的使用要求，一般最小5米，最宽为15米。游园性的园路纵坡控制在0.3%～2.5%，最佳的坡度范围为0.3%～1.0%；宽度考虑容两人并行，以1.2～1.5米较为合适。路面铺设需防滑，不同铺装衔接处需要设标志。

⑤宅前宅间交往空间

宅前宅间交往空间指入户空间周围的场所，属交往空间中的半私密性空间领域，包括入户前院、平台等空间，对象多是相邻或者相近的居民。

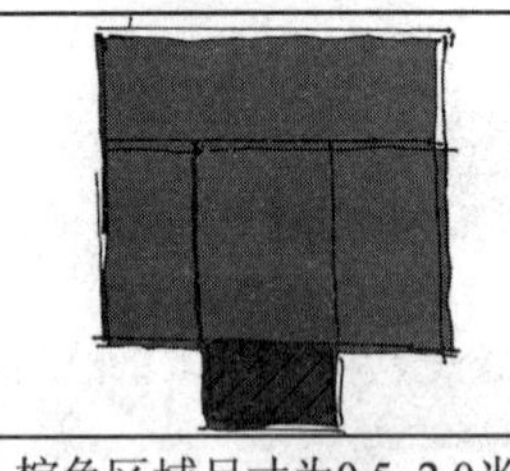		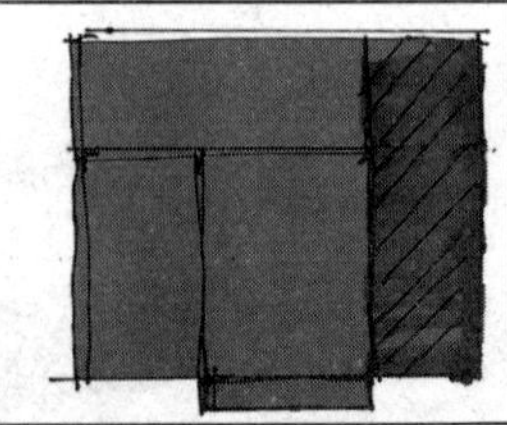
棕色区域尺寸为0.5~2.0米，可满足交流或者空间功能转换，满足交流或者空间功能转换，但适用于2~3人短暂的交流，若超过10分钟会有不舒服感。	棕色区域能满足较长时间的驻留和停留，但也有其局限性，受气候影响较大。	棕色区域虽是室内空间，但其宽度大于3.6米且完全开敞时，可有专门的功能如停放车辆的车库，也有复合功能打牌娱乐、储存杂物，都是较为实用的。

图 4-14　宅前宅间交往空间示意草图

宅前空间:在新型农村社区规划建设中,不能断然忽视村民的生活习惯,应该保留一定尺度半私密性的宅前空间。将宅前空间结合杂物间、门廊等设计为半室内,既能够遮风挡雨又能吸引邻近的居民前来聚集活动的空间。

两旁绿化:宅旁绿化应充分利用宅间旁侧空间,以小尺度绿化为主,种植瓜果蔬菜,延续传统庭院中种植蔬果的功能。在村民家门口瓜果蔬菜结果时,邻居过来聊天或帮忙,就会增加交流的机会。路旁绿化可根据道路等级分为以下几种:路面较宽边界且距建筑物较远有较为充足的绿化空间时可选择大树冠的高大乔木,以落叶乔木为主,形成小气候,树下设置座椅以供居民交流;路面较窄或路边距建筑物距离较小的,可选择较小树冠的灌木绿化,绿化栽植形式可多样。

⑥户内交往空间

户内交往空间指社区居民内部的交往空间,包括院落、入户、过厅、车库等,对象是主人及主人的邻居。

入口灰空间:自然村落的院落和堂屋承载着客厅、起居功能,也是举行婚丧嫁娶等活动的重要场所,是联系内与外的地方,是集门厅、会客、娱乐等多种功能于一体的室内公共活动空间。堂屋或院落在门户打开的情况下,是一个半私密性的公共活动空间,如果有人从门口通过,正好碰面或者闲暇之际,就会与主人有沟通交流等活动的产生。因此,在入口灰空间尽量采取向阳面开门,尽量留有足够的面积促进人们交往沟通(图 4-15)。

屋顶空间:屋顶空间有着其他户外空间所缺乏的位置优势,如开阔的视野、充足的阳光等独特环境(图 4-16)。屋顶空间作为户外空间的延伸,可发展为多功能户外活动场所,如屋顶花园、屋顶露台。屋顶花园和屋顶露台方便相邻住户之间的视线交流和聊天,也有助于在街巷行走的人与在屋顶露台的人聊天,虽然建设屋顶花园会增加工程造价,但是可提倡居民在自己屋顶或露台上种植小规模面积的花草,配置活动的椅子、遮阳伞凳等,充分利用屋顶空间,会是另外一番情调。

图 4-15　入口灰空间的几种形式

图 4-16　屋顶花园示意草图

4. 对建筑要素的控制

(1) 对天际线的控制

天际线是建筑物顶部之间假设的连续光滑的曲线，是城市规划的定型理念，优美的天际线给人以美的感受，并能够赋予地区和谐、丰富、富有活力的空间形态。在社区的开放空间，如水系、广场、绿地所形成的天际线，也影响人们对社区的印象感受，在这些地方的天际线需要进行合理引导(表 4-6)。

表 4-6　天际线与建筑及社区空间的相互关系

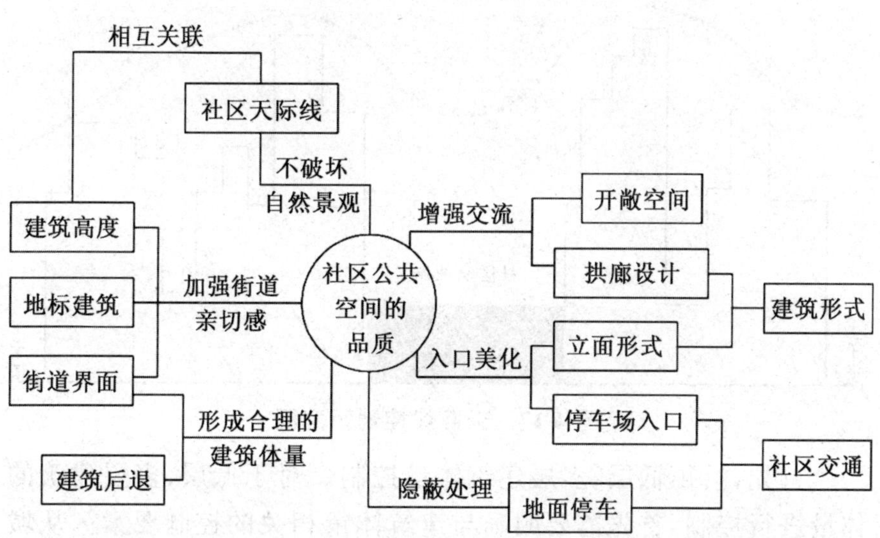

天际线的控制方式：社区轮廓应结合天然地形勾勒，并提供视觉调低空间，在不同地区规划不同的建筑高度轮廓和密集程度，使社区核心地区建筑发展更趋多元化。作为农村社区，要有广阔的空间视廊，通过丰富有趣的屋顶形式美化天际轮廓并且增强建筑的可识别性和个性，并且注重绿化景观的设计与塑造，形成较广阔的视廊，建筑力求高低错落有致，体现其繁华的经济发展形象(图 4-17)。

(2)对建筑体量及尺度的控制

社区是由不同功能性质和规模构成的，无论大型的高层建筑抑或是小型的别墅建筑，在社区格局中存在着自身的尺度模数，在社区中如果建筑的尺度模数接近则可以构成较为细致的肌理，相对的其肌理则较为粗糙。突兀的大体量建筑可能会破会区域特征，城市设计评价标准往往以协调统一作为主要参考内容，通常提倡细致的肌理，这种细致并不是通过细密的路网划分或者过于强调小尺度的关系，而是指肌理的和谐统一。我国的城市控制规划一般强调对建筑物的高度控制，但是事实证明只控制高度并不能有效地引导和谐的城市肌理，需要在城市设计层次进行引导控制。一般通过控制建筑群体布局、建筑体量和尺寸来实现。新型农村社区城市设计导则对建筑物的体量和尺度进行控制的方式：

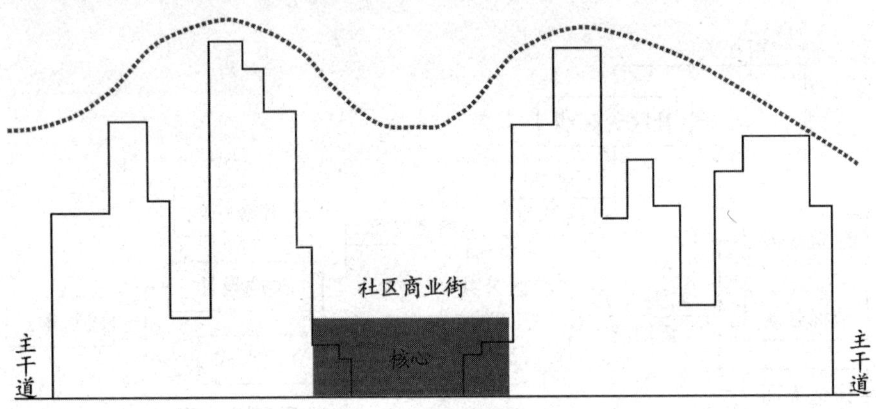

图 4-17　天际线控制示意图

首先，沿街低层、多层建筑体量控制。对于低层、多层建筑的体量进行控制，首先需要明确与建筑体量相关的控制要素。从城市设计的角度来看，建筑体量主要包括建筑的容量、造型、外墙面宽、高度等内容，它是对建筑形态最基本的描述。通常情况下，低层、多层建筑的体积比较小，高度也不会太高，对建筑体积、高度和造型要素的控制，不是低层、多层建筑体量控制的重点。而低层、多层建筑体量控制中建筑外墙面宽和对角线这两个控制要素相对更为重要，因为它直接关系到人对建筑所形成的街道界面的感受。所以，可通过建筑最大外墙面宽分类控制的方法实施小尺度空间格局地块的建筑体量控制（图 4-18）。

其次，保证街道、广场等人流聚集和停留场所有合理的日照。采光对于社区环境质量有着极为重要的意义，具有充足日照的城市开放空间是维持中心区活力与生气的必要条件。因此，当建筑临靠公园或广场时，需要对绿地或广场周围的建筑体量进行更为详细的控制（图 4-19）。

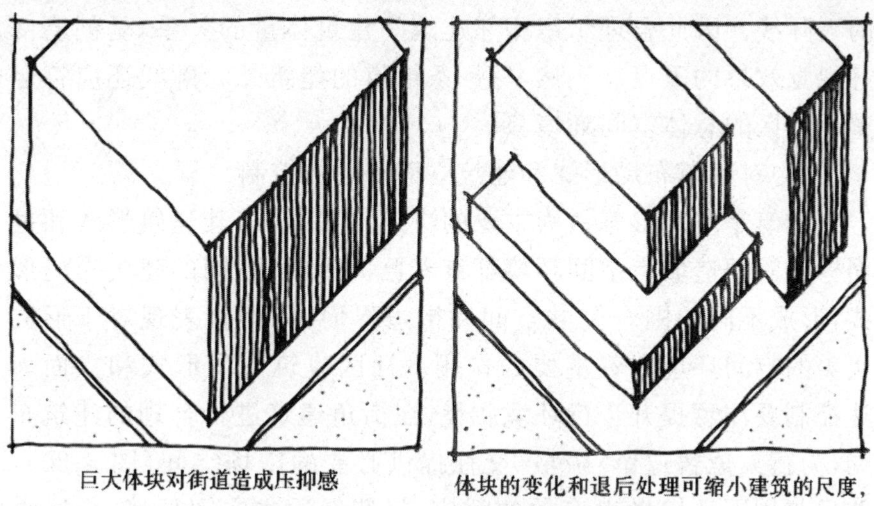

图 4-18　临街建筑体量的控制方法

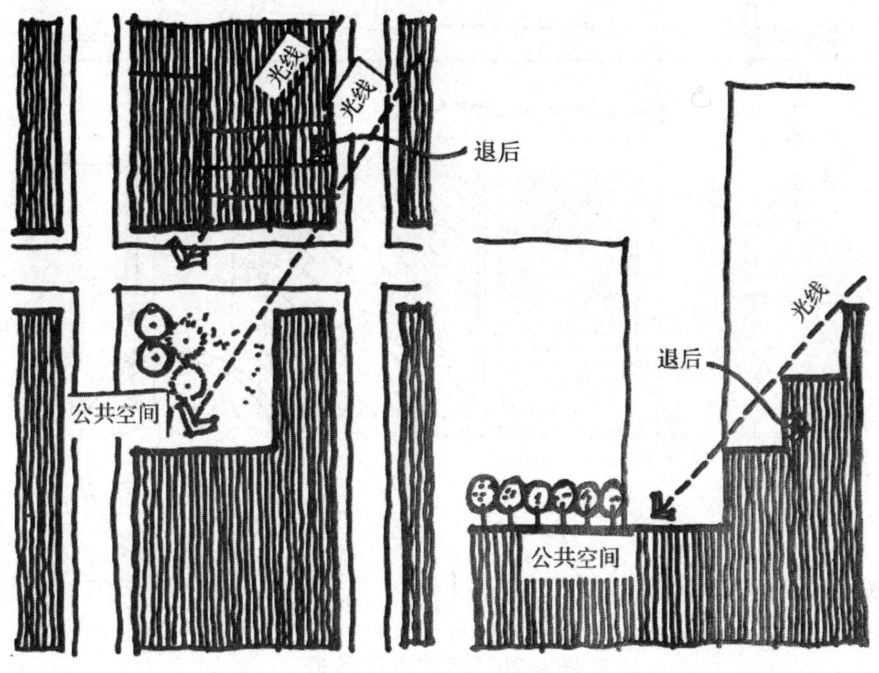

图 4-19　公共空间的日照与采光

最后，保证沿街建筑外轮廓线的良好视觉效果。在对建筑体量进行控制时，必须考虑建筑群所形成的外轮廓线的形式，以避免对重要的视线廊道造成遮挡，为社区空间提供错落有致、和谐的天际线。因此合理组织相邻建筑间建筑体量的关系，是创造良好视觉效果的重点。当然，每一条街道的建筑外轮廓线还应符合整个社区的总体空间环境。

(3)对建筑布局形式和建筑立面表达的控制

建筑是空间形态最为主要的决定因素之一，其建筑形式和里面标的对塑造城市空间环境都有着巨大影响，不同的建筑布局形式，形成不同的围合公共空间和街道界面，其外在表现对于形成优美的空间环境起着重要的作用。社区建筑布局形式和立面表达控制要注意提升步行环境质量，在街角建筑进行合理的建筑布局，为行人短暂逗留、疏散、交往提供必要的广场空间(图 4-20)，并且与周围环境做出有效的呼应，打造舒适的空间环境；街区设

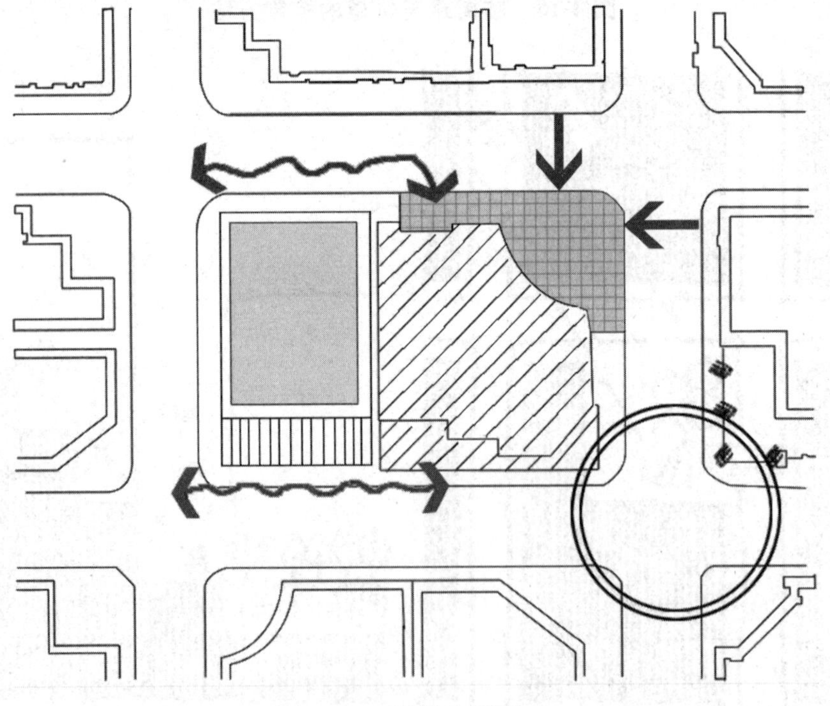

图 4-20　建筑布局形式

计应考虑行人步行舒适度和创造出活力空间，在距离街道规定范围内禁止停车，并且临街建筑立面做出凹进的立面，这种入口空间的凹进不仅可以实现公共空间和私密空间的过渡同时使建筑呈现一种欢迎的姿态；除了创造出宜人的空间形态外，还要考虑人们心里感受，尽量减少相对建筑的开窗和楼台，保障建筑之间的视觉距离，在建筑入口之间通过绿化或者构造物进行有效隔离保证居民的私密性。

从美学角度，对建筑物的立面表现形式进行规范：①关注自身美学特色；②建筑形式要与地区建筑协调，对特色建筑文脉进行有效的沿袭和传承；③商业街建筑要注意添加清晰性要素（基本形式如体量、屋顶形式、体块组合方式、开窗、檐口、材料和色彩等细节）；④沿街建筑立面围合的街道空间形成一种节奏和韵律，为行人步行体验创造良好的视觉体验，在范围内要注意建筑体量、街墙和屋檐的变化，对建筑物的布局形式或立面的建筑表达手法进行引导或提出合理的建议，创造街道界面的节奏和韵律感（图 4-21 ）。

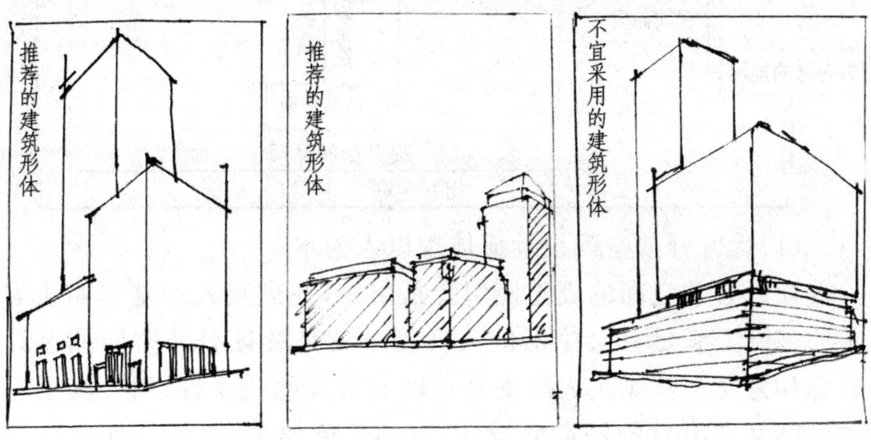

图 4-21　建筑立面控制建议

5.对开放空间要素的控制

社区开放空间体现着社区的特质，它是社区构架的外在形式。广义来说社区公共空间即为社区的外部空间，在建筑实体之间存在着的开放空间。狭义地讲,社区公共空间是指人流活动相对集中的社区外部空间。

对社区开放空间要素的控制主要体现在对广场、公园等公共开放空间的位置、性质、面积、归属及其内容和设施安排的规定。通过对社区开放空间的系统组织、功能布局、景观组织、形态设计、界面处理、尺度控制等方面提出合理的建议和规范,形成社区开放空间的设计准则,以便于控制整体的社区公共形象(表 4-7)。

表 4-7　社区公共空间品质关系图

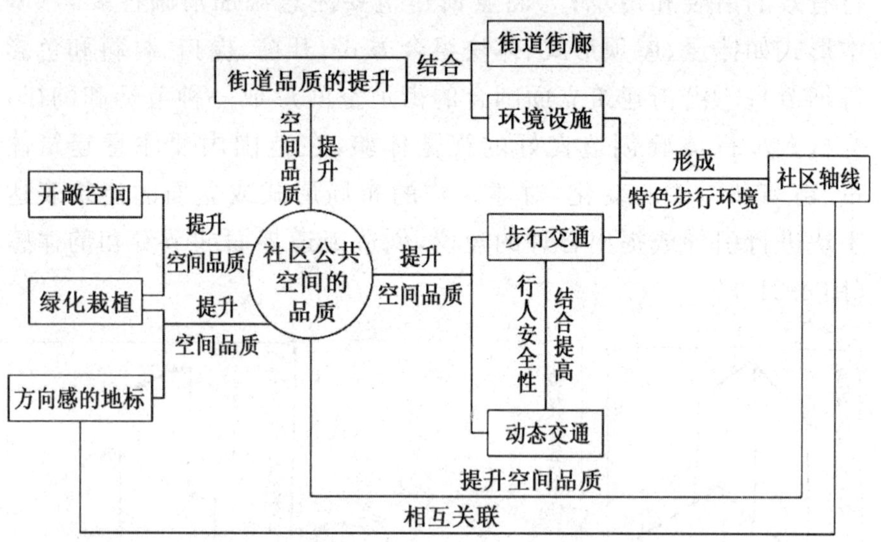

(1)社区开放空间设计应体现以人为本

社区公共空间的真正使用者是居民,在满足人的基本物质需求的基础上满足社会生活的人文需求就是社区公共空间的设计目标和意义。从满足人的安全基础上出发的科学性设计、满足人的健康基础出发的舒适性设计、人的尺度出发,忌讳不切实际的宏观尺度、不同人群出发,满足不同职业、不同年龄、不同种族、不同健康状况的人的不同需求,即社区公共空间是一个“共享”的空间,每个人享用的机会均等;让公众参与到社区公共空间的设计、建设、使用和管理中,倡导“公共参与”。社区公共空间设计应当满足人们精神和情感的沟通、交流的需求,加强人与人的联系,把以人为本的宗旨贯穿在整个社区公共开放空间的设计之中。

(2)社区开放空间应遵照系统性、整体性的设计原则

社区开放空间是由多种元素有机结合的整体,同时也是社区结构系统的一部分。因而设计时应在总体规划的要求下保持整个社区公共空间系统的整体、统一性。

(3)社区开放空间始终坚持生态性的设计原则

新型农村社区居民大部分来自于本地原住村民,对于大自然的情愫不可磨灭,而社区公共空间是社区整体生态环境的一部分,一方面要保持社区公共空间的植物配置与整体社区生态环境条件相协调;另一方面也要建立和保持社区公共空间内部的生态环境和微气候。因此,社区公共开放空间设计必须坚持生态的基本原则,才能保持新型农村社区作为农村社区的本质特征和基本形象。

(4)社区开放空间设计应具有多样化的表现形式和个性特征

社区公共空间的功能是多样的,社区生活的丰富和人们行为的复杂决定了社区公共空间的多样性。社区公共空间必须保持自己的个性才能具有可识别性。一方面要坚持对传统历史文脉的传承,把握社区特色;另一方面要形成各种社区公共空间的空间特色。

6.对道路要素的控制

(1)对动态交通要素的控制

交通组织是社区设计的重要内容之一,贯穿与总体规划和详细规划的每一个阶段,动态交通与土地开发强度存在着复杂的相互作用关系,交通决定的空间可达性是影响土地开发利用的外部动力,而特定的土地利用性质已开发强度有要求特定的交通模式与之相适应①。交通的现状决定了用地的区位价值,交通灯变化改变着社区空间可达性,从而改变社区土地利用方式,引起社区

① 赵坚.城市交通及其塑造城市形态的功能——以北京市为例.城市问题,2008(5)

形态变化[①]。

进行动态交通设计时，不仅要注重建筑形态和外部空间形态内容，同时要关注社区道路交通的组织，实现社区景观与外部空间的协调考虑人们的心理感受。将社区地段的交通组织与土地利用、建筑形态、外部空间和绿地景观系统、社区环境设计与建筑小品布置与居民的使用、活动的可能性有机结合。社区应考虑其动态交通的结构特点，根据交通系统需求组织安排好不同性质交通要素的流动，并且要重点考虑各交通间的联系、转换需求，对社区交通转换节点进行重点设计，使社区空间形态与道路交通系统有机结合，避免出现交通要素割裂社区肌理。

(2)对静态交通要素的控制

静态交通主要研究车辆停放问题，动、静态交通构成交通整体，静态交通是社区交通体系的重要环节。一般停车分为社会公共停车、路内停车、配建停车。社会公共停车时在道路外独立地段为社会上的机动车和非机动车的出行活动时提供短暂的停泊的露天公共停车场和室内停车。路内停车只占用社区道路两边指定的地段停放车辆，作为公众临时性停放车辆场地，配建停车是居住区或企业事业单位的内部用车停放配建。

对社区停车场多目标使用，每天不同时间由不同单位或者个人交叉使用同一停车场发挥其最大作用，实现停车区的整合，通过合理的设计停车场形式、位置、规模和出入口位置，控制停车设施的视觉要素。在停车场正面考虑使用质量较高的饰面材料，考虑细部屏风处理，使人在街道上不易看到停车场内部，对于室外停车要提供合适的景观空间，景观遍布停车场的每个角落，除了出入口外，景观延伸到临街的整个立面。

(3)对步行交通要素的控制

随着经济的发展时代的进步，人们的生活节奏加快，这与机

---

① 陈和，赵坚.交通对城市形态的作用——以北京市为例.政策论坛，2008(6)

动化是紧密相连的，机动化是社会经济发展和生活水平提高的需要和必然结果。但步行依然是人类最基本的运动和交通方式，是人与现实生活接触的最基本途径[①]。

步行在机动化时代依然是城市出行构成中不可缺少的一个组成部分。它无污染且能源消耗少，对改善社区交通，优化社区环境具有独到的作用。步行空间在城市交通的发展中经历了一个由兴盛到衰亡，再由衰亡到兴盛的发展过程。由此可见，步行交通在当今发达的机动化时代仍存在无穷的活力。它有利于改善城镇的生态环境，促使社区空间更加人性化。因此，强调步行空间的设施和特征，创造更为宜人和舒适的步行环境是必要的。

7. 对自然环境要素的控制

(1)对自然环境特色的保护利用

利用坑塘水系，结合社区公建中心、社区主要道路以及空地零星地块进行统一绿化，形成点、线、面结合的绿地系统格局，绿地设置休息座椅，建筑小品以及照明设施，绿化建设以块状公共绿地为主，结合道路绿化，同时充分利用周边耕地，沟渠等自然要素。为居民提供良好的生活、游憩空间。绿化树种选择以乡土为主，有较高经济观赏价值并能适应当地环境的树种。在街头巷尾也普遍进行绿化，减少土地裸露；社区内道路两侧进行立体绿化，广植行道树，这样既提高村庄绿化覆盖率，又起到防风、防尘、净化空气的作用；另外在社区各处的坑塘、沟渠边沿进行植树造林活动，形成社区生态绿化防护林体系，改善居住空间的大环境。

搞好村委会中心区形象建设，并以具有导向性的路旁绿化、灯杆或建筑小品导入社区。彻底拆除街巷两旁和庭院内部的违章建筑，修整沿街建筑立面，配置花草树木，做到环境优美，整洁卫生。规划对现有道路两侧杂草、露天粪堆、公共场所的临时堆

---

① 孙靓. 城市空间步行化研究初探. 华中科技大学学报，2005(9)

放、乱搭滥建、住户环境卫生等进行规范整治。

通过以上措施从根本上改变社区的生态环境面貌，打造个舒适、方便、安全、优美的生态居住形象。

(2)对人工自然环境要素的控制

除却保护自然环境特色外，对于社区内的人工自然环境要素也会进行控制指引，包含有对绿地布局和风格，植物选材和配置的控制，如绿地的比例；乔、灌木的搭配；树型特征；花卉的花期、花；雕塑、亭子、廊架、喷泉等的位置与设计要求和建议，从而使绿化和建筑小品成为组成社区环境与特色的三维空间的有效内容。

(3)环境设施及小品环境要素的控制

环境设施和小品是指社区外部空间中供人们使用，为人们生理和心理综合服务的设施。一般是指社区中除了建筑、构筑物、道路、绿化以外用于休息、娱乐、指示、商务、游戏、装饰、市政、交通的所有人工设施，如座椅、花坛、雕塑、喷泉、售货亭、广告牌、指示牌、邮筒、垃圾箱、路灯以及照明工具、地面铺装等。其主要功能是为人们提供休憩和交往的场所，为居民提供安全、便捷的公共服务，以及美化社区环境、陶冶情操、增加空间的艺术水平的意义。

因此，社区环境设施和小品对于支持和维护人们的日常活动有着重要意义，对社区空间环境起到“锦上添花”作用可在重点街道如社区商业街进行设计时通常要对这些设施的造型提出设计要求，往往需要结合广场、街道的设计进行控制，增强其外部空间的活力，塑造宜人尺度的外部形象。

(四)新型农村社区形象塑造策略

1.通过市场塑形象

新型城镇化背景下的新型社区建设本身就是一个引起社会关注的实事焦点，依据合理的设计手段和市场运作，合理化地引入多元化的开发建设模式，使市场机制在社区建设中运用起来。利用城市营销理论将社区建设市场化，从而保证社区形象建设在公众和制度的监督下科学发展。

市场塑形象的目标是要树立社区品牌，品牌是城市营销的产物，也是社区风貌的综合展现。其一经形成，对社区的发展也将产生巨大的反作用，这种作用具有隐蔽性、长期性、延续性等特点。社区品牌的作用更多的是通过间接的形式表现出来，通过社区的产业和社区的加速发展、社区品位提高等方面表现出来，因此对社区品牌不仅要建设，更要加强管理。

案例：法国"农村家庭式接待服务微型企业"

"农村家庭式接待服务微型企业"这种表述方法并不为国内大多数人所熟悉，但是说起中国的农家乐却是家喻户晓的。"农村家庭式接待服务微型企业"在法国有点类似于中国的农家乐，这种法式"农家乐"的诞生源于法国政府针对农村大量的具有传统风格的民居空置、损坏现象而采取的一种救治行动。与我国习惯性地采用单一财政拨款维修的方式不同，法国政府将解决这一问题的方法交还给旅游市场进行运作，于 1995 年启动了以繁荣农村小镇，克服农村空心化现象的"农村家庭式接待服务微型企业"计划。为了使农村民居适合于"家庭接待服务微型企业"的标准，法国政府提供经费的资助以促进维护与修缮。农民可以加入到国家的"欢迎你到农庄来""农家长租房"和"农庄的餐饮与住宿"等几种协会型组织中。另外，法国政府每年组织一次为期两天的乡村旅游博览会，提供更多的相关信息。游客可以在法国之家（MAISON DE LA FRANCE）上查阅到不同地域风情的法式乡村旅游。

法国乡村旅游项目主要有九个大项：农场客栈、点心农场、农产品农场、骑马农场、教学农村、探索农场、狩猎农场、暂住农场和露营农场九个系列，上述项目可划分为美食品尝、休闲和住宿三大类，目的在于创造出一个原真（Authenticity）的绿色旅游来吸引寻求安逸和探索的游客，希望通过乡村旅游体现出非现代化水准的新道德观念:一个宁静而自然的乡村环境、宾客受到家一般温暖的欢迎与接待,以及与当地建筑完美结合的家庭旅馆。

“原真性+绿色”是旅游市场中最具吸引力的特色之一,“农村家庭式接待服务微型企业”的推广使得是法国乡村这一最本性的特征成为其在国际旅游市场上的一个知名品牌。正是基于这种品牌效应,法国的乡村旅游自实施以来为法国乡村的复兴、法国旅游业的发展带来巨大的积极效应。与我国目前外地投资或者政府投资不同的地是,在整个乡村旅游环境中,当地个体农场主或者当地居民处于主导地位,是整个乡村旅游和环境建设的主力军,而政府和外来投资者是从属地位,属于多元融资的一种形式,这使得乡村建设在市场运作中保持了一种常态的可持续性,因为没有人会愿意将自己的土地和环境利益牺牲掉,而仅仅是为了换取一个短期的利益。同时,由于政府的引导和各种协会制度的完善,个体的家庭式企业又可以借助市场的作用带动当地农业、旅游业、服务业的发展,从而形成了法国特有的以原真性为特征的乡村旅游形象。

2.通过管理塑形象

社区形象建设是一个长期的、连续性的工程,不能一蹴而就,也不可以昙花一现。因此,科学的管理工作是保证社区形象品质稳步提升的关键所在。从新型农村社区的建设,我们发现村庄社区建设中后期的环境都会出现不同程度的恶化,一方面,和原住居民的环境意识较差有关,更重要的是缺乏持续有效的管理体制。因此,在建设新型社区,改善环境的同时,应及时设立与之配套的行政管理措施,探索一条规范化、制度化管理的新路子,组织发动机关、企事业单位、居民参与社区管理。

首先,加强居民的自主管理意识和教育。如前文所述,法国“农家乐”的成功在于其顺应了旅游市场发展的需要,但是更重要的一点在于其主要运作人是当地的农户或农场主,政府和外来投资者都是帮助其在市场运作中的外力。国内尤其是中原内地的原住居民对社区建设的自主意识不强，长远意识欠佳，往往纠结于政府给了多少钱，自己又损失了几亩地的经济利益中，“坐、等、靠”的思想还是成为主流。这种局面与中国的国情和发展历程不无关联，但是，城镇化需要改变的不仅仅是物质，还有居民的主观意识。因此，加强对当地原住居民的现代教育，鼓励他们成为当地建设的“主导力量”，改变过去面朝黄土背朝天的局面，成为上得了网、看得了书、聊得起政治、消费得起娱乐的新生代农民，是社区建设可持续发展的必然要求。

其次，变管理为服务。城镇化进程势必要面临土地集约、人口集约的问题，在这一过程中，势必有相当一部分农村居民要转变为城市居民。行政管理部门如果拿出“官老爷”的架势，而不是本着一种服务于民的态度推进城镇化，那社区建设只能成为一种自上而下的策略推广，并不能获得大多数人的认可和拥护。因此，不妨转换角度，将管理变服务，以当地居民利益为根本，政府作为引导和推动力量，不仅使居民就地城镇化更易推广，也能减少在城镇化过程中居民与政府的对抗，保证上下一心，共同建设家园。

最后，提前关注“城镇化”后遗症。城镇化是一个长期的过程，不是把院子变成楼房，农民变成市民，土路修成马路就可以了。城镇化更大的问题在于后期的维护。如何帮助那些成为市民的居民适应自己的新身份，如何帮助入住新家园的农民适应新环境，如何让他们在现代的文明下保持传统的生活习俗，这些都是“城镇化”之后必然留给社会的问题。在建设中，如不预先考虑这些问题，走一步说一步，那建成的社区也只能逐渐破败，成为市民的农民又会成为城市扩张中的新问题，带来新的城市病。

因此，通过管理塑造形象不是简单的制定一些条例和规范，而是要将过去、现在、未来三者紧密地联系起来，形成一个科学、可持续的管理措施，保障现在的建设，引导未来的发展，尽量减少城镇化带来的新的隐患和诟病。

3.将城市设计纳入法定地位

河南省新型城镇化的推进速度在逐步加快,新型农村社区的建设正在逐渐步入高潮,城市地产的开发向城市边缘、乡镇腹地逐渐转移。在这期间,城市规划得到空前高涨,各地的规划设计前赴后继,日夜不停。然而,正如之前我们谈到得社区建设中出现的各种形象问题为何比比皆是,是我们的规划设计出现问题了吗?

如果仔细分析现行规划设计体系不难发现,目前的规划设计来,尽管从总体规划到详细规划,再到建筑设计都有较为成熟和完备的设计体系,但是现行规划设计对总体策略和技术数据的控制过于倚重,而从详细规划到建筑设计的跨度中,缺少了对整体空间形象塑造的控制,因此,在土地出让和具体建设中往往出现各自为政或大同小异的局面。尽管在控制性详细规划中已经加入了城市设计的部分,但是在现行设计中,此类城市设计的形式功能更大于实际的控制功能,而从区域发展的总体规划或者策略中往往缺少同级别的城市设计策略与之相匹配。这一状况,在早期城市建设中就发生过,目前,北京、上海、杭州、武汉等大城市都相继制定了详细的城市设计导则来弥补这一不足,整体城市空间形象和品牌形象得到的较大的改善和发展。但是大部分城市和地区仍旧缺少这种意识,小城镇对此的关注更是少之又少。

从实践过程来看,目前小城镇和乡村建设中,政府和开发商更加注重总体规划和修建性详细规划设计,他们或对城市设计不了解,或认为不是必须的。缺少法定地位的城市设计无法获得开发展和管理者的认同,自然无法承担起对整体形象和个体形象地指导与控制,因而,整个乡村地区的小城镇形象建设很容易就成为城市的复制品。将城市设计纳入城市规划的法定地位,不仅仅是个体社区建设的当务之急,也是整个区域形象体系构建的迫切需要。

就中原地区而言,及时有效地制定出反映中原地域特征的社区形象设计导则，并将之赋予法律效力，是加强中原经济区建设的有利保证，也是创立中原经济区品牌的迫切需要。只有这样，新型农村社区的建设才能走的更远，社区形象才能深入人心，社区品质才能逐步提高，社区居民才能安居乐业。新型农村社区建设在法律的支持下才能发挥其应有的作用。

第五章 河南省新农村整治与建设的实证案例

根据建设社会主义新农村的精神，河南省全省范围内开展了一系列村庄整治和建设。本章按照规划建设推进的时序，选取了发展期、成熟期的社会主义新农村整治规划设计案例进行实证研究。

一、发展期新农村建设规划——开封市杞县高阳镇蔡堌村村庄建设规划

（一）村庄基本概况

蔡堌村隶属开封市杞县高阳镇，位于高阳镇镇区西部。蔡堌村北与何庄村接壤、向西通向苏所、东南被黄庄包壤。

蔡堌村农业发展主要以经营花生、玉米、蔬菜等作物为主，且以生产初级产品为主，缺少产后加工处理，产业链条短；专业化合作经济组织没有形成，组织化程度有待提高。

（二）村庄建设现状

村委会位于蔡堌村庄西南部，占地 220 平方米。商业金融网点分散分布于村庄内，性质都是私营，主要经营日常百货。集贸市场位于村北部入口处，占地 1 217 平方米，经营瓜果蔬菜、百货、农产品等。现有小学位于村庄西南，占地 4 388 平方米，暂时没有幼儿园，待规划建设。目前村内无文化大院及其他文化娱乐设施。在村内设 1 家卫生所，占地 258 平方米，为私营性质。

蔡堌村暂无集中供水装置及水塔等供水设施，地下水水质一般，需要改善。目前人畜用水主要来源于自家自备井分散供水。

村庄的地形为西高东低，村中生活污水和雨水混合排入街边，没有统一的排水设施，处于自由排放状态，最终汇至沟塘。

村庄现有建筑以村民住宅为主，住房功能落后，浪费严重，布局混乱，没有形成合理的结构，造成土地浪费；现有建筑多为单层砖混住宅，多为院落式；村内部分建筑不能够与自然地形地貌及周边环境相协调，影响了村庄内的环境及设施建设。存在一户多宅的现象，村中心的居住条件和村边新建相比较差（图 5-1）。

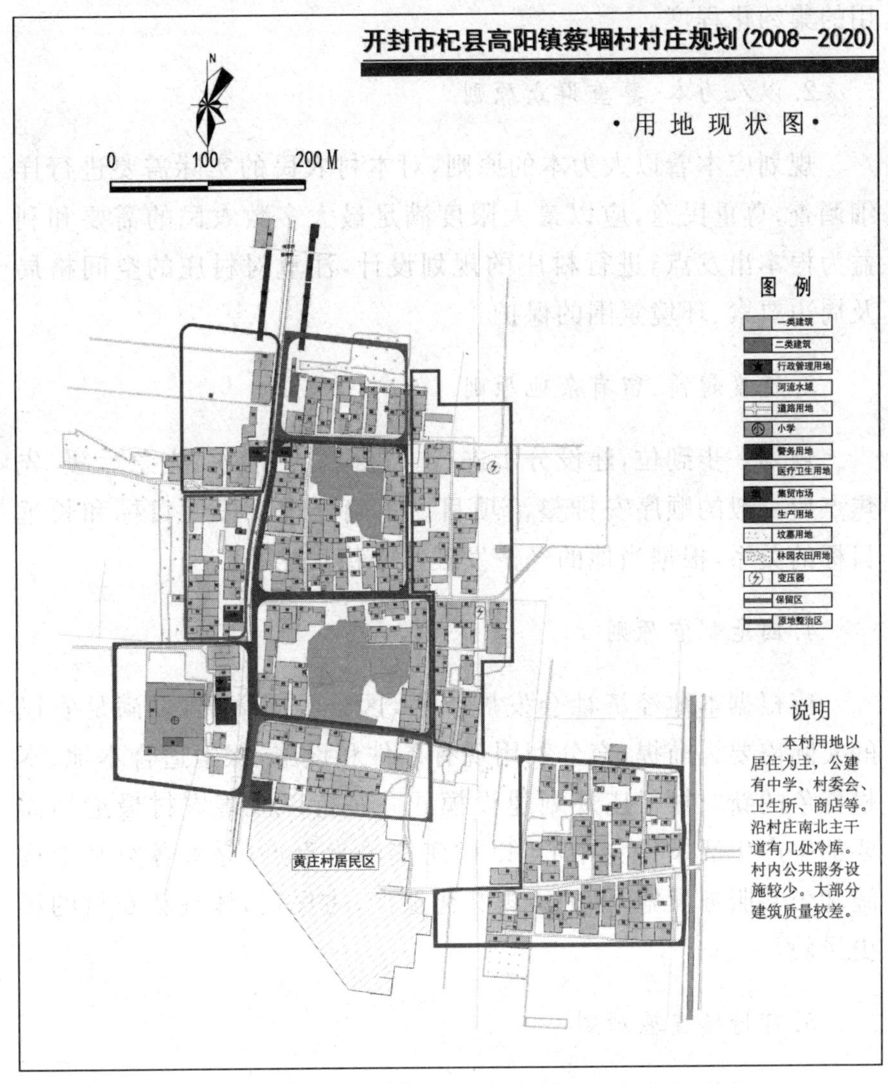

图 5-1　村庄用地现状图

(三)规划原则

1.统筹规划,科学布局原则

统筹考虑村庄的经济、社会、文化发展需要,以农业和农村经济发展为中心,统筹考虑社会和公共事业发展;种植业、居住区等要合理布局、科学论证;合法使用土地,提高土地利用率和土地利用的集约化程度。

2.以人为本、尊重群众原则

规划应本着以人为本的原则,对本村农民的实际需要进行详细调查,尊重民意,应以最大限度满足最大多数农民的需要和利益为根本出发点,进行村庄的规划设计,注重对村庄的空间格局及周边要素、环境氛围的保护。

3.适度超前、留有余地原则

规划一步到位,建设分步进行。遵循先主后次、先急后缓、先焦点后一般的顺序安排整治项目。正确处理阶段性目标和长远目标的关系,根据当地的经济发展水平稳步推进。

4.因地制宜原则

应根据本地经济社会发展水平,区分不同情况,以满足农民的实际需要为前提,充分利用现有条件和设施,探索适合本地、本村特色的新农村村庄规划建设模式。坚持以改善农村最迫切需要的生产生活条件为中心,以村庄整治为重点,完善各类基础设施和公共服务设施,保护历史文化遗产、古民居,体现新农村的历史风貌。

5.可持续发展原则

应处理好建设与环境的协调发展关系,在有利于村庄长远发展的前提下进行建设，保障农村经济持续、健康、有序地发展。应把生态效益放在首要的位置，对村庄进行可持续性的规划设计，使社会效益与经济效益相结合，资源深度开发与环境保护相结合。

（四）规划目标

蔡堌村工作重点为整治村容村貌为主，修建、硬化村内道路，完善道路系统及道路两侧的绿化；同时本着一户一宅、节约用地、适用安全的原则进行老住宅的改造，整治参差不齐的围墙并进行美化，注意保留农村历史文脉，传承当地建筑文化，保护自然风貌和生态环境，体现乡村特色，凸显田园风光。完善村内公共服务设施和基础设施，修建村委会、医疗站、超市、文化大院、幼儿园和广场等公共服务设施；完善村内水、电、道路排水等基础设施的建设，将蔡堌村建设成为基础设施完善环境优美农民收入稳步提高的社会主义新农村。同时，积极开展群众精神文明创建活动，引导健康向上的文体活动，反对封建迷信，杜绝宗派势力和非法宗教活动，引导村民制定村规民约，自觉破除陈规陋习，树立文明新风，切实加强民风建设，让群众安居乐业。

（五）村庄职能分析与定位

1.村庄发展职能定性

规划蔡堌村的村庄性质主要以发展蔬菜种植业和蔬菜加工保鲜业为主，适当发展集贸商业，形成以高效农业为主导产业的特色农村经济发展形态。

2.基础设施发展定位

合理配置片区功能布局，统一规划区域性的供电、供水、污水处理等基础设施；保护基本农田，协调好耕地、林地与非农建设用地的关系，防止非农建设用地的无序分布，有计划、有步骤地引导边缘与零星居民点向中心村域集中。

（六）规划结构

村庄总体布局中体现出“中心集聚、轴线拓展”的发展态势，即：规划从农民的传统习惯和生活需要出发，综合考虑全村功能布局的合理性，空间形态的美观性以及与周边优美田园风光的融合性，主要采用了如下的结构形式：

(1)以村庄建设现状为基础，进行整治改善，在南北方向形成村庄的主要景观走廊和视觉通廊。

(2)以规划道路为骨架，构建布局灵活、用地紧凑、交通便捷的组团式用地结构。

(3)按照村民出行方式和生产活动安排，蔡堌村建设用地组团布局可根据道路围合情况加以界定。

（七）村庄用地规划

1.居住建筑用地规划

规划对村民住宅建设的控制要求为：①以建设 1～2 层联排式住宅为主，每户应有一独立的庭院，允许多户村民联合按规划要求进行住宅建设；②宅前屋后、墙体、屋顶、阳台、露台植树种花，形成绿荫掩映的田园风光；③实行村民社区物业管理，垃圾实现定点收集，封闭运输，保障居住环境清洁与安全；村内主要道路两侧设置路灯、消防栓、做到自来水、有线电视、电话入户；④住宅相对集中建设，但还应满足便于组织生产，就近从业，配置相应设施（图 5-2）。

2.公共建筑用地规划

蔡堌村现有公共建筑用地比较缺乏，需要规范和完善。本次规划将公共建筑用地分为行政管理用地、教育机构用地、文体科技用地、医疗保健用地、商业金融用地与集贸设施等用地（图 5-2）。

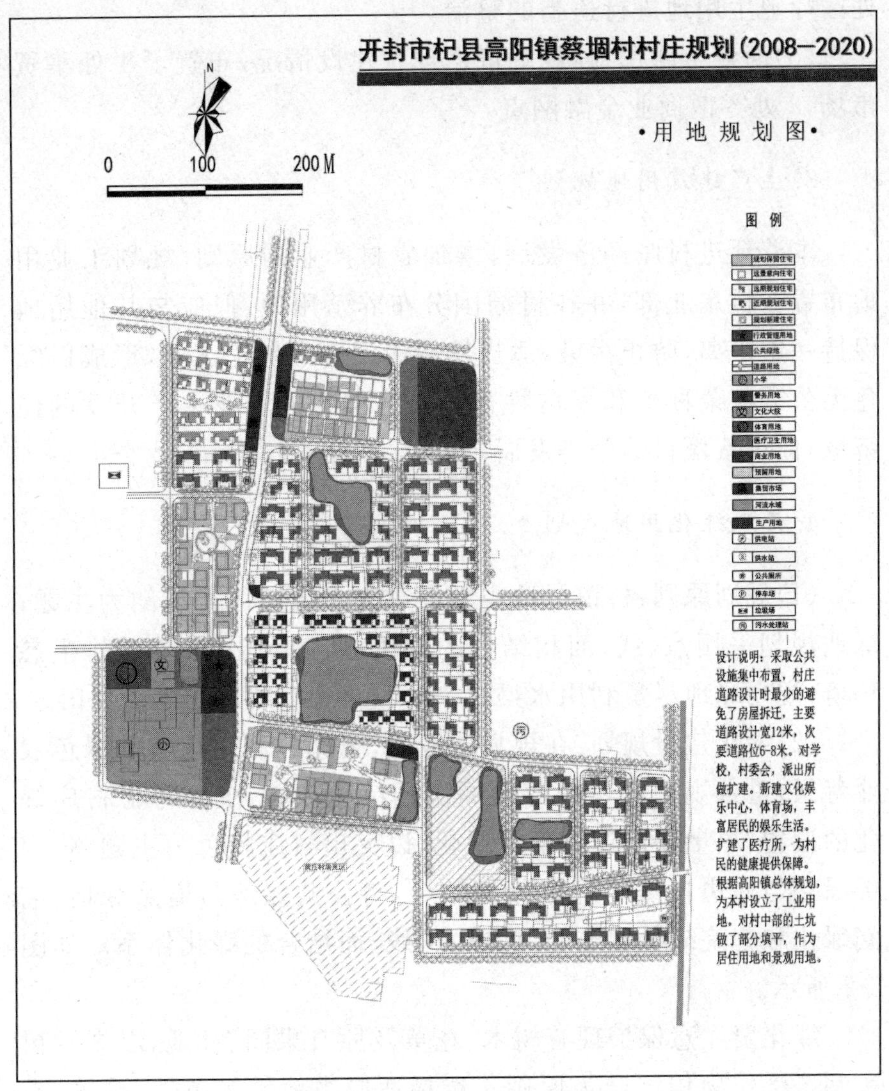

图 5-2　村庄用地规划图

(1)行政管理用地：将现状村委会原地进行改造扩建。

(2)教育机构用地：小学原地不动，在原址上扩建修整，在其内部修建幼儿园。

(3)文娱活动用地：在村委会旁边新建文化大院和一个运动场地。

(4)医疗保健用地：共规划 1 处医疗卫生用地，是对原来的 1

处医疗卫生用地进行适当的整治。

(5)商业金融用地:规划依据现状建设情况,布置了1处集贸市场,2处零散商业金融网点。

3.生产建筑用地规划

本着促进村庄经济发展,增加农村产业的原则,规划工业用地布置在村东北部,并在村周围分布养殖用地,但应与其他用地保持一定距离,防止污染,适当发展无污染的加工工业,形成以绿色无公害蔬菜种植和家禽牲畜养殖为链条的农业生产开发的经济链,促进蔡堌村的经济发展,如图5-2所示。

4.景观绿化用地规划

(1)规划原则:村镇绿地规划应以突出田园风光风韵为主题;绿地规划采用点、线、面相结合的方法,加强绿化,改善农村生态环境;规划绿地尽量利用水渠边、宅间、路旁空闲地和零星农田。

(2)绿化建设规划:在规划建设中,要充分利用现有的绿色农业背景,重点规划村庄内部及周围的绿化环境,统一考虑村庄绿化的设置,尽量保留现有环境绿化,以突出村庄特色为主题,将内部绿化与周边自然环境绿化相结合,将公共绿地与道路绿地、宅间绿化和庭院绿化相结合,构成点、线、面结合的绿化体系。如图5-2所示。

绿化要注意保护现有树木、花草及原有果园、林地,以观赏树种和经济作物相结合为原则。选择适应当地气候条件,易管、易长并具有地方特色的乡土树种,充分利用滨水、道路两旁、宅间、路旁空闲地和其他可利用的零星土地进行绿化,营造具有地方特色和乡村特色的绿化环境。尽量避免在村庄建设中片面追求对地面的硬化、侵占绿化用地,形成过分人工化环境,这样做虽能使村庄做到整洁,但会使村庄缺乏生气,不利于良好生活环境的创造,同时也不利于现有植物的生长和村庄乡土特色的保持。

由于农村规模的限制,在规划区内不适宜设置大规模的集中绿地，可将集中绿地与广场及村民公共活动中心结合设置，以提高利用率。在集中绿地建设中，充分考虑村民活动的特点和对绿地使用的要求，在绿地的设置中，将观赏性和实用性结合起来，既要保证绿化所占比重，也要留出适当面积的硬质地面作为组织公共活动的空间，如可在绿化用地内布置一些健身器材；在具体的绿化布置中，要做到乔、灌木相结合，速生树种与慢生树种相结合，兼顾不同季节的景观要求进行植物的配置；在设置绿地小品时应充分和绿化环境相结合，满足广大村民的使用需要。

由于在村内主要以自然绿化为主，所以本次绿化规划将以自然绿化为基础，适量建设人工绿地。在村内公共活动中心内布置绿地，并进行场地的铺装，花坛、座椅等景观小品的布置，营造丰富的休闲娱乐空间；布置村内的主要道路两侧的绿化，形成村内绿色沿街景观轴；在村庄规划中，重点采取见缝插“绿”的手法，适时插建一些街头绿地，在不适宜建设的地块应布置绿地，并结合多处村庙形成绿化点，改善村庄人居环境。

（八）生态环境保护规划

(1)规划保护村建设用地外围的农田，它既是村庄建设用地的控制圈，也是村镇的生态保护圈，还可以减少对耕地的侵占，保护耕地，为村镇的可持续发展提供更大空间。村周边的耕地未来向观光农业转化，发展休闲农业，观光农业，将外围新鲜空气引入村中，成为村庄的绿色肺叶，形成村庄的生态环境保护网络。

(2)引导每个居住组团片区建设用地向其中心集中，片区边缘土地向耕地，绿地转化，并向片区中心渗透。利用田园，绿地把各个片区包围，形成田园包围片区的态势，展现小村镇特有的田园风貌。

(3)加大管理力度，根据现有经济实力，逐步完善基础设施，提高基础设施建设标准。采取开发现有水源，实现村域“安全卫生水”普及率100%。近期雨水污水实行合流制，进行分类处理。远期建设小型污水处理站，雨污水分流制，集中处理。同时利用处理后的污水灌溉农田，污水中的氮和磷可使土地肥沃，又可减少化肥的使用量，还可节省水资源。

建成“卫生厕所”使粪便集中起来用于农业，减少化肥对农田的不良影响，提高土地质量，产出绿色农产品，增加农民收入。同时又可减少对地下水、土壤的污染；建立垃圾收集转运机制，设置专人分捡垃圾，回收垃圾资源，减少无用垃圾的产出量，少占土地，逐步实现“垃圾资源化”。如图 5-3 所示。

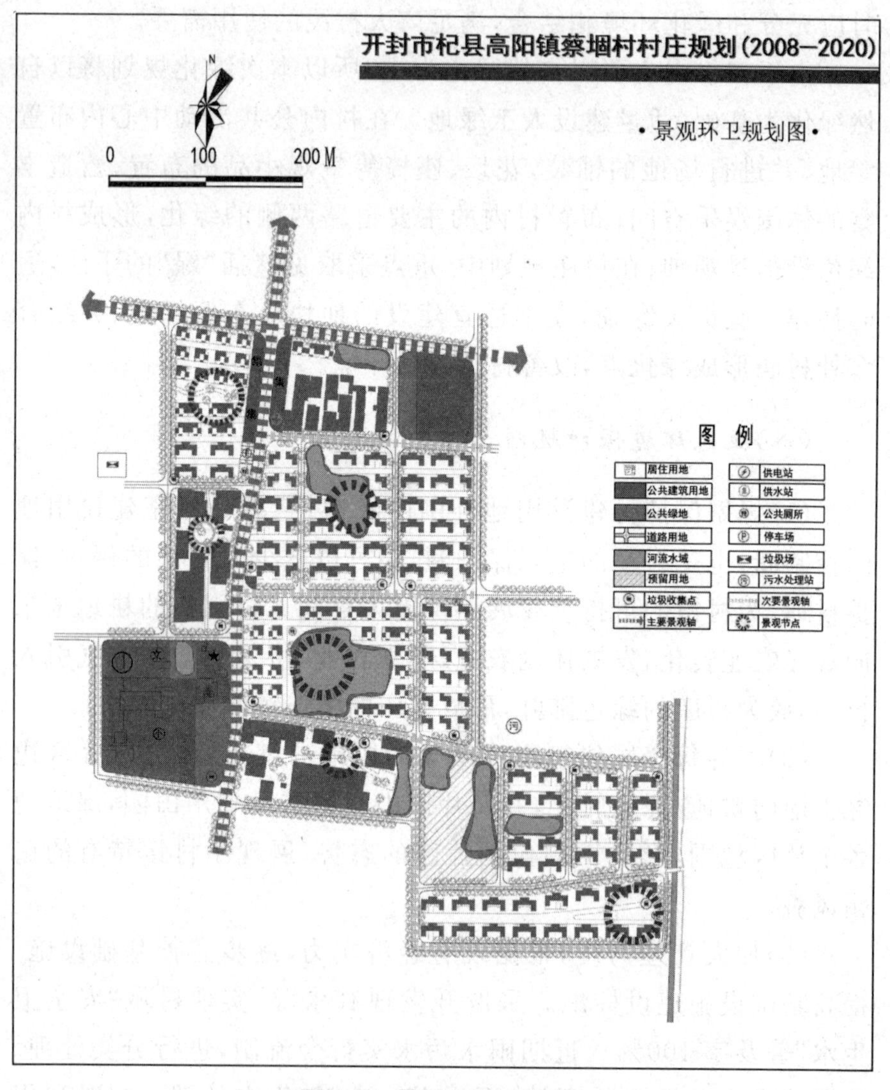

图 5-3 景观环卫规划图

（九）村庄景观规划

搞好村委会中心区形象建设，并以具有导向性的路旁绿化、灯杆或建筑小品导入村庄。彻底拆除街巷两旁和庭院内部的违章建筑，修整沿街建筑立面，配置花草树木，做到环境优美，整洁卫生。规划对现有道路两侧杂草、露天粪堆、公共场所的临时堆放、乱搭滥建、住户环境卫生等进行规范整治。

规划在平整以后的广场上设置健身器材，在各居住区的街头绿地上也可设置一些体育健身器材，供人们日常体育健身活动。

通过以上措施从根本上改变中心村社区的生态环境，给人们营造出一个舒适、方便、安全、优美的生态居住环境。如图 5-3 所示。

（十）村庄整治建设规划具体措施要求

1. 房屋庭院整治

住宅设计注重提高土地利用效益，落实农民生活、生产的综合需要。作为农村住宅，平面功能必须和农民的生产和生活相结合，比如农民需要在院子中种菜、饲养家畜、晾晒谷物、堆放柴草，户内多需要储存农具、粮油、生活物品等空间，即使已脱离农业生产的家庭，也仍然保留着一定的原有生活习惯。在住宅设计时，非常重视农民的实际需求，同时，尽可能提高土地的利用效益。结合调研，将住宅户型设计为联排二层住宅，较大幅度地提高了土地的利用水平。

旧住宅改造主要包括屋面改造、院墙改造等。参照当地现有传统建筑，根据北方民居建筑特色，通过采用一些传统符号的适当改造，形成具有浓郁地方特色的现代建筑风格。在具体整治过程中可按房屋现状情况进行分类整治。

（1）村内闲置房屋与闲置土地，应按以下措施予以改造和利用。

①闲置的安全性可靠的村办企业厂房、仓库等集体用房，应根据其特点加以改造利用：原有建筑与新的功能要求不符合时，可进行局部改造。

②闲置旧农宅，应根据“一户一宅”的原则，质量好的可另行安排住户；安全性存在隐患的，在做好村民安置的前提下，则应予以拆除，以利土地整合利用。对违章搭盖房全部拆除，做到环境美观、道路通畅。

③可采取土地置换或房屋置换的方法，将闲置房屋或闲置土地适当集中，以提高村庄建设用地的使用效率。

(2)对可以利用的房屋按以下措施进行整治。

①建筑物外观的整治应根据村庄的历史沿革、文化传统和地域特色，确定统一的建筑风格和基调。

②引导村民按照一定的建筑风格和基调，逐步整合既有农宅的型式、体量、色彩及高度，形成统一协调的村容村貌。做到人畜分离、畜禽圈养，无乱堆乱放。

③公共服务建筑的型式、体量、色彩宜成为整个村容村貌的重心。

④沿村庄主要街道两侧建筑可通过粉刷、装饰等办法进行美化，提升改造品位。

(3)建设新建筑：严格按规划实施，推广具有中原特色的建筑风格；按照建设部门编制设计的新农村建设图集，选择符合当地实际的房型。

(4)庭院整治：庭院整治改造是新农村建设的一项重大任务。要根据实际情况，不搞大拆大建，而是采取整合归并措施，清洁农宅周边环境：不影响村容、有利用价值的辅房进行修补后可保留，柴草堆放在指定地点。整治后达到“三不见”，即“不见茅坑、不见脏乱差、不见柴草乱堆放”。

村庄建筑风格应协调统一，在此基础上形成富有农村特色的社会主义新农村特色。

2.公共服务设施整治

(1)公共设施布置原则

①公共设施的配套水平应与村庄人口规模相适应,并与村庄住宅同步规划、建设和使用。

②公益型公共设施宜集中布置,形成村庄公共活动中心。在方便使用、综合经营、互不干扰的前提下,可采用综合楼或组合体的模式。

③应结合村庄公共设施中心或村口布置公共活动场地,满足村民交往活动的需求。

④公共服务建筑的型式、体量、色彩宜成为整个村容村貌的重心。

(2)教育设施整治方案

加快农村教育设施布局调整,改善办学条件,使义务教育迈上可持续发展道路。

(3)医疗设施规划

加强村庄医疗服务设施的建设,村庄内配置的医疗服务点,应做到诊、治、观、药分离。

(4)福利服务设施规划

应根据就近服务的原则,调整农村的老年福利服务机构设施的布局,加大对村级老年福利服务机构设施的建设力度,形成农村老年福利机构设施的合理布局。村庄应建立起社区福利服务设施并开展家庭护理等服务项目。

(5)文体设施整治方案

加强文化阵地建设,在村庄整治时应考虑娱乐活动室、学习培训室、宣传公告长廊、体育活动场所、通俗易懂的文化墙等的建设,引导农户将旧会堂改造为文明厅堂,建成文化活动中心。

(6)其他公共服务设施规划

本着提高农村居民生活水平的原则,应大力推动村庄的文化大院建设,每个文化大院应包括室内场所和室外活动场地两个部分。其中室内场所可包括以下设施:展览室、多功能教室、科技讲座电教室、图书室、娱乐室。

村庄公共活动场地整治应符合以下要求。

①村庄公共环境中的重要位置可适当布置环境小品,提升环境景观的文化品位。小品形式应简朴亲切,宜以农村特色题材为主,突出地域文化特色。

②村庄绿化应根据村庄用地条件,灵活设置,注重与主要道路、水体沿岸、公共活动场地等地段的协调配置,不宜大面积单独设置。绿化材料应选择当地树种、植物。

③公共活动场地宜靠近村委会、文化站、祠堂等公共活动集中地段设置。也可根据村庄自然环境特点选择村内水体周边、坡地等处的宽阔位置设置。

④已有公共活动场地的村庄应充分利用和改善现有条件,满足村庄居民生产生活需要;无公共活动场地或公共活动场地缺乏的村庄,应以改造利用村内现有闲置地、弃置地作为公共活动场所为主要整治方式,禁止以侵占农田、毁林填塘等方式大面积新建公共活动场地。

⑤公共活动场地整治时应保留现有场地上的高大乔木及景观良好的成片林木、植被,保证公共活动场地的良好环境。

⑥公共活动场地宜铺装地面,铺装材料宜采用当地材料,并以砖、石、植草砖等渗水材料为主,场地应平整、畅通,无坑洼、无积水、雨雪天不淤泥,便于群众使用,条件允许的村庄可设置照明灯具。

⑦公共活动场地可根据村民使用需要,与打谷场、晒场、非危险品的临时堆场、小型运动场地及避灾疏散场地等合并设置,提高土地使用效率。

⑧公共活动场地可配套设置座凳、儿童游玩设施、健身器材、村务公开栏、科普宣传栏、阅报栏等设施,提高场地的综合使用功能。

公共活动场地有上下台阶处应设置缓坡,方便老年人、残疾人使用。

3. 基础设施整治与建设

(1)道路交通方面

规划村庄道路系统呈方格网状布局,形成分级有序,功能明确的道路组织,同时满足消防、救护等要求。村庄道路根据路面宽度、管道敷设等因素划分为村级主干路、村级次干路、村级支路、宅前路。道路设计要与公共空间、绿化空间、居住空间相结合,共同塑造户外空间景观。

结合蔡堌村的实际,规划村内道路分为 3 级:村内主干路根据现状建设情况和实际地形确定宽度为 12 米,村内次要道路宽度为 8 米,宅前支路宽度为 6 米。村庄规划期内应对部分道路的红线宽度进行控制,严格控制道路两侧的建设,其路面可根据村庄规划进行拓宽改造。

(2) 给排水

近期在村庄东部打深井 1 眼,取深层优质地下水。在深井处各建一套消毒设备和加压供水设备,对地下水加氯消毒处理后,由无塔供水设备将水加压送入村内给水管网。给水管网采用生活与消防合用系统,沿主要道路敷设,管线布置的主要方向与供水方向的主要流向一致。

近期采用不完全分流制排水体制,远期采用完全分流制排水体制。近期敷设污水管道,生活污水经污水管道排出,雨水沿地面自然坡度排入已有沟渠,不允许污水排入。远期建设雨水管渠系统,雨水和污水能够相互独立排放。

雨水渠布置应利用自然地面坡度就近组织雨水沿管渠排入河渠。根据规划区地形、地质、地貌的特点,合理划分排水分区,采用先进、合理的施工技术,减少施工难度。

(3) 电力电信

蔡堌村目前有变压器 2 台,基本能满足目前用电负荷的需要,规划对现状供电线路局部不合理的地方进行改造,进行适当扩容,对村内已经损坏的线路及电力设施进行重新建设。近期村内采用架空线路,供给各用电单位和用户;远期线路应改为直埋电缆供电。

规划对村内现有的通讯线路进行理顺,整治区内通讯线路均架空布置,对现状跨道路乱拉电缆的情况规划期末应全部予以改造,线路要求沿道路一侧进行布置。规划期末实现光纤到户,规划区网络覆盖率达100%,实现全数字化传输。

在蔡堌村规划范围内,有线电视线路应通达所有用户,由高阳镇集中管理。有线电视线路应与通讯电缆同杆架设,规划有线电视入户率达到100%。

(4)环卫规划

公共厕所。规划在村内设置3处公共厕所,公共厕所均采用通过粪槽排至"三格式"化粪池的形式,粪池容积应满足3个月清掏一次的容量为准。大便口和取粪口均应加盖密闭,并确保粪池不渗不漏不冻。小便池宜改用简易的小便斗,尿液直接排至粪池,禁止大面积开敞暴露而导致臭气污染环境。同时应建立并严格执行及时清扫和消毒等防控疫病管理制度。

生活垃圾。垃圾收集采用"每户分类收集—村集中—镇中转—县处理"的模式。生活垃圾及其他垃圾均要及时、定点分类收集,密闭贮存、运输,最终由垃圾处理场进行无害化处理。生活垃圾收集点可放置垃圾容器或建造垃圾容器间,市场、车站及其他产生生活垃圾量较大的设施附近应单独设置生活垃圾收集点。垃圾收集点、垃圾转运站的建设应该做到防雨防渗、防漏,保持整洁,不得污染周围环境,并与村容村貌相协调。规划1处垃圾收集点,配备小型环卫车辆,安排环卫工人,保证垃圾日产日清。最终垃圾可运至垃圾处理场进行无害化处理。规划在村委会中心区位置和居住区主要道路两侧设置果皮箱,果皮箱要轻便耐用,便于倾倒,造型美观。

医疗废弃物。要符合国家相关医疗条例的规定。医疗废弃物要单独贮存、运输和处理,要提高其容器和运输工具的密闭性,并严格按安全卫生规程操作，防止疾病传播。

环保措施。配合镇区园林建设，搞好村庄园林绿化建设，营造绿色空间。加强管理，做到生活垃圾的日产日清，美化村庄环境。加快村内基础设施的建设力度，完善村内排水管道，严禁随地排放污水。大力推广清洁能源生产，提高村民生活质量。要加大清洁能源的推广力度，减少煤炭燃烧对空气的污染，通过太阳能等能源的利用，改变生活方式，提高生活质量，给村民一个空气清新的生活环境。

（十一）村庄近期建设整治规划

1. 近期建设时序

由于本规划为社会主义新农村建设整治规划，所以在近期建设规划构思上以反映社会主义新农村整治建设时序为主。对于蔡堌村的近期建设，分为以下五步进行。

第一步，整治进村主要道路，主要内容是对道路进行拓宽和硬化，并绿化和亮化道路。

第二步，结合村内道路现状，对已有二级道路进行拓宽翻修硬化工作，并对规划的二级道路进行新建工作，整体进行绿化和亮化。

第三步，对村中心进行综合整治，拆除三类建筑，建设富有社会主义新农村特色的新农宅示范片区。

第四步，在新农宅示范片区建设以村委会、文化大院、医疗点、村级超市、村级娱乐休闲场地为主的村级公共服务中心。

第五步，远期对全村的道路、农宅、村容村貌统一整改，达到社会主义新农村建设整治标准。

2. 基本原则

结合村内结构布局现状，充分考虑村庄近期统筹发展的需要与规划的可实施性，充分考虑近期社会经济发展，保持近期建设规划的完整性，并保持与远期建设规划的衔接性与一致性。重点是生活环境的改善和基础设施的建设，优先安排有利于提高蔡堌村环境和人民生活急需的项目。

3.规划内容

规划的内容涵盖了农房整治、道路修扩建、公共基础建设、生活环境改善等多个与村民生活息息相关的方面，具有很强的针对性。

近期规划具体包括以下方面。

农房整治：依据房屋质量现状与村庄整体发展的关系，对村内主要居住建筑进行必要的整治。

道路修扩建：严格依据村庄道路整体发展的思路与标准，优先修扩建能够带动村内发展的主要道路。

公共服务设施建设：按照《河南省村庄建设规划导则》的要求，增加村内的娱乐，文化，教育，医疗等公共设施的比例。

绿地景观规划：整个规划区域绿地系统采用点、线、面相结合的手法。点绿化为院落绿地、街头绿地等，线绿化主要指道路绿化，面绿化主要指大面积集中绿地。大面积的利用绿化提升环境质量，通过树种的选择，创造多变而丰富的绿化空间。

环境卫生治理：重点在于完善村内垃圾收集设施的设置和收集制度的加强。

基础设施规划：完善电力、电讯、给水、排水等基础设施的整治，重点放在给排水管道系统的修扩建工程上。

空心村改造：规范宅基地的划分标准，对村中心破旧混乱的宅基地可通过有效形式赎回，筹集资金改造后可修建公用设施，形成合理的村庄布局结构。

4.实施计划

在近期发展规划中，优先发展与村民利益密切相关的道路整治、基础设施建设、环境卫生治理的项目；农房整治工程在结合道路整治、基础设施建设的基础上进行。在农房整治中注意处理村庄整体规划的贯彻与个体住户情况的关系，建议首先进行原地的拆建与修缮，进而完成其余的搬迁工作。村庄绿化建设可结合道路整治与环境整治进行，优先建设公共绿化空间，同时，倡导村民自发的建设私人绿色庭院。

(1)农房整治

村民住宅的改造、整治和设计应遵循以下原则。

①不破坏村落原有的风貌与自然环境。

②既要保持乡土气息，同时又要追求现代风格。

③建筑造型简洁朴素，宅院改造需保持传统风格。

④房前屋后、宅旁边角多种植乡土植物。

依据对房屋综合因素的分析，将房屋按从好到坏分为一类、二类、三类建筑。一类建筑不属于规划整治对象，除非其严重影响规划区的交通、公共设施建设；二类建筑属于主要的规划整饰对象，在其不严重影响规划区的交通、公共设施建设的前提下，主要依据房屋的具体情况予以修缮，对破损的门窗进行拆换，加强外立面整治与农户内部的庭院绿化；三类建筑属于拆除性建筑，对于不严重影响规划区内交通和公共设施建设的建筑，采用原地翻建整修的原则，否则按照土地置换的原则作为搬迁建筑处理。在进行土地置换的过程中，严格按照国家土地置换的要求进行，严禁在土地置换过程中出现变相占用基本农田的现象。对于在近期规划中不涉及拆建或搬迁，但是在远期规划中最终要进行拆建和搬迁的一、二类建筑要做好拆建和搬迁的前期准备工作。

村庄建筑风格应整体协调统一，采用当地优势的建筑材料，因地制宜，塑造有地方特色的本土建筑。

(2)道路修扩建

依据村庄道路整体发展的思路与标准，优先修扩建影响村庄发展的主要道路，在不影响居民出行的前提下，对宅间路不做去弯打直的规划，基本保留原有状态。宅间路路面硬化无硬性规定，村民可按照实际情况自主进行路面硬化。

对占压街道的违章建筑、临时建筑以及严重影响环境的残破建筑一律予以拆除，对占压街道的临时堆放物进行清理。提高道路绿化水平，街道整治要形成鲜明的风格，沿街花坛、绿化带、行道树的视觉构图和植物配置与周围建筑及环境相协调。整治完善街道小品设施（如电话亭、果皮箱、座椅、阅报栏等）。局部增加坐凳、垃圾箱、健身器材等。街道花坛里加种四季花卉，丰富街道色彩。较大的花坛中设小雕塑，增加视觉效果。

(3)公共服务设施建设

公共服务设施的修建主要集中在增加村民的娱乐、文化、教育、医疗设施的项目上。主要内容如下。

①行政管理用地：将现状村委会原地进行改造扩建。

②教育机构用地：小学原地不动，在原址上扩建修整，在其内部修建幼儿园。

③文娱活动用地：在村委会旁边新建文化大院和一个运动场地。

④医疗保健用地：对原来的1处医疗卫生用地进行适当的整治。

⑤商业金融用地：近期新建1处集贸市场。

(4)绿地景观规划

绿化景观宜结合休憩娱乐设施布置，为村民提供闲时可以聚集聊天的场所。现有规划发展区域内的景观绿地规划依照整体发展规划思路中的点、线、面的原则进行。

点：居民自家院墙周围的绿化装饰。

线：沿主干道种植，树种选择以乡土树种为主，突出地方特色。

面：原有的村头绿地予以保留整修，对由于搬迁整改而空出的用地在不影响整体居住用地面积的前提下规划为街头休闲绿地；由原有住户房屋自然围合形成的院落空间进行绿化休憩设施的规划，形成亲和的邻里空间，促进交流，娱乐活动的发生，使得原有的社会邻里文化网络稳固下来。增加灯光照明，夜景设计中，主要建筑前设计泛灯光，增加夜景效果，勾勒出美丽夜景和丰富的建筑轮廓线，草坪内设置草坪灯。

(5)河塘整治规划

①已废弃的坑塘可采取拆除障碍物、清塘、疏浚坑塘进出水明渠、改造相关涵闸等措施进行整治，恢复坑塘基本使用功能。

②在河道坑塘岸边种植多样化的植物，发挥植物的美化作用。

③临近河道坑塘布置游憩设施，为村民提供休闲娱乐场所。主要内容包括修建水边步道、开辟滨水活动场所、局部设置亲水平台、修整岸边植物等内容。

(6)环境卫生治理

规划在村内道路两侧设置小型垃圾收集点，实行集中倾倒。垃圾收集点垃圾定时由专人收集，密闭储存、运输，最终由垃圾处理厂进行无公害化处理。

(十二)远景发展构想

1.规划目标

(1)具有高标准基础设施和人居环境质量的现代化农村。

(2)建成富有地方特色的绿色生态农村。

2.结构形态

远景仍保持现有的规划格局，村庄的发展结构形式为中心聚集、轴线拓展，村庄的主要发展方向西南方向。村庄中的水塘及其周围用地作为远景的公共绿地。建设用地不占基本农田，少占一般农田，村庄规模合理扩展，主要干道路网结构保留。

3.规划布局

(1)居住用地：保持规划期内的片区格局，优化住宅形式，节约土地。

(2)公共设施用地:充实、完善村中心和片区商业点,结合宅间绿化布置适当的公共设施。

(3)绿化用地:保持规划期内的绿地系统,完善庭院及其周边的绿地。

(4)道路交通用地:骨干路网不变,优化宅间支路。

(5)农业试验基地用地:结合特色农业区、村内的大棚和养殖等建立实验基地,加强育种、产值等方面的科研。

4. 构想

(1)建设社会主义新农村

引导农民在规划区内拆旧建新,以旧换新、改造民房;规划区内新建的民房,要求设计美观,格调鲜明,特别要设计一些反映地方文化底蕴的民宅,不搞简单的整齐划一、千房一面;建立和完善新农村社区服务体系,调整教育、商贸网点,完善医疗卫生、文化、体育以及供电、电视、电信等配套设施,达到“规划科学、布局合理、设施配套、功能齐全、环境优美”的目标。

(2)发展新产业

调整农业产业结构,大力发展精准农业、生态农业、品牌农业、创汇农业和观光农业。实施优势发展战略,根据本村产业基础、资源优势、区位特点和市场需求,按照“区域化布局、规模化经营、标准化生产、科学化管理”的要求,着力培育做强 2~3 个农业支柱产业,提升农业产业化水平。

(3)培育新农民

推进“农民知识化”工程,加快培育新型务工农民和产业农民,实现全村 18 岁以上、45 岁以下年龄段的农村劳动力基本掌握 1~2 门实用农业技术或务工职业技能;大力开展以遵纪守法、移风易俗为主要内容的思想道德教育,着力提升广大农民的思想道德水平,逐步建立与发展社会主义市场经济,促进新农村建设相适应的道德体系,造就一批既有较高科学文化素质和道德素质,又有一定专业技能、文明守法、移风易俗的新型农民。

(4)组建新经济组织

按照“先运行、多扶持、后规划”和“民办、民管、民营、民受益”的原则，发育、壮大农村经济合作组织，为农民提供产前、产中、产后服务；推广各种行业协会、专业合作社、联合社、经联社等农村合作经济组织形式，建立起覆盖农业产业的农村合作经济组织群体，做到主导产业有协会或专业合作社，合作经济组织覆盖农户达到60％以上，提升农民组织化程度；围绕“新品种、新技术、新组织”的要求建立健全良种繁育、农资供应、农业科技服务体系和农产品加工流通服务体系，培育专业化的经济服务组织。

(5)塑造新风貌

以“三清三改”为突破口，以创建社会主义新农村为动力，整体推进精神文明建设。在村域范围内全面开展群众性“三清”活动，做到无成片暴露垃圾、污泥和路障，彻底改变农村“脏乱差”现象，力争达到“三清”要求；按照“科学规划、完善机制、分类指导、先易后难、稳步推进”的要求，扎实有效开展“三改”工作，5年内力争达到道路硬化、庭院净化、街道亮化、村庄绿化的要求；开展社会公德、职业道德、家庭美德教育，组织农民开展“除陋习、树新风”活动，反对封建迷信和宗族宗派势力，倡导健康、文明、科学的生活方式；建立健全农村医疗保障体系、困难农民救助体系；村镇公共设施配套，农民群众文化生活丰富多彩，健康有益的文体活动正常开展，农民就医、就学方便，病残孤寡农民生产生活有保障。

(6)创建好班子

将新农村建设列为“三项创建”活动的主要内容，继续创新和深化“三民”活动和“三培两带”活动。把“三清三改”、村镇规划建设、文明村镇创建为重点的新农村建设成果作为衡量、检验好班子、好干部的重要标准；要以新农村建设工作为切入点，转变职能，改进作风，加强为政能力和构筑社会主义和谐社会能力的建设，着力提高区镇领导班子和党员干部在新农村建设中组织协调、管理服务和帮助农民群众增收致富的能力和水平；把开展保持党员先进性教育活动与新农村建设工作结合起来，发挥农村基层党组织和广大农村党员在新农村建设中的战斗堡垒和先锋模范作用。

二、成熟期新农村建设规划——巩义市新中镇温堂村村庄建设规划

随着新农村建设逐渐暴露出来的问题，以及在规划过程中不断的调整和探索，村庄建设较为系统和完善的规划措施和目标在总体规划指导和建设中获得了进一步的巩固和完善，以巩义市新中镇温堂村村庄建设规划为例，该规划从总体平面空间设计到具体的建筑形象设计，从公共服务设施的配置和实施举措，到基础服务设施的配置和数据控制，都能够兼顾当下和长远的发展，能够从整体的建设发展需求，对村庄的建设发展提出指导意义较强的策略和具体措施。

（一）规划建设范围

本次规划范围为：东至豫新路（温堂村第六村民组与第四村民组之间的道路）以东约 150 米，西至工业大道以西约 400 米，南至玉仙河，北至豫新路以北约 150 米，总规划用地面积约 103.44 公顷。

（二）村庄建设现状解读

1. 区位条件

温堂村位于新中镇集镇区东北部约 3 公里处，东与米河镇苇园村相邻，西和小关镇口头村毗连，南与茶店村接壤，北与米和镇高庙村交界。村庄南邻玉仙河，新米公路（从新中镇至米河镇）从村庄南部穿过，环境优美，区位条件相对较好（图 5-4）。

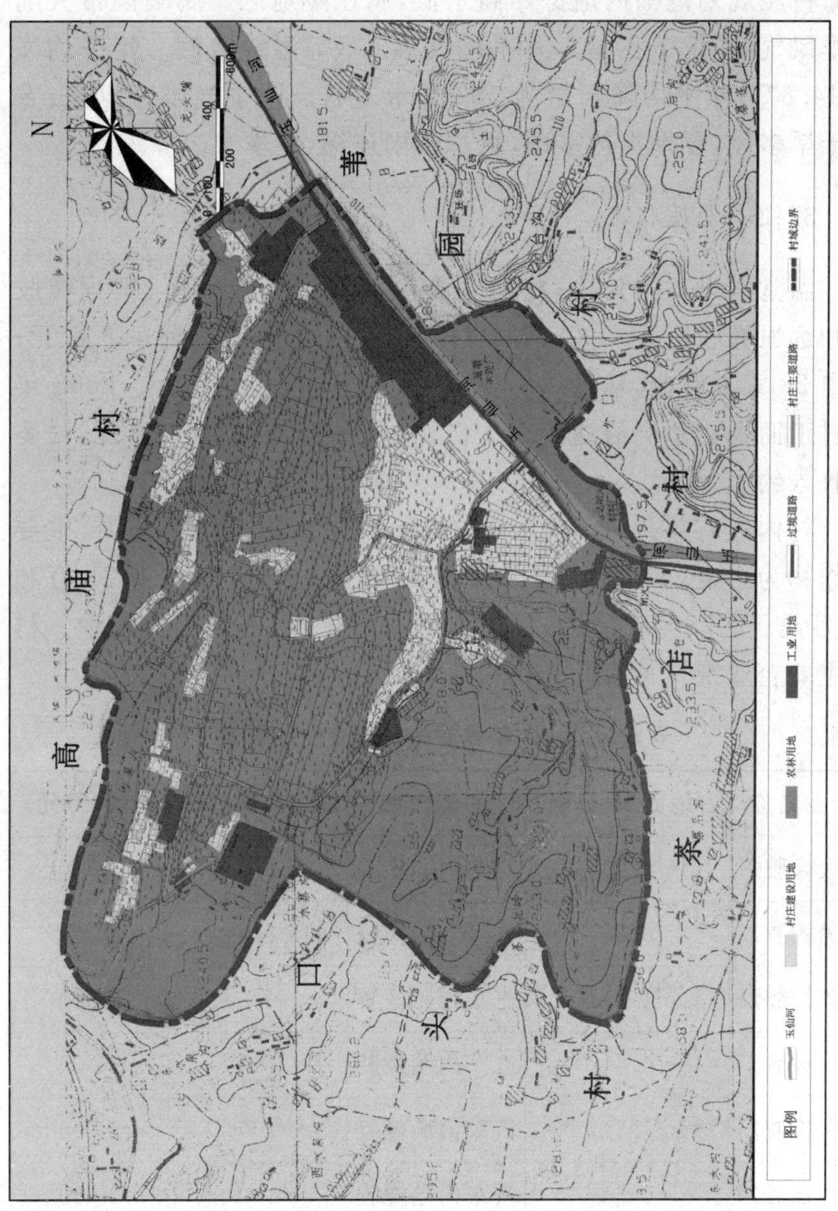

图5-4　温堂村村域现状图

2. 地形地貌及气候条件

村庄规划范围内地势西高东低,属丘陵地区。属暖温带大陆性季风气候,位于我国1月平均气温0℃等温线北侧。年平均气温14.6℃,年平均降雨量为583毫米左右。四季气候特点是:春季干旱多风,夏季炎热多雨,秋季阴雨连绵,冬季寒冷少雪。

3. 经济发展状况

温堂村以工业为主,村内主要企业有恒大橡胶厂、鹏程橡胶厂和远恒橡胶厂等,2008年本村工业企业总产值达到1.2亿元;村内23家工商业,从业800人,3家服务业,从业10人,2008年本村工商企业总产值达到1.3亿元,人均纯收入为7 000元,村委年收入约15万元。

村内现有耕地面积86.71公顷,其中水田10.67公顷,主要农作物为小麦,2007年和2008年的农业总产值分别为71万和87万元。2008年粮食总产量为36.4万千克;养殖用户较少。村内主要企业统计见表5-1。

表5-1　2009年温堂村主要企业统计表

企业名称	占地面积(公顷)	主要产品	职工人数(人)	产值(万元)
恒大橡胶厂	1.40	汽车内胎橡胶	170	3 000
远通橡胶厂	0.88	汽车垫胎橡胶	140	3 000
豫新橡胶厂	1.27	汽车内胎橡胶	80	2 500
远恒橡胶厂	0.41	汽车内胎橡胶	100	2 000
永恒橡胶厂	1.51	汽车内胎橡胶	100	2 000
华源橡胶厂	0.50	汽车内胎橡胶	100	2 000
鹏程橡胶厂	0.51	汽车内胎橡胶	80	2 000

4. 基础设施概况

(1)村庄道路设施概况

村庄内部工业大道、豫新路和鹏程路等三条主要道路已形成水泥路面,但路面较窄,交通有待完善,村庄内部其余道路大部分为泥路,宽度多为 3～5 米,存在问题较多。此外,从村庄南部穿过的新米公路为水泥路面,道路路面宽度为 8 米,在规划范围内的长度约 1 150 米(表 5-2)。

表 5-2　2009 年温堂村主要道路统计表

道路名称	路面宽度	道路长度
工业大道	6.5 米	1 500 米
豫新路	6 米	1 350 米
鹏程路	6 米	800 米

(2)电力、通信设施现状

农网改造已完成,基本可以满足全村生活、生产用电,村庄有配电室 3 个。全村有固定电话 230 部,拥有手机率约 2 部/户,有线电视入户率已达 85%以上。

(3)给排水设施现状

村内生活用水主要取自小龙池及地下水,村庄西南部有 3 处集中供水设施,水质尚可,但水量不足。排水采用路面排水,直接排放,污染较为普遍。

(4)环卫设施现状

目前全村有 4 处公厕,3 处垃圾池,但利用率不高,管理不到位,垃圾没有及时地清理,垃圾随意堆放。

(5)公共服务设施现状

温堂村内现有小学一所,位于村庄中部,其中教师 4 人,学生 35 人,班级 3 个,学校占地约 2 000 平方米,建筑质量一般;有医疗点 3 处,结合村庄中部商店而建,医疗设备比较简陋,有待改善;村内缺少文化广场、综合宣传栏等设施。

村委会位于小学对面，占地约1 000平方米，村委大院内有一栋二层办公楼，建筑质量一般，村庄缺少幼托、活动场地、绿地等设施。

（三）影响村庄总体形象建设的主要问题剖析

1.用地布局与功能存在问题，缺乏高质量的空间分区

村内各类用地布局混乱。居住用地与禽畜圈舍用地、工业用地相互混杂，村庄内部企业与村民住宅混合布局，严重影响了村民的居住环境。村内养殖禽畜的各种设备直接堆放在庭院中或是在庭院门口，并且家禽家畜产生的粪便随处可见，污染村庄环境，影响村民健康。

此外，部分村民在庭院前后种植农作物，居住用地与种植用地相互混杂，居住用地间夹杂着大量的使用效率低的种植用地，导致居住用地分散、浪费、无序，致使土地利用低效，居住用地较为分散，这也导致了村民各种基础设施和公共服务设施不能发挥效用。

2.村庄建筑风貌缺少地域与时代特征，形象吸引力匮乏

村庄农民住宅主要分布在三条主路两侧，大多为1～2层，在新米公路北侧已建成两栋复式住宅楼，村内住宅大多为砖混结构，工业大道南段西侧的住宅多为近几年新建住宅，建筑质量较好，但差异也较大，建筑立面也不统一，整体景观效果有待提高。每户宅基地面积大小不一，差别较大，不便于以后对宅基地的管理，见图5-5。

温堂村现状村民审批的宅基地面积为134平方米，尺寸多为11米面宽，12.2米进深。部分村民的宅基地有不同程度的向四周乱占土地的现象，其中有的宅基地面积可达到200平方米左右，大多数村民宅基地面积140平方米，人均宅基地面积超出了国家、河南省的有关标准。其中宅基地面积的四分之一到三分之

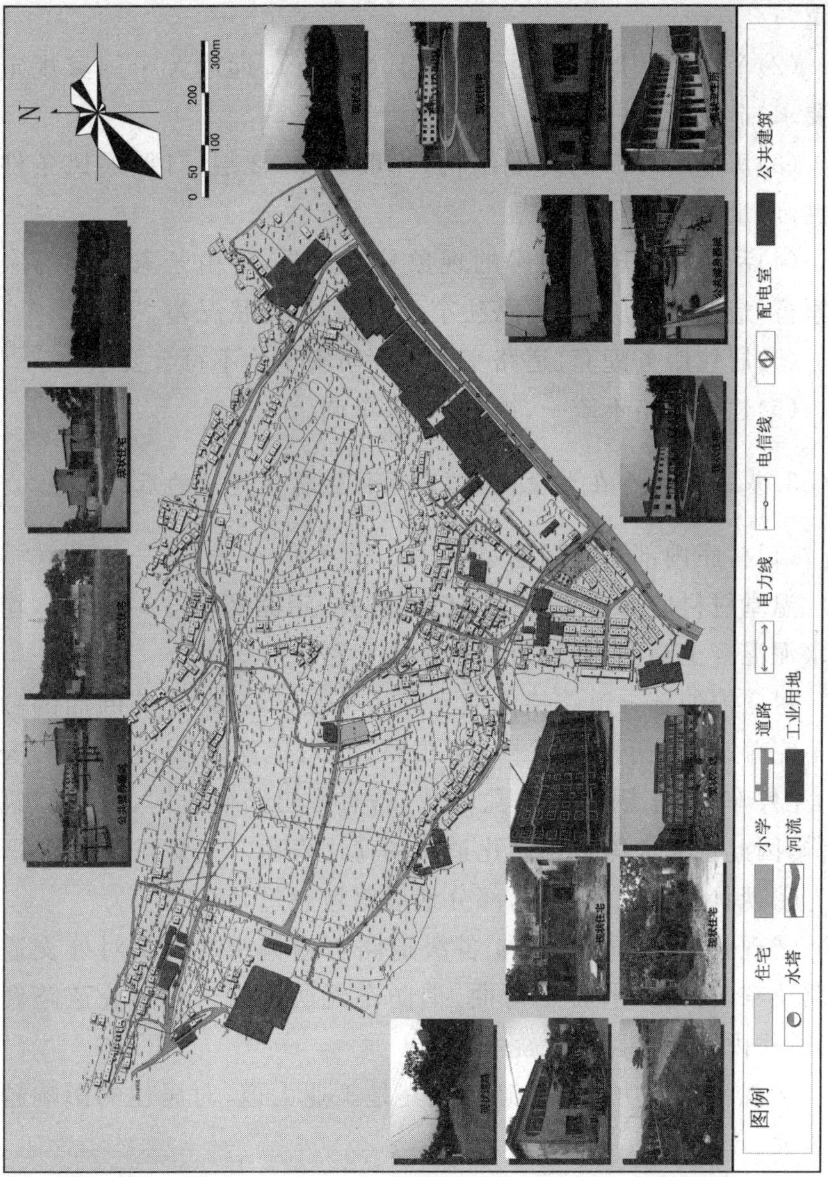

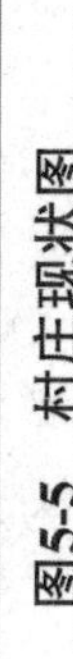

图5-5　村庄现状图

二之间用于住房及附属用房的建设，余下部分作为各家自用的菜地和饲养家禽牲畜等。现有问题主要表现在：

(1)居民住房布局较散乱，住宅间用地难以利用，浪费现象较严重。

(2)个别宅基地面积过大(大于 0.4 亩)，远远大于国家规定的要求，造成土地的浪费。

(3)房屋为较旧的砖混结构，一般为 1～2 层，日照通风条件不良，质量较差。

(4)乱搭乱建辅助用房的现象较为严重，且由于家庭饲养家禽家畜，造成环境脏乱，道路狭窄不通畅，卫生状况差。

(5)居住服务配套、道路交通和消防安全均不符合要求。

(6)建筑风格不统一，街景呆板、单调。

3. 基础设施存在大量问题，影响社区总体建设的后续发展

(1)村庄内部道路问题

温堂村村庄部分主要街道已经硬化，道路宽度 3～6.5 米，均为水泥混凝土路面，其他道路多为泥土路。

村庄内的部分道路错位交叉和丁字交叉较多，道路断面的功能不完善；道路衔接不通畅，断头路较多；道路附属设施不够齐全，无停车场，车辆在村中乱停乱放；有些道路硬化时，没有修筑边沟，因此也大大缩短了硬化道路的使用寿命。主要问题如下：

①现状道路纵坡过大，部分地段纵坡超过 8%。

②现状道路不成系统。各级道路普遍偏窄。现状对外交通道路狭窄，村内小巷狭窄弯曲，消防车无法进入。除部分道路硬化外，村内其他道路均为泥土路。

③现状道路功能不明确。尤其是工业大道，对居住的影响越来越大。

④道路附属设施不够齐全，道路两侧缺少路灯和停车场地，车辆在村中乱停乱放。

⑤村内道路衔接不通畅，断头路较多。

(2)对外交通联络问题

村庄对外交通有位于其南部的新米公路和位于村庄中部通向310国道的工业大道,主要问题如下:

①新米公路基本能满足现状交通需求,其紧邻南侧玉仙河,之间绿化景观带太窄。

②中心大道路面较窄,且随着交通量的增加,其对两侧居民生活的影响越来越大。

(3)给排水问题

村民生活生产用水部分直接采自地下,没有经过消毒、除沙等处理,容易造成饮水不安全,此外,温堂村地下水水资源相对贫瘠。

此外,温堂村的生活污水和雨水没有经系统的收集与排放,主要根据地势,排入附近沟壑、池塘,经过调查主要存在以下问题:

①村庄排水系统不完善,污水没有经过任何处理直接排入水体,严重影响村庄环境。

②村庄现有的明沟排水系统一部分已经年久失修或者堵塞,造成排水不畅。

③有些道路硬化时,没有修筑边沟,因此也大大缩短了硬化道路的使用寿命。

④村庄的部分住宅、庭院基地高度随意设置,没有与村内道路、排水沟渠统一考虑,造成排水困难。

(4)电力、通信问题

①村庄电力线、电信线布局凌乱,有的电力线外侧已破损,影响路人的安全和供电的稳定性。

②变压器的容量已不能满足村庄日益增长的用电量需求。

③有线电视入户率有待提高。

④村庄的通信交换箱服务半径不合理。

4.公共服务设施存在的问题,影响公共服务体系的总体形象发展

由于村庄建设缺乏科学合理的规划和引导,基本上还是停留

在自发的小农经济的意识上。部分配套服务设施还需要进一步完善。

(1)村内无老年人活动中心。

(2)村庄内的绿化覆盖率不高,供村民使用公共绿地缺少。

(3)村内虽然有垃圾收集点,但由于管理不善,垃圾还是四处可见。

(4)村内没有幼托。

5.环境卫生问题存在生态安全隐患

目前温堂村有少量的垃圾集中收集点,但大部分生活垃圾仍随意堆放,主要存在以下问题:

(1)村民生活、建筑垃圾较为随意的在路边、门口堆放,不仅侵占了道路,也影响了村民的生活。

(2)村内垃圾收集点和垃圾箱缺少,农户生活垃圾缺少集中堆放点,塑料垃圾乱扔,对环境的污染严重,严重影响了村庄的环境和卫生。

6.村庄规划设计与建设管理滞后,缺少有效引导的形象建设发展策略

温堂村至今没有做过村庄规划,造成村庄无序建设,各类用地相互混杂,村庄整体面貌不突出。村庄建设缺乏管理,乡村镇建设服务中心人员较少,不能很好地监督、指导村庄建设,造成村庄宅基地大小不一,浪费土地情况较为严重。

(四)总体形象建设整治内容

1. 基本内容

与农村居民生活生命安全、必要生产生活条件紧密联系,体现村庄生命线系统和村庄整治功能的村庄布局及基础设施、公共服务设施、生活废弃物处理等,列入村庄环境基本整治内容。

(1)道路交通安全设施。充分利用现有环境条件进行整治，改善道路交通功能，并与自然环境相融合。

(2)给水设施与饮水安全。村庄给水设施包括集中式给水和分散式给水设施整治，应满足用水水量和水质要求。

(3)排水与污水处理设施。确定雨污合流或分流收集与排放标准，整治和建设排水、污水处理系统与雨水、污水再利用系统。

(4)垃圾与粪便处理。搞好村庄垃圾收集、清运、无害化处理和资源化利用；建设卫生厕所、沼气池等循环利用设施。

(5)生活能源设施。在保护生态环境的前提下，合理利用生活能源，包括传统能源、常规能源和可再生能源。

(6)安全与防灾。综合考虑火灾、洪灾、震灾、地质灾害等灾种的影响，保障村民生活安全和村庄可持续发展。

2. 其他内容

与农村居民生产生活紧密相关，体现村庄功能完善和整体形象风貌的自然河道坑塘等公共环境整治与建设，文化遗产保护，环境卫生保洁等列入其他整治内容。

(1)村庄坑塘河道。村庄自然或人工开挖的坑塘、河道或沟渠的整治，达到保障其使用功能与水环境景观的要求。

(2)村庄文化遗产保护。保护历史文物、传统建筑、历史环境要素等文化遗产，维护村庄历史空间格局和传统风貌。

(3)村庄景观环境。根据村庄传统特色，搞好园林绿化和公共环境整治，形成协调统一的景观风貌。

(4)村庄环境卫生保洁。完善环卫设施，建立环卫保洁制度，保护公共环境整洁优美。

(五)总体形象建设整治目标

改善温堂村的人居环境，解决村民最关心的、最迫切的问题，就是要建设治理好村庄道路系统、给排水系统，治理村容村貌，改善能源结构，使温堂村村容村貌整洁优美，硬化路面符合规划，饮用水质达到标准，厕所卫生符合要求，排水沟渠明暗有序，垃圾收集和转运场所无害化处理，农村住宅安全经济美观，富有地方特色，面源污染得到有效控制，医疗文化教育等基本得到保障，农民素质得到明显提高，农村风尚得到有效改善。

总体目标：把村庄建设成为房屋美观整齐、生活舒适自在、设施配套完备、环境整洁优美、村容焕然一新、体现乡村特色的全面小康的社会主义现代化新农村。

具体目标：

(1)生产发展：温堂村要形成2个以上具有一定规模的优势特色产业，首先应努力发展本村的橡胶产业，其次，应努力发展农产品深加工等产业，达到以产业带动群众致富的目的。

(2)农民收入：力争使农民人均纯收入的增长速度超过全市平均增长速度，同比有较大增长，力争2020年人均纯收入超过1.5万元。

(3)村财收入：村级集体要形成1个以上经济实体，村财收入稳步增长，至2020年村财政收入超过40万元。

(4)基础设施：村级公路通达率达到100%，硬化率达到100%；广播电视入户率达到100%；移动电话信号覆盖率达100%，程控电话入户率60%以上。

(5)人居环境：到规划期末力争村庄绿化覆盖率达到40%以上；环境污染治理合格率达到95%以上。

(6)社会事业：计划生育率达到99%以上；适龄儿童入学率达到100%；村有图书阅览、农民体育娱乐场所和文化活动室。

(7)保障体系：农村“五保户”供养率100%，建立完善农村新型合作医疗；建立农村社会养老保险、失地农民保障制度。

(8)民主政治：村民对村务公开、民主管理的满意率达到90%以上；村民对村级班子的满意率达到90%以上。

(9)村内治安：无集体上访、无刑事犯罪案件；村民对村治安状况满意率达到90%以上，率先实现平安村目标。

(六)总体形象建设整治基本原则

1. 尊重村民意愿,遵循村镇建设规律

强调村民参与原则,对规划每一步成果征求村民意见;农民自愿,因地制宜。深入宣传实施新农村建设是党和政府的利民之举,充分调动广大农民群众的积极性,自觉投入工程建设。必须充分尊重农民的意愿,做到量力而行,因地制宜。

2. 有利生产、繁荣经济

利用温堂村优势,大力发展经济,加速村庄建设。建立集体和农民自筹为主、政府补助为辅、社会各方力量支持的多渠道筹集建设资金的有效机制,并积极运用市场机制吸引外来投资建设,加大政府扶持力度。

3. 规划先行、远近结合、分期实施

按照统一规划中心村和加快建设新农村的要求,村庄规划编制要始终坚持人与环境的和谐,贯穿生态理念,体现文化内涵,反映区域特色,并与土地利用总体规划、基本农田保护规划、城镇体系规划以及交通、水利等规划相衔接。村庄规划的生活、生产区布局合理,体现乡村特点,做到实用性与前瞻性相统一。规划一经确定,必须严格执行、分期实施。

4. 保护环境,防止污染

村庄建设要重视生态环境建设和保护,实行田、林、路、河、住房、供水、排污等综合治理,尤其是要重视玉仙河两侧的环境保护,防止污染,改善投资环境,树立温堂村的新形象。

5. 因地制宜、突出特色

规划要根据本村经济实力和当地特色,通过调查了解当地的习俗民风，确定建设和治理的重点内容。立足现状，降低实施启动难度。主要以农村垃圾的集中处理和生活污水处理以及村庄生产、生活环境的改善，以环境治理为主体，以卫生洁化为重点，改路、改水、改厕、改房全面推进，实行硬化、净化、亮化、美化、生态化。

6. 布局紧凑、功能合理

应高效、合理地利用村庄的每一寸建设用地，在满足村庄所需的各种功能外，各种用地布局应合理分布。

7. 节约用地、保护耕地

应遵守国家节约用地与保护耕地的政策，争取为温堂村节约出更多的生产用地。

8. 合理选址、避开灾害

村庄的建设用地选址时应避开文物、矿产资源、可能产生洪汛、地震、地质灾害、滑坡、泥石流等地段；在建设时尽量避免改变其地形地貌和自然排水系统，并妥善处理好建筑物、工程设施等排水，积极做好隐患地段滑坡的防治。

9. 建立机制，民主监督

要建立长效管理机制，强化制度约束，制定环境卫生保洁和绿化养护等乡规民约，做到制度落实、人员落实、经费落实，防止农村“脏乱差”现象反弹。同时治理规划中要充分发挥村集体组织的作用，鼓励村民共同参与共同监督，确保环境治理项目的民主管理、民主监督。

（七）配套公共设施规划

1. 公共设施分类

(1)公益型公共设施，指行政管理、文化、教育、科技、医疗卫生、体育等公共设施。

(2)商业服务型公共设施，指日用百货、集市贸易、食品店、粮店、综合修理店、小吃店、便利店、理发店、娱乐场所、农副产品加工点等公共设施。

2. 公共设施布置

(1)公益型公共设施

在村庄中部和南部，分别结合原有小学、村委、主要道路和新建多层办公楼，集中布置村庄公益型公共设施，安排村委、文化大院、活动室、阅览室、医疗所，形成村庄公益型公共设施中心。

(2)商业服务型公共设施

规划在村庄入口处及居住片区中部布置商业门面房，设置超市、农家店等商业服务型公共设施，基本可以满足村民的需要。

3. 公共设施建设规模

表 5-3　温堂村公益型公共建筑建设规模一览表

公共建设项目	建筑面积(平方米)	服务范围	备注
村委会	400	全村	设在多层办公楼里
幼儿园	600	全村	4 班
文化室	800	全村	一处建在多层办公楼 一处结合原小学建设
老年活动室	200	全村	建在多层办公楼里
卫生所、计生站	200	全村	单独建设
运动场地	1 800	全村	结合绿地、广场建设
公用礼堂	500	全村	设在多层办公楼里
文化宣传栏	长度大于 10 米	全村	设在村委会院内 和村口、绿地内
总计	4 500	—	—

注：公共服务设施用地布局见图 5-6。

N
0 50 100 200 300m
图例
广场用地
规划道路
幼托用地
农林用地
公共绿地
停车场用地
文体科技用地
行政管理用地
玉仙河
居住用地
防护绿地
工业用地
公共设施用地
工程设施用地
规划用地范围

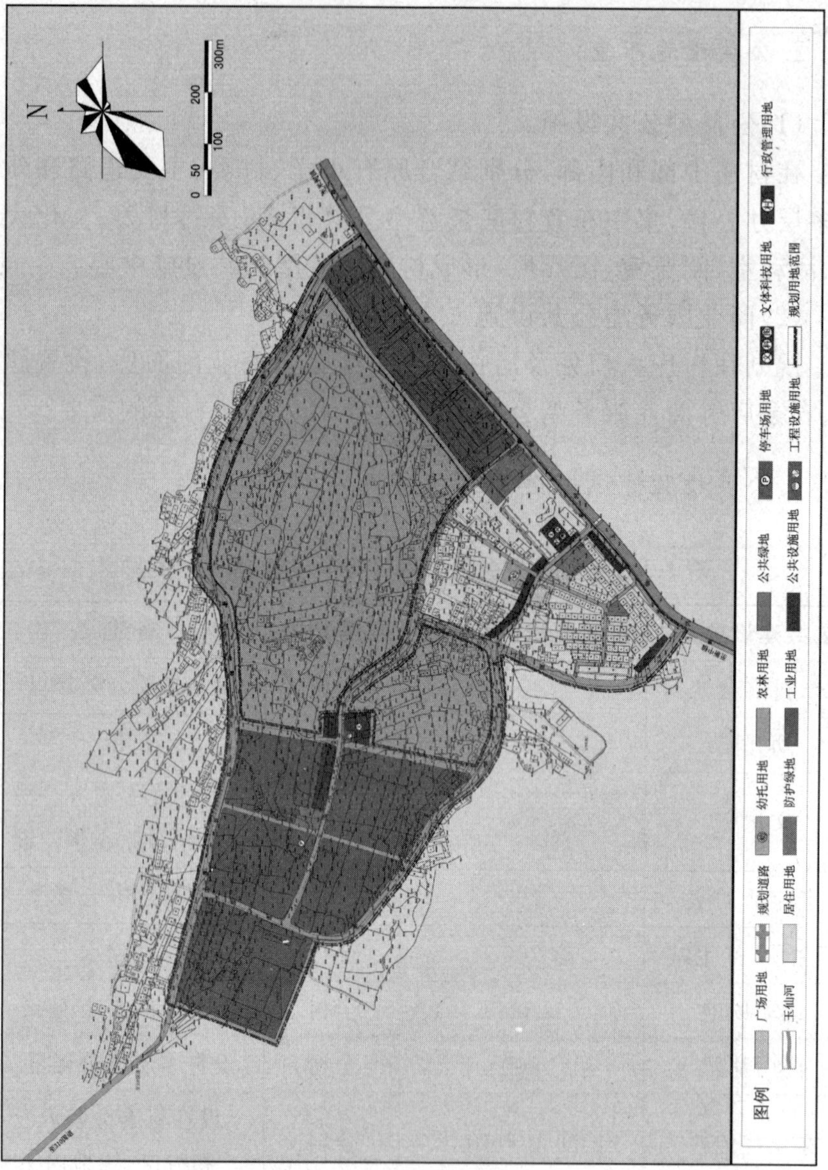

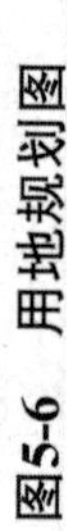

图5-6 用地规划图

（八）村庄基础设施规划建设

1.道路交通系统

(1)道路系统规划原则

①解决好道路路网密度,处理好内部与外部的交通联系。

②道路系统与用地规划相一致,改善土地开发条件,促进土地增值,带动经济发展。

③充分考虑远景用地规模的扩大,在规划道路系统时,为远景发展留有余地。

(2)村庄道路等级与宽度

根据国家相关规范和温堂村地形平坦条件,将道路分为主要道路、次要道路和宅间道路,见图 5-7。

①主要道路:是村里的主要交通道路,是联系各居住片区,各功能区与对外交通的主要通道。以交通功能分为交通型主要道路和生活型主要道路,道路红线宽度为 12 米,路面宽度为 8 米。

②次要道路:主要为联系各区地块与主要路网之间通道,在交通上起到集汇与分流作用。道路红线宽度为 7 米,路面宽度为 4 米。

③宅间道路:道路红线宽度为 4 米。村庄主、次道路的间距在 120～200 米。

(3)村庄道路横断面规划

规划根据农村实际情况以及温堂村地形条件,确定温堂村道路横断面形式为一块板。

各道路横断面形式具体控制如下:

主要道路:12 米＝2.0 米＋8.0 米＋2.0 米

次要道路:7 米＝1.5 米＋4.0 米＋1.5 米

N
0 50 100 200 300m
C—C 横断面
B—B 横断面
A—A 横断面
图例
村庄主要道路
村庄次要道路
道路交叉点坐标
道路交叉点标高
停车场
规划范围

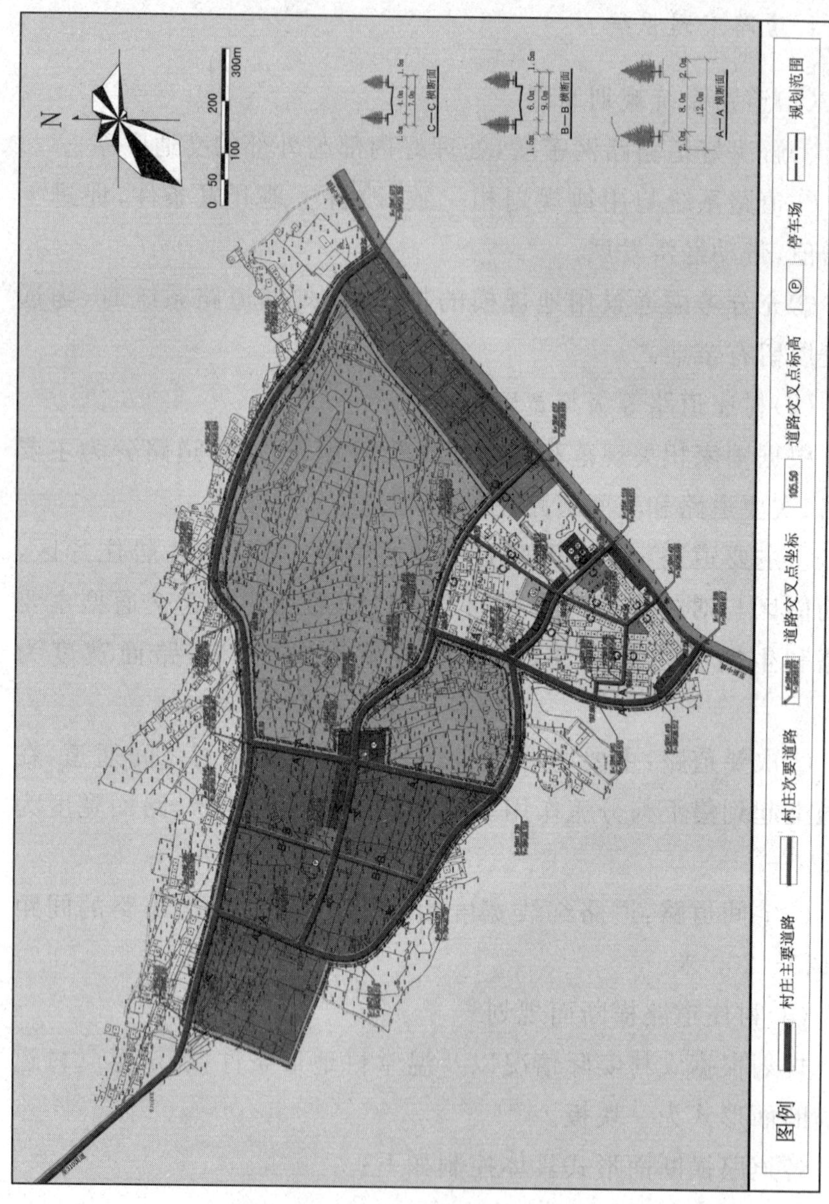

图5-7 道路系统规划图

(4)村庄广场规划

根据村庄实际情况和村民活动习惯，在村庄中部规划一处广场用地，广场设置绿化、坐凳、小品，作为村民健身与休闲的场地，规划用地面积1 500平方米。

(5)村庄停车场规划

住宅建筑停车按低层院落式住宅每栋1个停车位，多层住宅停车率不低于10%的标准，结合道路、绿地配置，此外，在北部工业用地内部设置有停车场；生活区共规划停车位350个(与公共绿地、广场用地结合配置)，此外在村庄北部工业用地中部规划一处公共停车场，规划停车位约75个。

2.给排水工程系统

(1)给水系统建设要求

用水水质标准。通过给水工程规划，主要达到改善供水设施，完善供水管网，保护水源，使村庄供水水质符合《生活饮用水卫生标准》(GB5749—2006)的规定，并做水质检验及供水设施的日常维护工作，满足消防用水需求，实现全天供水。

水源地规划及水源防护措施。规划保留村庄现有的北部的1个供水塔，以小龙池为供水水源，建设适当容量的压力罐，实施分片集中供水，解决居民生活、生产用水。规划应加强对水塔水源地的卫生防护，水塔周围30米范围内，清除污染源(粪坑、渗水厕所、垃圾堆、牲畜圈等)，并综合整治环境卫生。此外，结合《巩义市域村镇体系规划》(2008—2020)，温堂村以新中调蓄池为备用水源。

输配水管网规划。输配水管网采用枝状布置，构造简单，节省管材，减少投资，保证不间断供水，近期供水工程局部主要地段为环状，其余为枝状，以后根据发展逐步建成环状管网。管网布置应与道路规划相结合，分别布置在东西道路的北侧，南北道路的西侧。主干管200毫米，次干管150毫米和100毫米。

供水水压。给水干管不利点的最小服务水头，单层建筑物可按5～10米计算，建筑物每加一层应增压3米。给水管道材料可选择聚丙烯塑料管或金属管。

村庄消防用水与消防栓规划。村庄消防用水采用与生活用水同管供应，在用水量预测时已经考虑消防用水，同时结合村庄建设，设置消防水池。在水量保证的情况下，充分利用自然水体作为村庄消防用水。村庄道路应设置地上式消防栓，消防栓间距控制在120米以下。本次共规划设置消防栓26个。

(2)排水系统建设要求

排水体制规划。根据温堂村的实际情况，规划温堂村的排水体制为雨污分流制。

排水方向。村庄污水统一排至米河镇污水处理厂进行处理。结合温堂村的地形和实际情况，规划排水方向为从西向东。

污水管渠及布置。规划污水排水管沿道路铺设，分别布置在东西道路的北侧，南北道路的东侧；排水主干管管径400毫米；规划污水管为重力自流型。

雨水管渠及布置。规划雨水排水采用暗沟形式铺设，分别布置在东西道路的北侧，南北道路的西侧；排水主边沟尺寸采用200毫米×300毫米。

(3)供电系统

为方便居民生活，规划范围内道路设置道路照明，路灯电源分别就近引自配电室，路灯控制由设置与配电室的路灯控制仪自动控制。村级道路照明光源采用高压钠灯的半截型灯具，灯具安装高度不低于4.5米，间距25～30米；居住片区内部道路照度要求不高，同时需要营造幽静的气氛，采用庭院灯照明，高度不高于3.5米，间距15～20米。灯具的选型应考虑与温堂村整体形象协调，与周围建筑物相呼应。

(4)电信系统

根据规划区布局，结合现状实际情况，确定规划期主线电话普及率达40部/百人。规划2020年村庄常住人口达到3 650人，预测规划区主线电话数为1 460部。规划电信线路引自新中镇电信所，室外电话交接箱容量需达1 460门。

规划对村内现有线路进行整改，通信线路同杆架设。同时进一步完善电信设施，大力发展接入网设备，逐步实现光缆到路边、光缆到用户。电信业务加速向综合化、宽带化、智能化方向发展，大力开展多媒体通信等宽带业务。

规划电信线路主要街道为管道敷设，其他道路为架空敷设，敷设于南北向道路的东侧，东西向道路的北侧人行道上。

(5)环境卫生设施

改变目前垃圾池的收集方式，采用垃圾箱的形式，使垃圾收集点周围环境得以改善。按照垃圾收集点服务半径不超过70米的原则，规划设置26个垃圾收集点，分散布置，满足其合理的服务半径。

垃圾处理方式。鼓励农户利用产生的有机垃圾作为有机肥料，实行有机垃圾资源化。村庄应指定专人定期清扫、收集垃圾，运送至垃圾处理设施集中处置。村庄不专门设置垃圾无害化处理设施。规划设小型垃圾中转站一个。垃圾收集逐步实行分类收集，生活垃圾全部实行袋装、密闭容器存放，运至米河镇垃圾处理厂进行填埋处理。小型垃圾中转站占地面积不应小于100平方米，垃圾中转站与周围建筑的间距不得小于5米。

公厕布置。根据村庄的规模和相关的规定，在村庄居住用地中部结合绿地规划公共厕所2座(其中南部的公厕为保留整治)，每个公厕占地面积60平方米，建筑面积40平方米，均采用水冲式，导入污水管。

(6)防疫公共安全规划

规划对村中居民点内卫生防疫公共安全提出几条建议：①严格实施粪便的无害化处理；②定期施放灭鼠灭蝇药物；③加强自来水和其他饮用水的管理，保护饮用水源；④消除病媒昆虫、钉螺、鼠类及其他染疫动物；⑤加强易传染病传播扩散活动的卫生管理；⑥组织对传染病病人、病原携带者、染疫动物密切接触人群的检疫、预防服药、应急接种等；⑦提供用于预防和控制疫情所必需的药品、生物制品、消毒药品、器械等；⑧坚持开展“冬春季灭鼠、夏秋季灭蚊蝇、蟑螂”的除“四害”活动，减少疾病传播；⑨加强对公共卫生工作的管理和教育。

第六章 新型农村社区建设的实证案例

一、发展期新型农村社区的规划设计——南阳市社旗县饶良镇“饶良花园”新型社区详细规划设计

(一)项目概况

1. 社旗县

社旗县位于伏牛山南麓,河南省西南部,南阳盆地东缘,“依伏牛而襟汉水,望金盆而掬琼浆;仰天时而居地利,富物产而畅人和”,东与泌阳县接壤,西和宛城区毗连,北与方城县交界,南同唐河县为邻。全县南北长约 42 公里,东西宽约 35 公里,总面积 1 203 平方公里。县委、县政府所在地社旗居县境中部,距省会郑州 220 公里,距南阳 40 公里,见图 6-1。

2. 饶良镇

饶良镇位于社旗县城东南部约 27 公里,社旗、泌阳、唐河三县交界处,距三县城基本等距。地处南阳盆地东缘,属南阳东大岗腹心地带。北靠苗店镇,南邻唐河县大河屯镇,西与太和乡接壤,东依朱集镇。全镇南北长 15.29 公里,东西宽 14.10 公里,镇域土地面积 106 平方公里,见图 6-1。

饶良紧邻信阳至南阳高速公路,南阳至襄樊高速公路和许平南高速公路,距沪陕高速唐河东出入口不足 20 公里,距中部交通枢纽南阳市 70 公里,镇域内村村通油路,公路网络四通八达,同时紧邻焦枝铁路和宁西铁路,西至南阳火车站,南至唐河火车站均 40 分钟路程,距南阳机场 35 分钟路程,S239 线穿境而过,客货

运输方便快捷。西气东输工程穿越境内5个行政村，全长5公里。饶良镇资源丰富，农业发达，是全国优质小麦、棉花、芝麻、烟叶、红薯、小杂粮生产基地，是闻名全国的红薯三粉之乡，是享誉中外的南阳黄牛产地之一，是正在崛起的中原林木产业大镇。饶良镇人力资源充足，劳动力素质较高，是全省农民工培训和输出基地镇。

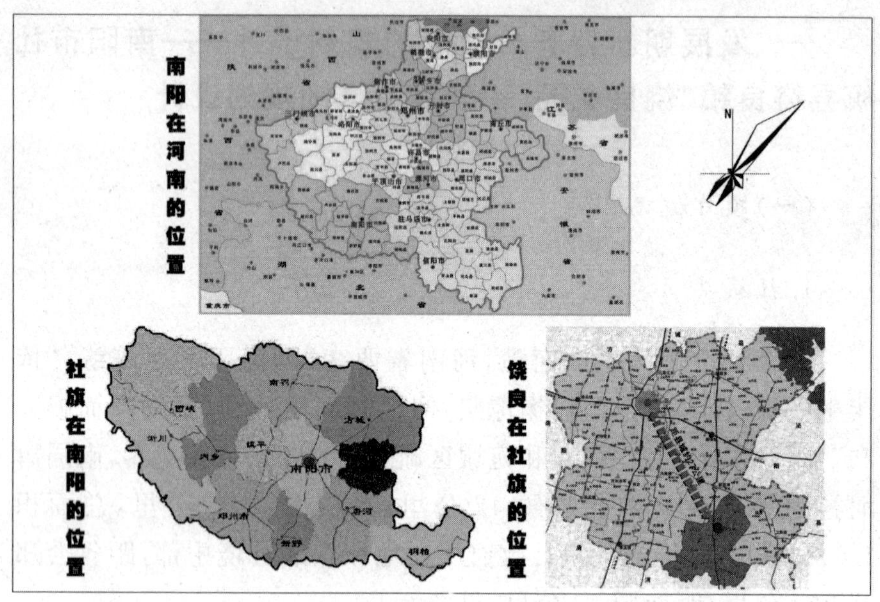

图 6-1　区位分析图

饶良镇辖18个行政村（饶良村、张庄村、二户岗村、岽子营村、谭北村、核桃树村、黑流庄村、陈庄村、黄桥村、曹庄村、程洼村、安庄村、樊营村、邱庄村、老窦庄村、孟庄村、刘岗村、锁刘堂村、吴营村），117个自然村，291个村民组，61 014人。2004年至今，人口自然增长率为6.5‰左右。

3."饶良花园"新型社区

根据饶良镇人民政府制定的《饶良镇新型农村社区建设实施方案（草案）》，饶良全镇将所辖18个行政村统一整合、协调发展，努力实现城乡一体化。具体拟建设饶良社区、窦庄社区、丁庄社区、安庄社区、核桃树社区等5个新型农村社区，吸纳整合总人口将达到6万余人，总占地面积约790公顷（11 895亩）。

饶良社区规划入住人口2万余人，具体拟整合吸纳社区周边饶良村、张庄村、二户岗村、岽子营村、谭北村、黑流庄村、陈庄村等7个行政村，社区规划总占地面积305公顷(4 575亩)、总人口6 062户。本次设计的"饶良花园"新型社区为整个饶良社区的一期工程，选址于饶良镇区规划范围内、镇区中北部，规划总用地面积约42公顷(630亩)，去除镇区道路(5.58公顷)、水域(6.05公顷)后规划净用地面积约30.6公顷(459亩)，规划总人口4 600余人、1 317户，规划人均建设用地面积(不含水域面积)79平方米，比现状人均建设用地面积减少约147平方米/人，节地率达65%，见表6-1。

表6-1　饶良社区包含行政村现状规模汇总表(2011年)

行政村	现状人口规模		现状建设用地规模(公顷)			现状人均建设用地规模(平方米)		
	户数	人数	城镇建设用地	村镇建设用地	合计	城镇建设用地	村镇建设用地	合计
饶良村	1 058	4 952	105.44	33.43	138.87	212.92	67.51	280.43
潭北村	763	3 361	—	98.25	98.25	—	292.32	292.32
岽子营村	676	3 008	7.63	58.90	66.53	25.37	195.81	221.18
张庄村	843	3 800	—	105.25	105.25	—	276.97	276.97
陈庄村	803	3 552	—	62.76	62.76	—	176.69	176.69
二户岗村	1 134	4 952	—	74.43	74.43	—	150.30	150.30
黑流庄村	654	2 910	—	55.77	55.77	—	191.65	191.65
合计	5 931	26 535	113.07	488.79	601.86	42.61	184.21	226.82

本次设计的"饶良花园"新型社区选址于饶良镇区规划范围内、镇区中北部，西邻连接社旗县城与唐河县的S239省道，南依饶良镇现状东西向主路阳平大道，东靠饶良镇现状南北向主路建设路，北至规划道路子营路。规划区总用地面积约42公顷(630亩)，去除镇区现状及规划道路(5.58公顷)、水域(6.05公顷)后

规划净用地面积约 30.6 公顷(459 亩)。

(二)社区现状解读

规划区范围内现状建成区主要沿阳平大道和建设路呈带状一层皮式分布,建筑质量一般。饶良行政村下属的自然村邱老庄分布在规划区东南部。规划区内大部分为现状农田及空地,现状建筑相对较少。饶良西河(西湖)从规划区中部自北向南流过,在镇区最南端与东部常年有水的饶良河干流——饶良东河交汇(图 6-2)。饶良西河为饶良河支流,属季节性河流,全年大部分时间水流较小。目前,饶良镇准备通过 DN1000 地下涵管将饶良东河水体引入饶良西河(接入位置初步定在饶良西河与规划子营路交汇处北侧区域),并通过在饶良西河下游设拦水坝等手段,将其由季节性水体改造为常年有水的景观水体,改善与提升城市景观环境。

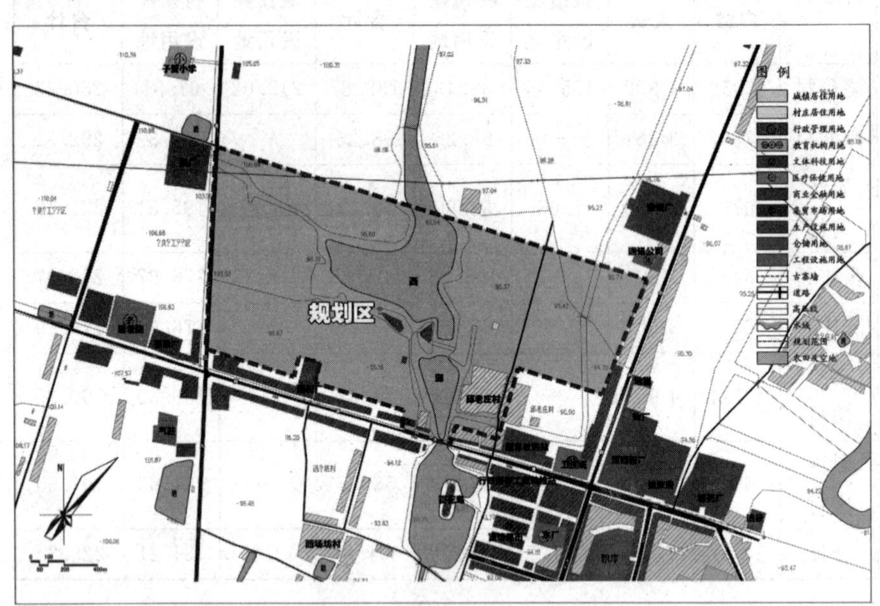

图 6-2　社区建设现状图

(三)社区规划建设原则

(1)发展壮大新型社区规模,限制人口少,条件差,经济落后村庄的发展，人口规模较少和处于自然保护区和水源保护区内的村庄向各新型农村社区转移，逐步降低人均建设用地指标。与城镇建成区空间上连为一体的村、城中村，逐步与城镇融合。

(2)制定鼓励农民进入城镇和新型社区的政策，放宽到新型社区落户居住的准入条件，按照户籍制度、土地流转制度、劳动就业和社会保障制度一体化的原则，实施城乡统一的政策管理制度。

(3)严格实行一户一宅政策，通过对现有空置宅基地的调查、登记、置换，挖掘闲置存量土地，促进土地的集约节约利用。

(4)尊重农村的风俗习惯，注重历史文化名村和风景名胜区周边村庄的建设和保护，尊重当地自然生态环境，延续和传承历史文脉。农村社区建设要突出乡村特色、地方特色和民族特色，保护有历史文化价值的古村落和古民宅。

(5)按统一规划、统一供地、统一标准、统一配套、统一建设、统一管理"六统一"的要求，完善各农村社区交通、供电、供水、排水、供气、信息网络等配套基础设施和教育、医疗、文化、体育、商业网点、社会保障等社会服务设施系统建设。完善村民中心文化科技、体育健身、卫生教育设施建设，提高居民生活水平和生活质量。

(6)要本着节约原则，充分立足现有基础进行房屋和设施改造，防止大拆大建，防止加重农民负担，扎实稳步地推进社区建设。

(四)规划科学结构，定位总体空间形象格局

1.一个社区生态绿心

以规划区中部饶良西河(西湖)自然生态景观要素为依托，结合其周边的集中绿地，打造大型滨水游园，形成整个社区的生态绿化核心，塑造功能节点、景观节点、生态节点，同时承载绿化生态景观职能和建设康体运动职能，并满足居民公共活动的空间需求(图 6-3)。

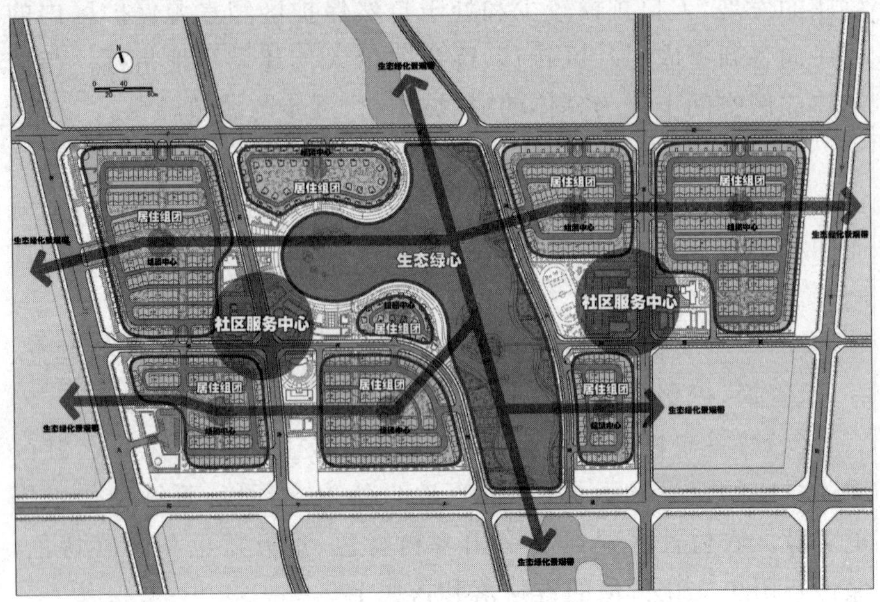

图 6-3 规划结构图

2. 两个社区服务中心

由于规划区东西距离较长，设计分别在社区西部和东部分别安排 2 处社区服务中心，设置满足居民日常生活需求的丰富多样的配套服务设施。西侧社区服务中心安排了社区综合服务中心（便民服务站、计生服务站、环境卫生管理服务站、劳动保障工作站、党政办公室、党团活动室、警务室、治安民调室、村民议事室等），文化健身场所（文化大院、健身广场、图书室、阅览室、活动室、多功能教室、文化宣传栏、公用礼堂、观演广场等），幼儿园，商业服务设施（便民超市、商场、理发店、综合修理店等）。东侧社区服务中心安排了小学、幼儿园、商业服务设施（便民超市、商场、理发店、综合修理店等）（图 6-3）。

3. 三条生态绿化景观轴

以社区生态绿心为核心绿化景观，并从各个方向向外围居住组团延伸渗透，结合居住组团内部带状集中公共绿地的打造，形成1纵2横、均匀分布的3条生态绿化景观轴，建立社区的整体生态绿化景观网络体系。

4.八个居住组团

根据道路网络，划分8个居住组团，每个居住组团在中心位置均布置小型集中型组团级公共绿地，形成居住组团中心。2个独栋住宅居住组团一南一北布置在西湖滨水区域；其余6个由6层多层住宅、4层联排叠加住宅、2层半联排独户住宅结合布置的居住组团分别安排在西湖东、西两侧的6个街坊，东、西各3个居住组团。

（五）因地制宜的总平面设计，规划合理空间布局形象

1.尊重现状及规划路网肌理

保留规划区内部镇区级南北向和东西向主要现状及规划道路的走向，尊重和延续横平竖直的方格网式道路肌理特点，并在各个组团内部延续这种相对规整的路网形态，增强整体性，见图6-4。

2.充分利用地形地貌特征

规划区中部有现状饶良西河（西湖）自北向南流过。设计充分利用了这一地形地貌要素，努力将饶良西河（西湖）及周边环绕区域打造成整个社区的集中公共绿地空间和生态景观核心。

3.完善公共服务配套设施

规划建设齐全完善的社区公共服务配套设施，如社区综合服务中心、文化健身场所、公用礼堂（观演广场）、幼儿园、托儿所、小学、标准化卫生室、便民超市、商场、理发店、综合修理店等。上述各类公共服务配套设施，宜集中布置，形成社区公共活动中心，其配套水平应和社区人口规模相适应，并与社区住宅同步规划、建

设和使用。

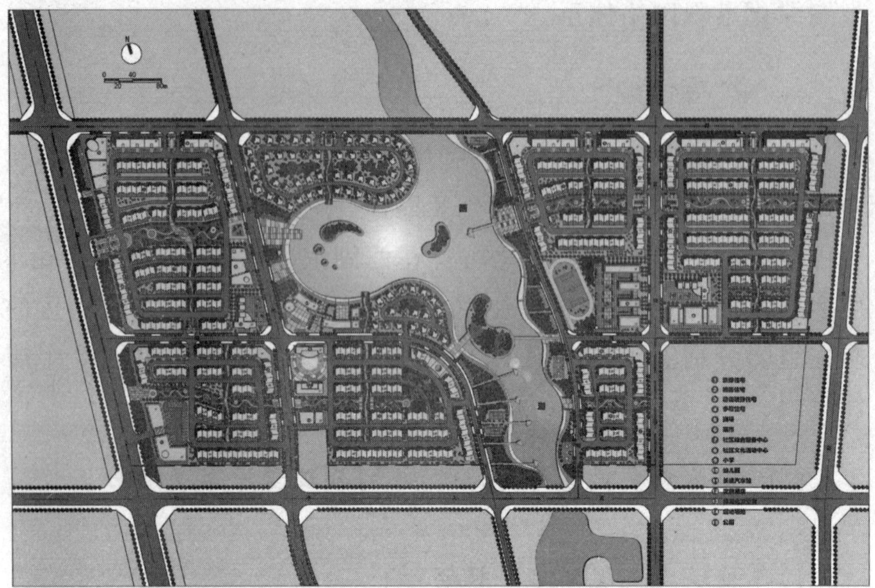

图 6-4　总平面设计图

4. 打造优美宜人的景观环境

充分利用现状自北向南流过的饶良西河(西湖)自然生态景观要素,并通过若干景观生态绿化走廊串联各个居住组团,使水体景观和公共绿地资源得以向外围区域有机渗透。同时结合各居住组团内部集中公共绿地的建设,增加整个社区的各级公共绿地面积,强化绿化种植力度,形成花团锦簇、绿树环绕的景观环境风貌。

5. 合理分布安排多样化的住宅类型

为了满足社区居民多样化的居住需求,设计分别安排 6 层的多层住宅(户均建筑面积 110 平方米左右)、4 层的联排叠加住宅(户均建筑面积 150 平方米左右)、2 层半的联排独户住宅(户均建筑面积 180 平方米左右)、2 层半的独栋住宅(户均建筑面积 200 平方米左右)等四种住宅类型,并在整个社区范围内合理均匀的分布(表 6-2)。

表 6-2　综合经济技术指标

名称			数值	单位
1. 总用地面积			422 509.63	平方米
其中	净用地面积		306 245.00	平方米
	道路用地面积		55 799.63	平方米
	水域面积		60 465.00	平方米
2. 总建筑面积			245 440.1	平方米
其中	住宅总建筑面积		179 827.9	平方米
	其中	2 层半独栋住宅	13 392.9	平方米
		2 层半联排独户住宅	35 460.0	平方米
		4 层联排叠加住宅	112 275.0	平方米
		6 层多层住宅	18 700.0	平方米
	商业设施总建筑面积		49 022.1	平方米
	其中	沿街商业	31 592.7	平方米
		集中商业	12 730.4	平方米
		度假酒店	4 698.99	平方米
	公共服务设计总建筑面积		16 589.93	平方米
	其中	汽车站	2 957.98	平方米
		幼儿园	4 128.72	平方米
		社区文化活动中心	1 225.05	平方米
		社区综合服务中心	1 889.6	平方米
		标准化卫生室	958.58	平方米
		小学	5 430	平方米
3. 建筑密度(净)			27.9	%
4. 容积率(净)			0.80	/
5. 绿地率(净)			37.0	%
6. 住宅总户数			1 317	户
其中	2 层半独栋住宅		72	户
	2 层半联排独户住宅		197	户
	4 层联排叠加住宅		878	户
	6 层多层住宅		170	户

（六）构建完善的服务设施体系，提升公共服务形象

1. 综合服务设施

综合服务设施主要指社区综合服务中心，设计位于社区西部规划富民路与湖西路交汇处东南角，建筑面积约 1 900 平方米，具体包括便民服务站、计生服务站、环境卫生管理服务站、劳动保障工作站、党政办公室、党团活动室、警务室、治安民调室、村民议事室等，部分设施可以一室多用，充分发挥其功能。

2. 文化健身设施

文化健身设施主要指社区文化活动中心，设计位于社区西部规划富民路与湖西路交汇处东南角，建筑面积约 1 200 平方米，具体包括文化大院、健身广场、图书室、阅览室、活动室、多功能教室、文化宣传栏、公用礼堂、观演广场等。考虑到居民使用的便捷性与均好性，体育活动场地安排在西湖滨水公共绿地内，具体包括 2 个篮球（排球）场、3 个网球（羽毛球）场；社区举办大型文体活动时可使用小学内的标准操场。

3. 教育设施

按小学 500 米服务半径、幼儿园 300 米服务半径的标准，配置 12 班小学 1 所，位于规划富饶路与规划路交汇处西北角，建筑面积约 5 500 平方米；配置 4 班幼儿园共 2 所，分别位于社区西部规划富民路与湖西路交汇处西北角和社区东部规划富饶路与规划路交汇处东北角，2 所幼儿园建筑面积共约 4 100 平方米。

4. 卫生保健设施

卫生保健设施主要指社区标准化卫生室，设计位于社区西部规划富民路与湖西路交汇处、社区综合服务中心南侧，建筑面积约 960 平方米，具体包括诊断室、治疗室、观察室，免疫规划室、药

房、健康教育室等功能。

5. 商业服务设施

商业服务设施主要指社区便民超市、商场、理发店、综合修理店等各种业态的商业场所。设计在东西两个社区中心区域分别安排超市、商场等集中商业；在每个居住组团沿街部分结合住宅底层空间设置连续的沿街商业店铺，安排杂货店、理发店、综合修理店等小型商业；考虑到西湖及其滨水绿化景观空间的旅游价值、商业价值，在规划富民路与湖西路交汇处东北角滨水区域设置 1 座滨水度假酒店，安排住宿接待、旅游休闲、餐饮洗浴等职能，方便居民日常生活。社区各种商业服务设施总建筑面积约 49 000 平方米。

6. 以交通发展为导向的道路规划

(1)机动车交通

社区西侧为现状 S239 省道(道路红线 40 米)，南侧为现状镇区主干路平阳大道(道路红线 30 米)，东侧为现状镇区主干路建设路(道路红线 30 米)，规划的镇区干路(道路红线 20 米)和镇区支路即社区及道路(道路红线 12～14 米)在社区内部均匀分布，每个居住组团内部均安排环形组团级道路(路面宽 8 米)，每条宅间道路(路面宽 4 米)均从两个方向与环形组团级道路相连。

(2)步行交通

结合各个居住组团内部带状集中公共绿地，设置纵横交织、相互联系的步行景观廊道，沟通社区中心位置的西湖滨水公共绿地空间。同时为了保证西湖水体景观和岸线的公共性及均好性，在沿西湖水面位置安排一左一右 2 条连续的滨水步行景观线路。

(3)静态交通

社区每个公共建筑均配建一定数量的机动车公共停车位；在各居住组团内部为 6 层多层住宅居民安排适量的地面停车位，2.5～4 层低层住宅居民可结合自家宅院安排停车。社区共设置机动车停车位 779 个。

(七)以自然为主,人工为辅的绿地景观形象设计

绿地景观开放空间应体现整体性和使用的高效率,利用社区原有环境的自然景观,弱化人工塑造环境的“刻意”形象建设,发挥绿地景观开放空间体系的总体效益。绿地开放空间的塑造应整合多样的空间资源,强调混合性和多样性,并强化其所依托的空间环境的混合,同时依据居民的使用要求、绿化景观要素特点,强化绿地开放空间体系的活力。

在社区内部设计安排了防护绿地、镇区(社区)级公共绿地、组团级公共绿地、其他绿地、生态绿化景观带等丰富多彩的绿地开放空间要素,强化绿地开放空间体系的活力,形成“点、线、面”相结合的多样化绿地景观空间系统。规划社区绿地率 37%(不含西湖水域面积)(图 6-5)。

图 6-5 社区总体鸟瞰图

(八)配备完善的基础设施与市政工程系统

1.给水工程系统规划

平阳大道和建设路埋有现状DN300镇区市政给水管网。根据上层次规划,沿子营路、富民路、富饶路、湖西路等均规划有DN300—400镇区市政给水管网;上述市政给水管网均可为规划区提供水源。

每个居住组团内给水管网上布置一定数量的室外消火栓,室外消火栓应选用地上式且沿道路设置,并宜靠近十字路口,其间距不应超过120米,保护半径不超过150米,消火栓距路边不超过2米,距房屋外墙不宜小于5米。

室外埋地给水管采用球墨给水铸铁管,橡胶密封圈接头。在各地块干管从市政给水管道接出处、支管从给水干管管道接出处、建筑物引入管从校区支管接出处、环状管网需调节和检修处设置阀门。所有阀门均采用软密封闸阀,阀门井采用井下操作立式阀门井。给水管道管顶覆土深度不小于0.7米,与其他管道交叉时,可作适当的上弯或下弯。

2.污水工程系统规划

规划社区排水体制为雨、污分流制,社区周边道路均规划有市政污水管网,并向东、向南排至镇区南部饶良东河下游规划的污水处理厂。

建筑内排水选用污、废合流的排水系统,生活污水排入室外后,先经化粪池处理、食堂含油污水先经隔油池处理,再进入区内污水排水管网,然后进入市政污水管网,最后进入污水处理厂。区内污水管道均采用排水PVC-U双壁波纹管,承插式橡胶密封圈接头,该管道为推广优选产品,其具有内壁光滑、过流能力大、强度高、耐腐蚀、重量轻、接头密封性能好、抗不均匀沉降、使用寿命长、运输、安装方便及速度快等特点,且对该工程来说综合造价低的优点。在管道转弯、交叉、管径或坡度改变处，以及直线管段上每隔一定的距离处，均设污水检查井，检查井间距不超过30米。污水管道最小覆土深度不小于0.7米。

3.雨水工程系统规划

社区周边道路均规划有市政雨水管网，并向东、向南排入西湖。社区内每个居住组团雨水排放自成体系，共8个雨水排放分区。有6个居住组团的雨水分别排入市政雨水管网，有2个居住组团的雨水分别直接排入西湖。

雨水口采用偏沟式篦式雨水口，布置间距20～50米，雨水管网管径为DN200。雨水管道采用PVC-U双壁波纹管、承插式橡胶密封圈接头。在管道转弯、交叉、管径或坡度改变处，以及直线管段上每隔一定的距离处，均设雨水检查井，检查井间距不超过30米。雨水管道最小覆土深度不小于0.7米。

4.电力工程系统规划

社区周边道路均规划有引自镇域东部35 kV饶良变的10 kV市政电力管线，均可为社区提供电源。

居住组团内部电力线路采用低压直埋形式。社区内均衡设置13个10/0.4 kV室外箱式变配电房，单台变压器容量不宜大于800 kVA，其位置设在安全、隐蔽的地方，距人行道边的净距不小于1米，距离主体建筑的净距不小于3米。

低压380/220V TN-C-S方式供电到用户终端，留待以后实施扩初设计或施工图设计时考虑。

5.电信工程系统规划

电信工程设计涉及电话、网络、电视管线的走径，电话、有线电视、网络系统规划设计由电信部门及有线台负责。社区周边道路均规划有市政电信管线，电话、有线电视、网络均引自基地周边规划的电信、有线电视网(引入位置可根据相关部门要求进行调整)。基地内电话、电视、网线等采用电缆管块和地中直埋的方式引至各楼,电缆穿钢管入楼。电缆管块及电缆埋深不小于0.70米,电缆过路应穿钢管保护。

6.环境卫生设施系统规划

鼓励居民利用生产的有机垃圾作为有机肥料,实行有机垃圾资源化;社区内配备垃圾箱,实行垃圾定点存放。设计安排垃圾收集点10处,服务半径一般不超过100～150米,每处占地不小于30平方米;设计按每20～30户设垃圾桶或密封垃圾池,占地4平方米,共安排27处;垃圾收集点、垃圾桶或密封垃圾池应指定专人定期清扫、收集垃圾,由乡(镇)清运人员组织运至乡(镇)以上的垃圾处理场集中处置。

按800～1 000人/1座的标准,在社区内主要道路两侧、公共设施等人群密集场所宜设置节水、环保型公共厕所5处,其中有3处与垃圾收集点设置在一起。每处公共厕所建筑面积32平方米,应达到或超过三类水冲式标准;独立式公共厕所外墙与相邻建筑距离一般不应小于5米,周围设置不小于3米的防护绿化带。

(九)节能环保与新能源利用,打造可持续发展的资源型社区

1.新型墙体材料的运用

在建筑建设中,传统黏土砖保温隔热性能差,自重重,对资源能源和环境的负面影响很大,因此,采用烧结煤矸石多孔砖或混凝土多孔砖等新型墙体材料替代传统的黏土砖,不仅可以提高墙体隔热保温性能,还可减轻自重,从而整体上达到节约资源的目的。

2.沼气集中供气系统的运用

发展大中型沼气工程,实行联户集中供气,建立沼气服务网

点，提供进出料设备、检测设备和维修工具。相对于分户的小型沼气系统，集中沼气供气系统可避免由于季节变化所造成的供气不稳定现象，同时便于集中管理，提高使用效率。

3. 太阳能采暖系统的运用

太阳能供暖是以太阳辐射为热源，采用太阳能地板辐射采暖系统，集传统太阳能热水功能于一体的满足室内采暖、生活热水的新型能源应用系统。该系统包括：太阳能集热器、储热器、散热器、补充热源、控制系统等。在应用中可节省大量化石能源，减少污染，为可持续发展提供强有力的支持。

（十）分期开发建设，保障社区发展的稳步推进

根据项目具体实施的轻重缓急和难易程度，划分 1、2、3 期实施计划，使开发建设工作有计划的分期分批有序进行。

1. 一期启动拓展区

一期位于社区西南部，现状 S239 与平阳大道交汇处东北侧，包含 2 个街坊，净用地面积 74 449 平方米。拟开发建设 2 个居住组团和社区综合服务中心、文化活动中心、标准化卫生室等服务设施，总建筑面积 55 146.7 平方米，其中住宅建筑面积 39 240 平方米，公建建筑面积 15 906.7 平方米。1 期可安排居民 290 户，其中 2 层半联排独户住宅 98 户，4 层联排叠加住宅 192 户。

2. 二期发展提升区

二期位于社区中西部，包含 3 个街坊，净用地面积 119 681 平方米。拟开发建设 3 个居住组团和社区幼儿园、商业配套（超市、商场、度假酒店）等服务设施，总建筑面积 71 151.4 平方米，其中住宅建筑面积 52 387.9 平方米，公建建筑面积 18 763.5 平方米。2 期可安排居民 356 户，其中 2 层半独栋住宅 72 户，2 层半联排独户住宅 54 户，4 层联排叠加住宅 180 户，6 层多层住宅 50 户。

3. 三期整合完善区

三期位于社区东部，现状平阳大道、建设路、西湖围合区域，包含 3 个街坊，净用地面积 112 115 平方米。拟开发建设 3 个居住组团和社区小学、幼儿园、商业配套（超市、商场）等服务设施，总建筑面积 119 142.1 平方米，其中住宅建筑面积 88 200 平方米，公建建筑面积 30 942.1 平方米。3 期可安排居民 671 户，其中 2 层半联排独户住宅 45 户，4 层联排叠加住宅 506 户，6 层多层住宅 120 户。

二、成熟期新型农村社区的规划设计——石佛寺镇老毕庄新型农村社区空间发展规划与详细规划

（一）规划范围与建设方式

1. 规划范围

此次新型农村社区建设，是以镇域范围内八个行政村迁并重新选址建设为整合思路，社区选址位于石佛寺镇城镇建设用地范围北侧，赵河东南侧（具体范围详见社区位置与规划范围图）。总占地面积 82.75 公顷，合 1 241 亩。一期规划用地面积为 30.72 公顷，合 460.8 亩，位于社区建设用地范围的东南部，西起新兴路，东至玉河路，北靠玉龙路，南到毕兴路。随着镇区的快速发展和社区规模效益的凸显，本次规划新型农村社区将会成为石佛寺镇玉雕产业服务基地和环境优美的居住区，对于石佛寺镇的新型城镇化、农业现代化和提高石佛寺镇城镇建设形象具有重要的意义。

老毕庄新型农村社区空间发展规划范围为八个行政村行政区划范围（以下简称社区范围）。

详细规划范围为村庄整合迁并后农民居住生活的建设范围

(下简称社区建设范围)。

2. 建设方式

本次规划根据村民意见、县镇政府建议以及实施的可行性,充分考虑了分期建设的阶段性及配套关系,以“两阶段三层次”相结合的方式实施。

两阶段:社区分两期实施即一期和二期。

三层次:第一个层次是社区空间发展规划层面,规划范围为整个社区;第二个层次是社区规划控制层面,即制定控制性详细规划要求的区域;第三个层次是社区修规层面,优先建设容易实施、环境良好的西部片区即一期工程。

(二)社区现状概况

1. 基本概况

石佛寺镇隶属于河南省南阳市镇平县,北枕伏牛山南麓,东与镇平县城相连,南与杨营镇接壤,西与晁陂镇毗邻,北与高丘镇相接,全镇总面积为 88.34 平方公里。全境东依 207 国道,南临 312 国道,国家东西向铁路干线—宁西铁路从镇域南部经过,镇龙公路纵贯南北,柳卢公路横贯东西。清澈充沛的赵河似银带环镇中而过,库容达 1.2 亿立方米的国家大二型水库——赵湾水库如一颗璀璨的明珠镶嵌在镇北赵河之上。

石佛寺玉雕加工历史悠久,素有“玉雕之乡”之美称,是南阳玉雕的发源地。宋元时代玉雕加工就颇具特色,清朝中叶渐具规模,明国初年已达到一定水平。20 世纪 80 年代以来,石佛寺镇积极膨胀玉雕产业,呈现良好的发展态势。玉雕专业村 13 个,各类玉雕加工企业(户)6 000 多家,从业人员近 3 万人,年产销玉雕产品 1 300 多万件。

2007 年以来,先后被授予“河南省重点产业集群”“河南省特色文化产业乡镇”“河南省环境优美小城镇”“河南省服务业特色园区”“河南省十佳名镇”“全国特色景观旅游名镇”和南阳市“五星级城镇”等荣誉称号；被确定为河南省玉文化改革发展试验区核心区；被省委、省政府评为“河南省文化产业示范园区”，全省仅7家；被中央文化厅命名为“全国文化产业示范基地”，全省仅入选3家；2008年8月玉雕工艺入围“国家非物质文化遗产保护名录”。

石佛寺镇财政收入由2007年的586万元增加到3 320万元，是五年前的近6倍；农民人均纯收入从3 890元增长到11 412元，是五年前的3倍，全社会固定资产投资累计完成26亿元，年均增长18%以上，是五年前的5倍。

2. 石佛寺镇历史沿革

石佛寺镇历史悠久，地属设置改变甚多。镇始建于隋、兴于唐，古名洪教寺，因街西有唐代所建寺院内供石刻佛像而得名“石佛寺”。据传明末清初时已建成集市，至清咸丰初年始修筑寨墙以防盗匪。明初设为镇平县石佛寺保，清康熙时为镇平县马隐寺地方，清光绪时为镇平县北路石佛寺、马隐寺两个地方。在封建社会以前，石佛寺由于人多地少，仅凭农业生产不足以过富裕生活，因此手工业生产极其发达，且历史悠久，手工业尤以丝绸业、玉雕业为主。

至民国初年，石佛寺的经济达到繁荣鼎盛时期，被外界称为“小上海”，石佛寺为当时镇平县四大区之一，辖目前的石佛寺镇、二龙乡、晁陂镇等3镇的全部以及老庄镇、城郊乡、杨营镇等3镇部分区域，当时全区地域210平方公里，人口近4万。

民国七年（1918年），该镇曾设新民市，1948年5月解放后先后设新民镇、石佛寺区，1958年8月设石佛寺人民公社。1983年12月改为石佛寺乡，1985年12月经上级批准改称石佛寺镇一直延续至今，镇人民政府驻石佛寺街。

3. 规划区地理位置

石佛寺镇区位于镇平县城市规划区和县城的西北部。镇区东侧为县工业园区，沿赵河为省级镇平玉文化产业发展改革试验区的核心区。在县域“一带两轴三点”的城镇格局中，石佛寺镇处于一带一轴交汇处。

老毕庄新型农村社区规划范围内 8 个行政村，其中老毕庄村位于镇区北部，紧靠镇区，其他 7 个村庄处于镇域北部山区。

4. 规划区人口与面积

老毕庄新型农村社区规划范围内 8 个行政村，总人口 10 041 人，8 个村庄户数为 2 540 户，占石佛寺镇总人口的 18.5%。

目前全镇土地总面积为 8 565.88 公顷，本次规划区范围内（包括贾庄、老毕庄村、黄栋崖村、坡根村、盘坡村、仝家岭村、党庄村、平顶山村 8 个行政村）的总土地面积为 3 235.49 公顷。

5. 地形地貌

镇平县石佛寺镇地处赵河故道冲积平原，地势北高南低，北部为山地；往南为岗坡丘陵；至镇区以及南部属于平原，地势基本平坦，局部有坑。境内山地、丘陵、平原基本上各占三分之一。本次规划范围内的八个行政村处于山地和丘陵区。

6. 自然资源

土地资源。本次规划区范围内 8 个行政村的总土地面积为 3 235.49 公顷。

非建设用地面积共 2 887.88 公顷，占 89.26%，包括耕地面积 1 166.42 公顷、园地面积 35.31 公顷、林地面积 570.66 公顷，水域 73.52 公顷。

水资源：

地表水系。石佛寺镇地处赵河故道冲积平原，地势北高南低，境内水系河流较多，均属唐白河水系，最终汇入长江。规划范围内主要水系为赵河。赵河在秦、汉称涅水，隋名课水，清初称洮河、照河等，清《顺治府志》始称赵河，是生活居住的重要水源，也是镇平县最大的长年河，发源于五垛山南麓二龙乡的红云寺。河床宽 90～150 米，汛期最大流量 1 110 立方米/秒，在其上游建有国家大型二级水库——赵湾水库，总库容约 1.2 亿立方米。

地下水。境内浅层地下水分布在赵湾水库以南丘陵及平原地区。规划范围内北部山区由于受地质构造的影响，山势险峻、植被覆盖较差、岩质较硬不利于降水入渗，地下水储量较小。南部老毕庄村浅层地下水埋深 6～10 米，单井出水量 70 立方米/小时左右。

矿产资源。规划范围内矿产资源丰富，金属、非金属矿产皆有分布，已发现的矿产有金、云母、大理石等 13 种。金矿主要分布于东北 6 公里黄栋崖村的山坡地带，规模为小型，储量约 0.06 吨，品位 50 克/吨，主要存在于硅化大理石断裂带中。大理石主要分布于贾庄、盘坡等山区村，储量不高，现状有零星开采，主要产品为钙粉，未得到集约开发利用。

生物资源。规划区内生物资源较丰富。动物资源除饲养的畜禽外，野生的飞禽走兽种类丰富，其中野兽有兔、松鼠、刺猬等 12 种；鸟类有喜鹊、杜鹃、黄鹂等 37 种；昆虫有 51 科 286 种。

植物资源除栽培作物外，还有大量的林业资源。常见树种有 52 科 169 种，其中用材树种有泡桐、榆、杨、桑、槐等 70 余种；果树有苹果、大枣、梨等 20 余种；经济林木有漆树、杜仲等；稀有珍贵树种有银杏、水杉等；此外还有药用植物、食用菌，观赏花卉品种也较丰富。

规划范围内及周边旅游资源。赵河自北向南迤逦而过，地貌类型丰富，自然景观优美，人文景观丰富，部分旅游资源具有较高开发价值。

自然景观有赵湾水库、赵河等；人文景观有国际玉城、玉雕湾景区、九龙山庄等。

国际玉城规模宏大，是一个以中国古典建筑为主体，以城门和角楼突出城的气势，高标准高起点规划建设的以玉文化、佛文化为主题的综合旅游、购物、批发、影视等功能的工艺品批发基地、旅游购物公园、大型影视基地(图 6-6a)。

玉雕湾以赵河河湾为依托,以玉博馆和玉雕湾广场为主体,结合周边市场,是一个以购物、活动、集会为主体功能的休闲游览区。

九龙山庄位于赵湾水库坝区,是一个以水库旅游为主题的休闲娱乐山庄(图 6-6b)。

a

b

图 6-6 旅游资源

7. 经济概况

(1)石佛寺镇社会经济发展概况

石佛寺镇主要经济指标全面实现稳步增长:财政收入由 2007 年的 586 万元增加到 3 320 万元,是五年前的近 6 倍;农民人均纯收入从 3 890 元增长到 11 412 元，是五年前的 3 倍，全社会固定资产投资累计完成 26 亿元，年均增长 18%以上，是五年前的 5 倍。

石佛寺镇以国际玉城、天下玉源的开工建设为标志，开辟了产业发展的新纪元，以琢玉苑加工小区、榆树庄市场、玉博苑早市和隆茂白玉市场的建成，实现了产业链条、规模的新拓展。镇区摊位增加，商户增多，人气渐旺，市场繁荣，围绕市场搞加工的规模进一步扩大，老毕庄加工小区初步形成，并呈继续发展势头；玉文化研究进一步深化，玉雕加工工艺与水平不断提高，精品不断出现，石佛寺玉雕产品粗糙的传统印象正逐步扭转，社会认可度越来越高。

农业发展概况。石佛寺镇第一产业发展势态良好，农业、林业、畜牧业、渔业呈现健康发展。石佛寺农业粮食作物以小麦和玉米为主，经济作物有芝麻、花生、大豆、红薯等，农业生产属于传统劳作型。2011 年，全镇农业总产值为 2.67 亿元。

工业发展概况。在第二产业方面，石佛寺镇以玉传统产业和地方资源为基础，加大工业发展力度，获得了较大的发展。2011 年全镇共完成工业总产值 12.53 亿元，在全南阳市域名列前茅。

石佛寺目前拥有玉加工、轻纺、建材等 27 家乡镇企业，其中工业企业 19 多家，优势产业有：玉雕加工、钙粉、粉笔、石材、农产品深加工等行业，其中玉雕加工销售最为主要。玉雕产业加工主要分布在玉雕村和镇区，发展态势良好。

石佛寺小规模的乡镇企业较多，但是分布零散，缺乏集中效应，应对风险能力较差；同时多数产业以加工销售为主，产业链普遍较短；石佛寺还缺乏具有区域影响力的大规模企业，无法形成自己的品牌。

第三产业发展。石佛寺镇商贸业繁荣，特别是镇区玉雕市场发展迅速。专业市场主要有贺庄玉摆件、石佛寺翡翠玛瑙、玉博苑早市、榆树庄小挂件、玉雕湾综合市场等。玉雕专业市场使当地的商贸业得到了充分发展。另外石佛寺还有很多露天的市场，还有部分赶集产生的集市。

旅游业发展迅速，2011 年以来，实现旅游经济收入 400 余万元，初步实现了旅游业和玉雕业的同步发展。

其他三产持续健康发展，新建了一大型卡拉 OK 等服务设施。2011 年，全镇第三产业总产值 1.5 亿元。

(2)规划范围内村庄社会经济发展概况(表 6-3、表 6-4)

产业现状。规划区北部各村主要以农业、林业、畜牧业、渔业为主。主要种植小麦和玉米，经济作物有芝麻、花生、大豆、红薯等，农业生产属于传统劳作型。老毕庄主要产业为玉雕加工产业，围绕市场搞加工的规模进一步扩大，老毕庄加工小区初步形成，并呈继续发展势头(表 6-3、表 6-4)。

北部仝家岭等村建设小杂果林果基地，同时林网建设步伐也在不断的加快，推动林业经济稳步发展。

充分利用赵湾水库水源丰富的优势，在党庄、平顶山等新建鱼塘，大力发展养鱼项目。

贾庄、盘坡、坡根一带利用当地资源发展钙粉加工，但近年来来石灰石资源已趋于减少。

生态建设现状。规划范围内环境总体状况良好。镇域中北部植被整体覆盖较好，但是植被覆盖密度一般，经济利用率较低；镇域西北面为赵湾水库水源保护地，植被保护相对较好，除了一些自然村庄基本没有人工建设；东北部沿路部分有一些钙粉资源开发，散点布置，不成规模，对环境影响不大。

农民收入情况。规划区内的 8 个村庄的经济来源主要依靠种植粮食、经济作物、林地种植和养殖业及玉雕加工业。另外，有一部分村民除了种植经济作物和养殖外，还从事其他行业，如在周边地区打工、从事农产品加工、玉雕加工等工作。2011 年，规划区内的 8 个村农民人均纯收入为 5 565 元，略高于全省农民人均纯收入 4 807 元和全国农民人均纯收入 5 000 元的平均水平。

表 6-3　规划范围内各村经济概况汇总表

村名	村民小组（个）	粮食总产量（吨）	工业总产值（万元）	农民人均纯收入（元）	常年外出人口（人）
老毕庄村	18	1 820	275	9 800	247
黄楝庄村	6	750	—	7 300	20
坡根村	9	540	460	3 533	28
盘坡村	6	137	460	3 642	20
仝家岭村	13	557	380	7 700	72
党庄村	10	168	—	2 844	20
平顶山村	6	194	—	1 700	55
贾庄	4	14	3 460	8 000	20

表 6-4　工业企业概况表

企业名称	详细地址	投产年份	从业人数（人）	销售收入（万元）	利税总额（万元）	主要产品
老毕玉雕挂件厂	东工业园区	2007	32	320	30	玉雕挂件
鸿福钙粉厂	盘坡	2004	12	136	10	钙粉
鸿运钙粉厂	盘坡	2004	12	137	10	钙粉
天鸿钙粉厂	盘坡	2004	12	139	10	钙粉
国成钙粉厂	坡根	2004	12	140	10	钙粉
天利钙粉厂	坡根	2004	12	135	10	钙粉
鑫来钙粉厂	坡根	2004	12	138	10	钙粉
天成钙粉厂	贾庄	2005	12	132	10	钙粉
好运钙粉厂	贾庄	2005	12	136	10	钙粉
坡根钙粉厂	坡根	2004	12	138	10	钙粉

续表

企业名称	详细地址	投产年份	从业人数(人)	销售收入(万元)	利税总额(万元)	主要产品
南阳汇泉染化有限公司	贾庄	2009	252	2 560	260	染制品
仝家岭沙厂	仝家岭	2008	20	196	12	沙
大新沙厂	仝家岭	2008	20	196	12	沙

8. 村庄建设现状

(1)村庄布局

规划范围内基本处于镇域北部山区,村庄分布零散,交通导向性强,山地村庄分布特点显著。

村庄分布密度为 1.85 个/平方公里。

(2)人口分布与土地使用情况

规划范围内总用地面积 3 235.49 公顷,总耕地面积为 1 166.42 公顷(17 490 亩),农民人均耕地 1.7 亩。规划范围共有 8 个行政村,60 个自然村总人口为 10 041 人。村庄建设用地面积为 206.22 公顷(3 090 亩),人均村庄建设用地面积为 206 平方米(表 6-5)。

表 6-5　规划范围内各行政村的村庄建设情况

序号	行政村	自然村	户数(户)	人口(人)	村庄面积(公顷)	耕地面积(公顷)	村庄建设用地面积(公顷)
1	老毕庄	单营、老毕庄、史岗、康冲、石碑岗、毕家、贺家	826	3 350	393.45	251.50	26.06

续表

序号	行政村	自然村	户数（户）	人口（人）	村庄面积（公顷）	耕地面积（公顷）	村庄建设用地面积（公顷）
2	党庄	党庄、宋湾、大件庄、八稻谷、梁家沟、西沟、赵家、杨家、韩家	375	1 461	553.59	260.85	40.22
3	平顶山村	平顶山、向阳沟、周家、苇子沟、柳树沟	210	729	208.57	70.55	14.66
4	仝家岭	仝家岭、柿树窝、赵家庄、桐树洼、张沟、小件庄、沟东、下沟、石屋沟、马家庄、梁家、赵家、挂沟、党湾、南富沟	423	1 664	661.65	215.43	33.34
5	盘坡	魏家庄、赵家庄、安坡、张家庄、关上、关下、木兰庄	181	745	446.33	78.88	17.09
6	坡根	坡根、刘家庄、寺门、吴家、苏家、李家、仝家	224	824	439.31	126.12	19.89
7	贾庄	贾庄、黄泥洼、杨家庄、双嘴庙	92	415	230.42	24.54	30.25
8	黄栋崖	黄栋崖、李扒沟、小河南、王铁角、王金先、大竹园	209	853	302.17	138.55	24.71
合计			2 540	10 041	3 235.49	1 166.42	206.22

（三）现状存在的主要问题分析

规划范围内村庄布局零散，农业用地分散，不利于农业现代化的功能区划分与规模化经营及管理。

村民宅基地面积较大，多闲置用地和闲置住宅，造成了土地资源的浪费。

农民具有从山区往镇区迁并的意愿，易于实施。

村庄内部道路和生产道路目前路面状况较差，给村民的生活和生产带来不便。

村庄内公共服务设施过于单一，不能满足村内居民生活要求。

村庄内部住宅建筑建筑质量普遍较差，院落内杂物堆砌凌乱，河流两侧局部地段随意堆放柴草和垃圾，且对村庄的环境景观造成破坏。

村庄内排水系统不完善，生活污水属自然排放的状态，没有经过任何处理，容易对地下水造成污染，且河流容易堵塞，不利于雨季的排洪。

村庄里农家院建筑风格各异，部分建筑色彩与周边环境不甚协调，失去了传统的农家特色。

（四）新型农村社区空间发展规划

1. 规划原则

融合发展原则。优化社区功能布局，加强基础设施和公共设施建设，与镇区互动发展，服务镇区玉雕产业发展。

节约用地的原则。八个行政村庄搬迁，集中发展，合理布局居住、商业、绿化和公共服务设施等用地，优化社区功能布局，合理高效利用土地、环境容量等要素资源，推进节约集约用地。

社会和谐发展的原则。它是可持续发展居住区的社会系统内涵的体现，表现在四个方面：控制规模、混合使用、创建社区特性和公共空间设计。

与相关规划相协调的原则。本次社区规划要依据石佛寺镇总体规划进行编制，在空间上要与总体规划、赵湾水库保护规划、土地利用总体规划等重大规划的主要内容，实现精准对接。

城乡统筹原则。将社区建设与镇区的发展结合起来，以新型农村社区建设带镇区建设，使村民融入镇区并享受镇区发展的成果，镇区发展反过来带动农村的城镇化，提高村民的生活水平。

把握大局的原则。建设新型农村社区，是我省三化协调发展的重点内容，是中原经济区建设的重要推动力。

近期建设与远期发展相结合原则。本次大规模新型农村社区的发展是一个不间断的过程，不仅要对实施规划的每个阶段，尤其是近期建设进行统筹合理安排，还要明确规划远期发展目标，把高标准、高起点的目标同近期建设和远期发展有机结合起来。做到近期、远期分阶段发展，各阶段有重点实施。

2. 规划重点

在规划范围内确定新型农村社区产业发展的方向、产业发展的结构和产业发展的目标。

规划范围内对新型农村社区的土地使用和空间发展做出安排，实现与新型农村社区建设用地在功能上的有机对接。

核定新型农村社区的人口规模和建设用地规模。

完善规划范围内的村庄迁并整合规划。

完善规划范围内的基础设施专项规划。

对新型农村社区建设用地范围内的各项用地做出具体安排，并分期考虑。

编制建设用地范围的控制性详细规划要求。

编制建设用地范围的详细规划。

3. 产业发展形象定位

(1)石佛镇产业发展形象定位

石佛寺镇仍然延续目前的“大而全”发展思路，重在“接链条、扩规模、升档次和树品牌”,形成全国著名的以玉器为主的工艺品制作、销售基地,包含各类原料、玉产品系列以及相关延伸工艺品,走精品化、工业化、规模化、品牌化道路,并延伸包装、玉料切割等上下游产业;形成国际化旅游购物基地,规模批发市场、旅游购物市场、精品市场以及延伸的原料、包装市场和物流;打造国家级玉雕创意研发中心,各类大师工作室及挂牌工作室,以及为旅游购物与批发市场配套的鉴定中心;石佛寺应当是“南阳玉雕节”的分会场,以玉文化和玉产品展示、交易为主。

丰富市场产品,拉长产业链条。在丰富铜器、古玩、字画、瓷器及木雕、角雕、骨雕等产品的同时,加快国际玉城、天下玉源建设步伐,在稳步发展的基础上,新规划建设古镇、玉雕湾商贸城、玉器包装生产销售市场,集全国及世界各地的玉料在石佛寺加工销售,解决好产业链条不完善、产品包装档次低劣的问题。到2015年,建成玉料市场2个,玉器包装生产销售市场1个,使产、供、销各类要素齐全,形成一条龙产业模式。

组建产业龙头,实现集约经营。实施镇玉器厂改扩建工程,改造内部形象环境,设立大师设计中心,并制订优惠政策,吸引玉雕高端人才,为产业发展提供智力保障和人才支撑,领航石佛寺玉雕产业更大份额地占领国际、国内市场,使石佛寺的特色更加明显,优势更加突出,并力争新吸纳发展1 000万元以上的玉雕企业6家。

促进市场规范化。以规模经营和特色经营为重点,对各类市场进行分类组合,分别按照原料、产品品种和档次进行规范,每个市场有专门的产品,不同产品在不同区域摆放,确保一个市场一种风格,一个区域一种特色,达到市场专业化,产品区域化。

挖掘玉文化底蕴,增加玉文化厚度。以玉文化中心博物馆和国际玉城为平台,一方面邀请玉雕界专家和知名人士,组建玉雕学院、玉文化研究院、玉雕创意园,提高玉雕专业人才素质;另一方面,加强对玉文化的研讨,针对消费需求的新情况和不同发展的习俗与审美情趣,把各种文化的精髓融入玉雕产业,研制开发新产品，调整产品结构，提升产业文化品位，以多样化、系列化和精细化来满足不同消费者的需求。

(2)老毕庄新型农村社区与石佛寺镇玉雕产业的相互关系

老毕庄新型农村社区位于镇区北侧，地理区位优势明显，随着石佛寺镇玉雕产业快速的发展，可以吸引带动更多老毕庄新型农村社区农民群众由农业转入玉雕业，从事玉雕生产，服务玉雕生产。玉雕产业为其提供就业工作机会，提高经济收入，改善生活。

同时随着老毕庄新型农村社区更多的农民群众从事玉雕产业，这样也为石佛寺镇玉雕加工产业发展注入活力，有利于玉雕水平的调高，蓬勃玉雕产业。

(3)老毕庄新型农村社区产业定位及目标

规划范围内北部山区在现状的基础上，做好水土涵养和植被保护工作。可适当发展生态林果业、生态养殖业。在确保污染物不排入赵湾水库的前提下，可小规模少量建设若干旅游休闲度假设施。

社区建设范围和城镇建设范围以外的区域大力发展特色农牧业，建成城郊型的优质粮油、禽畜蛋奶、蔬菜和花卉苗木基地。

社区建设范围依托石佛寺镇玉产业发展，在老毕庄新型农村社区，仍然以手工作坊的形式发展各类玉雕及其相关工艺品的加工，形成老毕庄玉雕专业新型农村社区。

发展目标。将北部生态山林区发展成为石佛寺镇旅游框架中的重要组成部分；随着老毕庄新型农村社区建设，改善农民的生产、生活居住环境，吸引带动更多群众由农业转入玉雕业，从事玉雕生产，蓬勃玉雕产业，为石佛寺镇玉雕加工产业发展注入活力。

4. 产业布局及特定功能区规划

根据规划范围内产业现状，依据石佛寺镇产业空间布局规划，将规划范围内产业布局划分为城镇综合产业区、近郊高效农业区、北部林果业、生态旅游发展区、赵湾水库水源保护区四个分区，如图 6-7 所示。

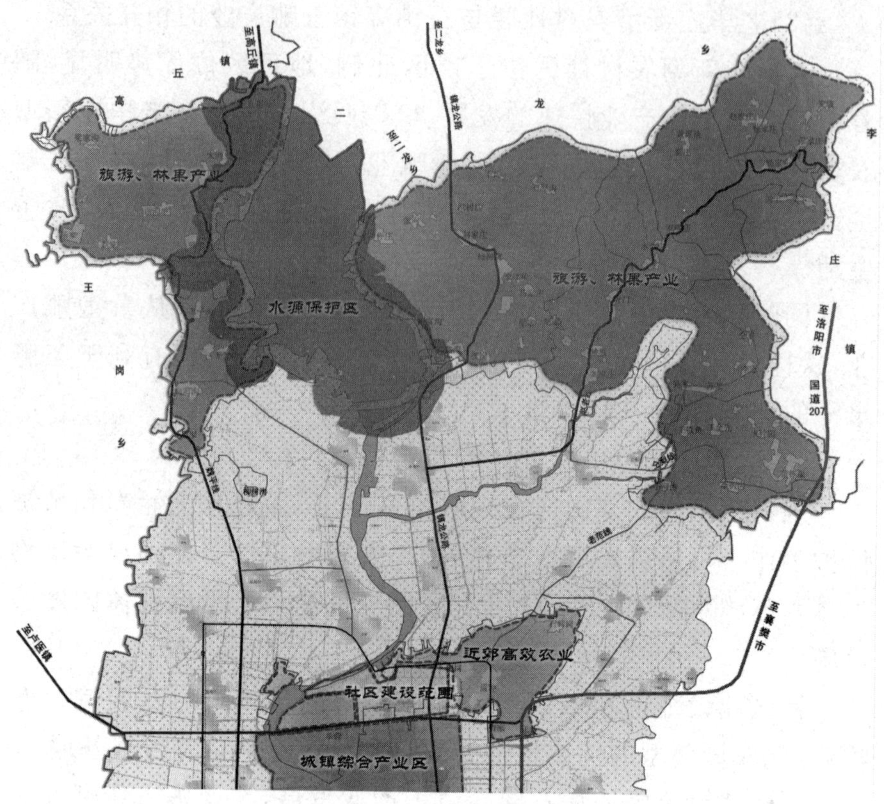

图 6-7　产业布局规划图

(1)城镇综合产业区

城镇产业综合发展区是指在城镇范围内发展第二产业（玉雕产业）和商贸、服务、旅游等第三产业，增强镇区的服务能力和集聚能力。镇区工业产业定位玉雕相关产业，其他工业项目入驻县产业集聚区，同时加快商贸、金融、信息、物流等现代服务业向镇区集聚，形成区域综合服务基地。

(2)北部生态旅游、林果业区

北部山区丘陵地区，紧紧抓住国家实施退耕还林项目的机遇，实施退耕还林和荒山造林工程，发展以优质核桃、板栗、小杂果为主的林果业。

在确保污染物不排入赵湾水库，满足水源保护的前提下，可小规模少量建设若干旅游休闲度假设施。

(3)近郊高效农业区

近郊农业区主要位于新型农村社区东北，重点发展城郊蔬菜瓜果种植，以石佛寺镇和镇平县蔬菜瓜果供应为重点，以城镇市场需求为向导，以生产鲜活商品为主，发展高效果蔬、果蔬特色种植、生态观光，建设石佛寺蔬菜瓜果生产基地。

(4)赵湾水库两侧水源保护区

主要是指沿赵湾水库区域，以生态林地为主，保障饮用水安全，以正常水位线以上200米陆域划定水源保护范围。

5.规划范围基础设施规划

规划将现状镇龙公路(三级)提升为二级公路，作为石佛寺镇联系县城和二龙乡的道路；现柳卢公路规划提升为二级公路，作为石佛寺镇区联系县工园区和卢医镇的主要道路，在石佛寺镇区段改线从镇区北侧通过向西，在镇区东侧与镇龙公路一段共线，在镇区北侧与毕兴路共线。镇区西侧的魏梁公路提升为二级公路，城镇道路佛光大道和新建路的建成区外延长线也要达到二级公路标准，作为镇区对外联系的重要通道。

主要有7条对外交通联系干线：马平线(马隐店—仝湾—平顶山)、平高线(平顶山—党庄—高丘镇区)、马杨线(马隐店—杨沟)、仝梨线(仝堂—梨盘沟)、木范线(木兰庄—范坪)、老范线(老毕庄—范坪)、石韩线(石碑岗—韩冲)。

规划范围内，根据社区建设要求，通讯、供水、供电全面覆盖。电信网、广播电视网和计算机通信网实现“三网合一”。

6.规划范围公共服务设施规划

随着新型农村社区的建设，农村土地进行流转，发展现代农业。考虑将来社区村民一部分从事现代农业，转化成为现代农业工人，结合现代农业耕作半径，方便农业劳动，分区设立现代农业生产点。

在赵湾水库依托镇区旅游业发展，建设小规模少量若干旅游休闲度假设施，成为石佛寺镇旅游业的有效补充。

结合土地利用规划图，在北部山区规划一处殡葬设施。

7. 生态建设与环境保护规划

环境功能区划分方法主要根据规划范围的地理位置、社会经济、自然生态条件等特点，按照环境功能区划原则，在实地调研的基础上，进行环境功能区划分。根据石佛寺镇总体规划、土地利用和生态环境等的基本状况，考虑未来社会经济发展、产业结构调整和生态环境保护对不同区域的功能要求，拟划分出三个类型的环境功能区(表 6-6)：

Ⅰ区　水源保护区：赵湾水库及赵河两侧。

Ⅱ区　北部山林水土涵养区：主要指规划范围北部山地用地。

Ⅲ区　综合环境保护区：主要是石佛寺镇区及老毕庄新型农村社区。

表 6-6　生态功能区环境质量控制标准

生态功能分区	大气	地表水	噪声	固体废弃物标准
水源保护区	二级	Ⅱ类	昼≤45 dB 夜≤35 dB	处置率 100%
北部山林水土涵养区	二级	Ⅱ类	昼≤45 dB 夜≤35 dB	处置率 100%
综合环境保护区	二级	Ⅲ类	昼≤55 dB 夜≤45 dB	处置率 100%

8. 生态人居环境建设

新型农村社区生态人居环境是由农村社会环境、自然环境和人工环境共同组成，是对新型农村社区的生态、环境、社会等各方面的综合反映。

生态人居环境建设的主要途径：

(1)提升新型农村社区交通服务水平。

(2)实现城乡一体化供水格局。

(3)完善雨污水处理及排放系统。

(4)完善供电网络系统。

(5)构建垃圾收运处理体系。

(6)住宅建筑设计以科学设计为支撑，充分考虑居民的生活习惯和生产生活需要，搞好单体设计。

(7)推进住宅产业现代化和省地节能环保型住宅建设，重视对节能、节地、节水、节材等新材料、新技术、新工艺、新产品的成果应用。

(8)公共服务设施运作上按规划的要求配套建设，达到“规模适度、相对集中、道路硬化、人畜分离、商住分设、饮水卫生、服务配套、街容整洁、风貌鲜明”的基本要求。

(五)新型农村社区控制性详细规划

1.规划控制的目的

根据区域内的功能分区，全区划分为若干地块，地块控制规划的内容则是对区域内每个地块的开发指标进行规定，将规划在土地使用、交通组织、公共设施、公共绿地等方面的规划原则与措施具体化为各个地块的开发控制的法定要求，作为地块下一步修建性详细规划或建筑设计的引导和指导。

2.规划控制指标确定方法及要求

本规划控制指标数值的确定主要依据国家、河南省、南阳市的标准规范，进行规范推演；根据石佛寺的现状建设情况以及经济发展水平，充分考虑社区本身的特点和用地性质、所处区位、发展前景、景观美学等因素，进行理想假设，由以上多种方法综合确定。

本规划控制旨在落实空间发展规划的基本思路和发展目标，落实新型农村社区建设的基本要求和基本特点以及建设方向。

3. 开发强度控制

(1)容积率：①容积率可以转让，转让只能在相邻地块(相邻地块是指同一街坊的地块)、同种性质或性质相容的地块之间进行，转让额不得大于两块用地中容积率较小地块的40%。②容积率的奖励补偿：每提供1平方米的开放空间，奖励建筑面积1～2.4平方米；在达到本地块绿地率指标外，每提供1平方米的公共绿地，奖励建筑面积1～5平方米或由由规划主管部门核定执行。③对于总面积大于3公顷的大地块，在建设过程中如进一步划分小地块(小于1公顷)时，其开发强度可按规定进行调整细分，小地块的建筑面积总和不得超过原大地块规定的限度。④对于沿街道、城镇广场等开阔地段的小块地，容积率可适当提高。由规划主管部门核定执行。

(2)建筑密度：建筑密度指标确定主要考虑环境质量、地块区位、使用性质、建筑高度、容积率、建筑安全、卫生间距、气候条件和地形坡度、朝向等，并结合现状。规划对建筑密度做以下通则性规定：

住宅35%，中小学、幼儿园25%，工程设施15%～35%，行政办公、文体科技、医疗保健30%。地块建筑密度控制采取上限控制的方式。

(3)绿地率：包括绿地、铺装地面及水面等。规划对绿地率做以下通则性规定：

住宅≥35%，小学、幼儿园≥35%。工程设施25%～35%，文体科技≥30%，行政办公≥35%，医疗保健≥35%。公园、小游园、街头绿地≥80%。

4.建筑高度控制

建筑高度确定主要考虑土地使用、城镇总体景观效果、空间轮廓、地块区位、建筑性质、建筑间距、容积率、街道尺度和城市消防、净空通道、高压走廊、景观视觉空间，以及自然、历史文化景观保护协调和地质条件等。

道路沿线建筑 H＜2S＋W(H 为建筑高度，S 为后退红线距离，W 为道路红线宽度)。

老毕庄新型农村社区建筑高度以多层为主，集中布置少量低层，中心地带点缀高层。

规划对建筑高度作以下通则性规定：

普通低层住宅一般不超过 12 米，普通多层住宅一般不超过 20 米，小高层住宅一般不超过 35 米，小学不超过 15 米。行政办公、文体科技、医疗保健、体育设施不超过 24 米。

5.建筑后退

(1)建筑离界

沿用地边界的建筑物，其退让用地边界的距离按下列规定控制，如离界距离小于消防距离时，应按消防间距的规定控制。

①各类建筑主要朝向的离界距离，按建筑间距的规定退让。低层最小离界距离不少于 3 米，多层最小离界距离不少于 9 米，中高层、高层最小离界距离不少于 12 米。

②各类建筑次要朝向的离界距离，按建筑间距的规定决定退让。次要朝向开窗建筑低层最小离界距离不少于 3 米，多层最小离界距离不少于 5 米，中高层、高层最小离界距离不少于 9 米。不开窗建筑低层最小离界距离不少于 2 米，多层最小离界距离不少于 3 米，中高层、高层最小离界距离不少于 6 米。

③地下建筑的离界距离不得小于建筑物深度(自室外地面至地下建筑物底板的底部的距离)的 0.6 倍，且不得小于 2 米，并应符合有关规范、规定要求。

(2)建筑后退道路红线

建筑后退红线是建筑控制线与道路红线或地块边界的距离。单位:米(m)。建筑后退距离确定主要根据地块位置、使用功能和消防、日照、安全、卫生、视线等要求,与建筑高度和道路红线宽度有关(表 6-7)。

表 6-7　道路后退红线控制指标表

道路红线宽度(S)	建筑物后退距离(米)		备注
	高度小于 24 米	高度大于 24 米	
S≥18 米	5	8	红线宽度 20 米以下道路两侧建筑物退让红线距离,应同时满足与相邻建筑的间距要求
S<18 米	3	8	

注:①建筑退让均指建筑前沿;

②当与过境公路、高速公路等要求的退让距离有矛盾时,按高限控制;

③特殊情况道路如弯道、不规则空地、锐角交叉等情况,根据临街景观需要,视具体情况确定退让红线距离。

6. 道路交通控制

(1)道路等级控制

规划将道路按照社区空间发展规划与城镇道路系统对接,分为主干道、次干道和支路三级,本次规划主次干路东西向三条,南北向三条,形成三横三纵的道路网系统。规划范围内道路网格局总体延续道路体系,局部根据实际情况进行调整(表 6-8)。

①主干道:

毕兴路:规划红线宽 30 米,横断面 A—A,5.0+2.0+16.0+5.0+2.0。

镇龙路:规划红线宽 30 米,横断面 A—A,5.0+2.0+16.0+5.0+2.0。

毕玉路:规划红线宽 24 米,横断面 B—B,4.0+16.0+4.0。

②次干道：

新兴路：规划红线宽 18 米，横断面 C—C，3.0＋12.0＋3.0。

玉龙路：规划红线宽 16 米，横断面 D—D，3.0＋10.0＋3.0。

玉河路：规划红线宽 16 米，横断面 D—D，3.0＋10.0＋3.0。

③支路：

玉喜路：规划红线宽 10 米，横断面 G—G，1.5＋7.0＋1.5。

府前路：规划红线宽 12 米，横断面 F—F，2.5＋7.0＋2.5。

玉北路：规划红线宽 10 米，横断面 G—G，1.5＋7.0＋1.5。

表 6-8　规划道路一览表

道路编号	路名	红线宽度（米）	道路长度（米）	道路等级
1	毕兴路	30	1 292	主干道
2	镇龙路	30	475	主干道
3	毕玉路	24	1 770	主干道
4	新兴路	18	696	次干道
5	玉河路	16	494	次干道
6	玉龙路	16	1 208	次干道
7	玉喜路	10	414	支路
8	府前路	12	406	支路
9	玉北路	10	392	支路

（2）道路绿化

美化社区生态环境和丰富其景观，在规划道路用地范围内进行绿化规划，道路绿化根据不同宽度的道路确定不同的绿地率（表 6-9）。

表 6-9　道路绿化率表

道路红线宽度（米）	道路绿地率（%）
24 米及以上	≥25
24 米以下	≥20

(3)公共交通规划及站场控制

①公共交通规划

结合石佛寺镇区公共交通体系规划，本次规划范围内临靠镇龙路和新兴路设置四处公交站点使社区与镇区、镇平县城紧密联系，也为社区居民的出行提供了便利。

②公交站点控制

社区范围内的公交停靠站均不占用车行道，应全部采用港湾式布置(图 6-8)，具体设置规定如下：

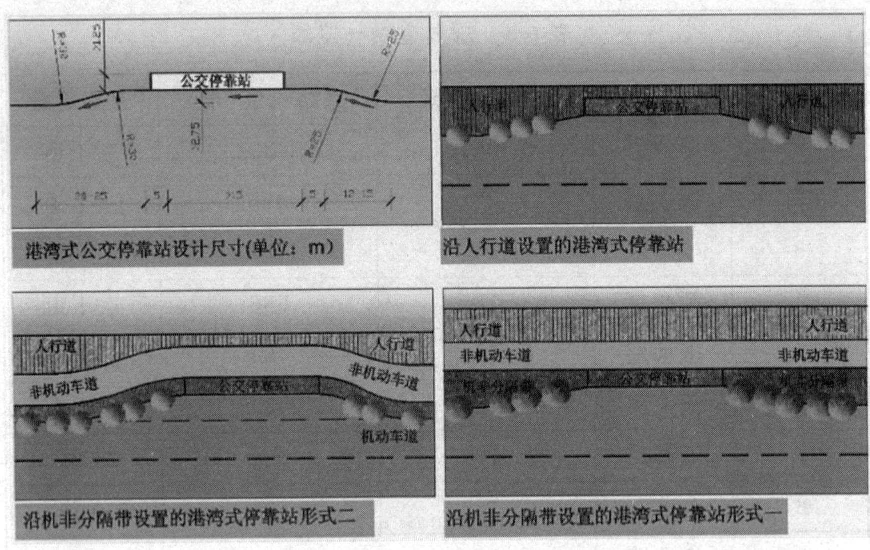

港湾式公交停靠站设计尺寸(单位：m)　沿人行道设置的港湾式停靠站

沿机非分隔带设置的港湾式停靠站形式二　沿机非分隔带设置的港湾式停靠站形式一

图 6-8　公共交通站点设计形式

A. 在交叉口附近，公交停靠站应设置在离交叉口 50 米以外处。港湾式停靠站长度应至少有两个停车位，对无法设置港湾式停靠站的城市主干路，可以考虑结合附近大型交通集散点将公交站点设置在相交道路上。

B. 公交停靠站设置在交叉口下游时，离开(对向进口道)停车线距离按如下原则确定：无信号灯控制的交叉口，停靠站必须在视距三角形外(包括车站内同时停放的最大车辆数)；下游右侧拓宽增加车道时，应设在右侧车道分岔点向前至少 15～20 米处。

C. 公交停靠站设置在交叉口上游时，离开停车线距离按如下原则确定:边侧为拓宽增加的车道时,停靠站应设在该车道分岔点之后至少 15～20 米,并将拓宽车道加上公交站台长度后做一体化设计。边侧无拓宽增加车道时,停靠站位置应在外侧车道最大排队长度的基础上再加 15～20 米处,停靠站长度另外确定。

D. 公交停靠站候车站台的一般规定:公交停靠站候车站台的长度宜取 15～20 米;站台的宽度应取 2.0 米,改建及综合治理交叉口,当条件受限制时,最小宽度不应小于 1.25 米。

E. 为区分公交停靠站的停车范围,在公交停靠站车道与相邻通车道间按国际设置专用标线:一辆公交车停车长度以 15～20 米为准,多辆公交车停靠的站台长度可按下式确定:公交停靠站站台长度=公交停靠站同时停靠的公交车辆数(公交车辆长度+2.5 米)。

F. 公交停靠站车道宽度为 3.0 米,受条件限制时,公交停靠站车道宽度最窄不得小于 2.75 米;相邻通行车道宽度不应小于 3.25 米。人行道宽度确有多余时,可压缩人行道设置公交停靠站:人行道的剩余宽度应保证大于行人交通正常通行所需的宽度,最小宽度不宜小于 2.50 米,行人少的场合也确保不小于 1.50 米。必要时可在停靠站局部范围内拓宽道路红线。

(4)停车位配置

停车位是指地块内部必须配置的机动车和非机动车停车的数量,主要根据建筑性质、规模和所处区位来确定(表 6-10)。

其中居住区机动车按每户 0.5 个车位进行配置,非机动车位按每户 2.0 个车位进行配置。

居住用地外各类建筑基地的配建停车位应符合《公共建筑的停车位配置指标表》规定的最大值。

机动车停车场用地面积按当量小汽车停车位计算。露天停车场按每车位 25～30 平方米计;室内停车库每车位 30～35 平方米计,自行车停车场按每车位 1.5 平方米计。

表 6-10　停车位配建表

名称	单位	自行车（辆）	机动车（辆）
办公楼	车位数/每百平方米建筑面积	≥2	≥0.45
商业	车位数/每百平方米建筑面积	≥2.5	≥0.35
集贸市场	车位数/每百平方米建筑面积	≥10	≥0.2
医院	车位数/每百平方米建筑面积	≥1.5	≥0.2
敬老院	车位数/每百平方米建筑面积	≥8	≥2.0
文化设施	车位数/每百平方米建筑面积	≥7.5	≥0.4

注：①本表机动车停车车位以小型汽车为标准当量表示；

②其他类型的车辆停车位的换算办法，应符合国家相关技术规范。

(5)出入口控制

出入口方位是指街坊内或地块内机动车道与外围道路相交的出入口的方向和位置，其确定主要考虑减少干扰外围交通干道，并合理组织引导地块内部交通。一般情况下，每个地块设置一到两个车辆出入口。

道路红线宽度 30 米距离交叉口不小于 50 米，道路红线宽度 25 米距离交叉口不小于 40 米，道路红线 20 米（包括 20 米）以下距离道路交叉口不小于 30 米。

7. 公共服务设施控制

公共设施配套指各类公共服务设施的配建要求，主要包括需要政府提供配套建设的公益性设施。公共设施配套根据社区空间发展规划予以落实，在控规阶段特别注重对于公益性设施的控制和保障。要求综合考虑区位条件、功能结构布局、居住区布局、人口容量等因素，按照国家相关规范和标准进行配置。在控规中主要落实设施的位置、规模和配置建设要求。本次规划的公益性公共设施是在用地中必须落位的，对于居住区其他配套设施需要结合公建配置的给予指标控制，在下阶段详细规划中落实。

(1)公益性公共设施控制

公益性公共设施主要是以教育设施、医疗卫生设施和文化体育设施、社会福利设施等为主要内容的公益性公共设施。在实际建设中由于经济利益的驱动往往被侵占或者被忽视，控制性详细规划出于对公共各利益的保障责任，需要更加明确公共设施的配套要求，包括大、中型公共设施的落位、小型公共设施的布点，以及公共设施建设规模、附加建设条件、服务等控制要求。

控制性详细规划要求对空间发展规划公益性公共设施具体落实到用地地块，分为教育、医疗、福利设施、文化娱乐、体育、行政管理几个方面以表格形式详细说明(表 6-11)。

表 6-11　公益性公共设施控制一览表

分类	规划项目	用地面积（公顷）	布局位置		其他控制要求
			街坊编号	地块编号	
教育设施	1. 社区中心小学	4.26	B—3	B—3—4	规模 24 班
	2. 中心幼儿园	0.91	B—3	B—3—5	—
医疗设施	镇中心医院	0.98	A—2	A—2—2	—
社会福利设施	敬老院	0.8	B—2	B—2—3	—
文化设施	社区文化中心	0.91	B—3	B—2—3	—
行政管理	社区行政中心	0.58	B—3	B—3—07	—
基础设施	1. 公共停车场	0.21	A—2	A—2—3	—
	2. 自来水厂	0.68	B—1	B—1—2	—
	3. 义务消防站	0.09	B—3	B—3—08	—

(2)非公益性公共设施控制

控制性详细规划要求的非公益性公共设施主要是为社区服务的商业服务、金融贸易等(表 6-12)。

表 6-12　非公益性公共设施控制一览表

类型	性质
商业服务	区级商业
金融贸易	区级金融贸易

(3)社区其他配套设施

社区的建设,不仅仅区分各居住区的居住特色和社区规模,还要考虑各社区的公建配置。规划在各居住片区中部均设置一个居住小区级中心,配备完善的商业服务、文化娱乐和医疗设施,部分地区还延伸出商业街,分别为其周边的居住社区服务。各居住区的公共服务设施也与城市级的公共服务设施有机协调,设施共享,并形成良好的城市景观。居住小区配套公共服务设施的配置参见表 6-13,其建设控制要求以规模指标的形式予以确定,对位置、边界形状未进行空间落地,在进行下位规划编制时必须按照相应指标予以落实。

表 6-13　老毕庄新型农村社区其他配套公共服务设施一览表

设施名称	项目名称	服务内容	设置规模	每处一般规模	
				建筑面积(平方米)	用地面积(平方米)
文体	文化活动站	书报阅览、文娱、健身等主要供青少年和老年人活动	宜结合或靠近同级中心绿地安排 独立性组团应设置本站,但一般组团可不设	150～300	

续表

设施名称	项目名称	服务内容	设置规模	每处一般规模	
				建筑面积（平方米）	用地面积（平方米）
商业服务设施用地	粮油店	粮油及粮制品		200～300	
	副食店	肉、禽、水产、调味品、熟食品等	服务半径：居住区不大于500米；居住小区不宜大于300米；基层网点（综合副食店、茶点铺等）及自行车存车处，不宜大于150米 在能满足服务半径要求的前提下，能合并设置的尽量合并	500～1 000	
	食品店	糖、烟、酒、糕点、干鲜果及熟食品等		500～1 000	
	综合副食店	小百货、小日杂		300～600	
	早点小吃	早点、主食与小吃		120～150	
	饭店	快餐、炒菜、正餐		500～600	
	冷饮乳制品	冷、热饮及乳品		200～350	
	小百货店	日用百货、小五金		400～600	
	综合百货商场	日用百货、鞋帽服装、布匹、五金及家用电器等	服务半径：居住区不大于500米；居住小区不宜大于300米；基层网点（综合副食店、茶点铺等）及自行车存车处，不宜大于150米 在能满足服务半径要求的前提下，能合并设置的尽量合并	2 000～3 000	
	照相馆	照相、冲印		300～500	
	服装加工部	服装裁剪加工		200～300	
	服装店	男女及儿童服装		100～300	
	日杂商店	土产、日杂		200～300	
	中西药店	汤药、中成药与西药		200～500	

续表

设施名称	项目名称	服务内容	设置规模	每处一般规模	
				建筑面积（平方米）	用地面积（平方米）
商业服务设施用地	理发店	理发、烫发	根据服务规模置对应等级	100～300	
	浴室	含理发部与小吃部		1 000～1 300	
	书店	一般图书及科技书刊		300～1 000	
	自行车修理部	修理自行车		60～80	
	综合修理部	除自行车外的其他物品修理		1 000～1 200	
	旅店	住宿	宜与浴室合设	1 000～1 200	1 000
	综合回收站	废旧物品回收	应设于对居民干扰小和便于转运的地段	100～150	200～250
	综合服务站			70～100	
	综合基层站	烟、酒、调料等	宜设于组团的出入口附近	50～60	
	菜市场	蔬菜、瓜果	宜临近副食店和集贸市场		1 000～1 500
	集贸市场	以销售农副产品和小商品为主	宜临近副食店和菜市场 宜设于对居民干扰小和交通便利之处		1 500～2 000
金融	银行	存取业务	宜于商业服务中心结合或邻近设置	800～1 000	400～500
	储蓄所	储蓄为主		100～150	

（六）新型农村社区修建性详细规划

1. 规划定位及目标

(1)体现小区建筑文脉的延续性：以人们熟悉的空间序列布

局——轴线，以及熟悉的空间围合形式——院落，形成一个空间明确、秩序井然的居住群组，产生亲切感、秩序感，构成的快乐的生活空间和强烈的领域感。宽敞的绿地环境，使每家每户都能充分享受到充足的阳光、空气和自然景观。

(2)通过多层次的空间环境，创造出一个个充满生机和活力的场所，使各种年龄和层次的人们自由自在的生活在一起，彼此交流又不互相干扰。按照空间的领域意识分层次使用户外空间。主要景观设计的序列依次而展开。以环境设计手法限定界域，路线明确，层次清晰，营造了一个快乐的生活空间，形成良好的居住氛围。

(3) 力求将艺术的灵魂和创意融入生活情趣中，创造出一个诗意的栖居环境，并以此倡导形成温馨的生活方式，如图 6-9 所示。

图 6-9 社区鸟瞰图

2. 规划设计原则及指导思想

(1)指导思想

研究新一轮镇平县石佛寺镇总体规划对镇区北部及周边地段的功能布局、道路交通、重大基础设施的项目等，落实其宏观控制要求，通过规划设计，充分利用基地所在的环境优势，达到土地有效配置，功能布局合理，路网清晰便利，设施配套齐全，自然生态优良，环境特色鲜明，独具地方韵味，利于开发管理的现代居住社区。

(2)规划原则

①坚持利用自然环境,营造生态小区的原则

尊重规划区域内的自然环境和城市结构,充分利用基地内外现有的自然环境要素,建设与整体城市结构完美结合、特色鲜明的生态型的绿色居住社区,突出“阳光、空气、水体、绿色”的生态主题,精心塑造生动和谐的开放空间和社区环境,将建筑组群与自然环境有机的穿插与渗透。

②坚持“高起点与前瞻性”的原则

结合当今居住区规划的最新理念与表达成果,建设与自然环境和城市环境和谐统一的居住社区,设计具备超前性与先导性,体现新理论与新手法。

③坚持“整体性与个性统一”的原则

本社区作为石佛寺镇区的重要组成部分,用地功能、道路系统、景观环境与城区的总体规划相互衔接融合、协调一致,设计理念与城区的设计理念相符,同时具有精品社区的独特理念和独有特色,取得整体性与个性的统一。

④坚持“以人为本、追求创新”的原则

本社区的主要功能就是满足人们日常生活居住需求,改善迁并村民的居住环境。所有在整体规划设计中力求处处体现“以人为本”的设计理念,建筑和环境设计都以人的尺度、人的需求及人的活动为根本出发点,充分提供生活、居住、娱乐等功能服务设施,从而体现对人的细致关怀。另外,科技的突飞猛进也为居住区的发展提供了良好的条件,在本社区的开发设计过程中,具有超前的意识,依靠科技进步,加大科技含量,并结合石佛寺镇的地方气候和习俗特点,力求建筑风格的创新。

⑤坚持“可操作性与弹性”的原则

做到“统一规划、合理布局、因地制宜、综合开发、配套建设、分期实施”,有效合理、循序渐进地进行土地开发,并为未来建设留有充分的余地。

3.规划设计构思

规划主题:碧玉传承、依水灵居

好的玉器,归纳为四要素:材质、造型、工艺、主题,这四要素使玉超越了其“山岳精英”的自然属性,而包蕴了人的精神:山川之精英,人文之精美。山川之精英,讲的是材质美,人文之精美,指的是玉器的造型美、雕琢美和主题内容,以及影响造型美雕琢美的工艺、社会诸因素。

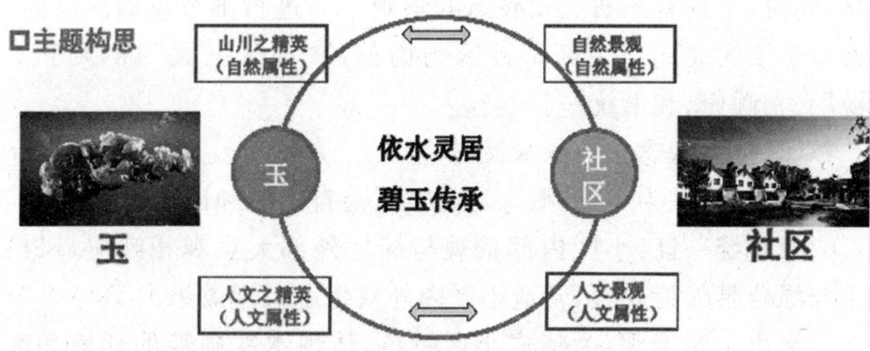

图 6-10　规划主题——碧玉传承、依水灵居

(1)文化理念——碧玉传承

无中生有天下奇,八方商贾齐聚集。

怀瑾握瑜笑迎客,冰清玉洁传情谊。

一条玉带绕新区,千年古镇展欢颜。

琼楼玉宇拔地起,如今高处亦胜寒。

巍巍伏牛山逶迤苍茫,清清赵河水辗转奔流。千百年来,镇平这片神奇的土地上,以玉为媒,不断地张扬着华夏民族不屈的生命,不停地透射着中华儿女的华贵品质和聪明才智。镇平并不产玉,但是“中国玉雕之乡”,这种“无中生有”的奇迹被称为“镇平现象”。

现在,石佛寺镇全镇拥有各类玉雕加工企业(户)6 000 多家,从业人员 3 万多人,“村村都有机器响,户户都有琢玉声”是这里的真实写照。石佛寺正在崛起的全国最大的玉雕产品集散地——玉雕湾工业区和3个玉雕专业市场也为镇平的玉雕产业发展起着不可替代的作用,将为绚丽多彩灿烂的石佛寺镇创造着永恒的财富。

如何体现和传承如此灿烂的玉石文化,是我们本次规划首先要考虑的重要问题。经我们项目组深入研究和反复讨论后,方案提出“平面突出、建筑传神、景观为媒、细节点缀”的规划思路。具体表现为:总平面路网以及建筑布局以“玉璧”和“玉如意”为原型进行布置,建筑风格采用最具中国传统建筑风韵的徽派建筑风格,同时,用具有玉石文化底蕴的景观小品进行细节点缀。以此,使位于镇区北部整个新型社区与南部的“国际玉城”和“天下玉源”交相呼应、和谐统一。

(2)生态理念——依水灵居

体现“以人为本”的概念,强调“人与自然的和谐”。

景观统一性:小区内部景观与绿地外部大景观相呼应,风格上与绿化带保持一致,营造小区内外双生态景观效果。

突出主题景观:为形成小区特色,体现本案独特的环境和浓郁的人文气息,注重对景观主题的选择和设计,做到主题明确,周边环境大方简洁,使园区内达到“浓妆淡抹总相宜”的景观效果。

图 6-11　突出主题景观

交往空间:针对居住空间日趋私密性、传统的邻里交往与关心日益减少的现状，建筑以住宅院落作为基本空间组织形式，在户外环境设计中考虑在创造景观效果的同时，具备邻里交往功能，如户外广场、各种休闲娱乐设施，健身道等，形成小区的交往、活动空间，吸引住户走出家门，在户外享受阳光、绿化和空气。

图 6-12　交往空间

平面处理：为增加园区竖向变化，建议在局部位置堆坡处理，创造出富有情趣的园林环境。

建筑与景观相互包容：将建筑视为景观的一部分，与道路、草坡、绿树、花簇、硬质铺装和建筑天际线构成一组完整的小区景观，所有景观布置围绕着建筑，使环境和建筑之间封闭与开放、紧凑与松散、流动与固定、平面与垂直关系趋向和谐。

环境系统整体和谐：不同科目的绿色植物在不同的季节以其独特的姿态出现在小区每个角落，园区与道路有机穿插，石材、广场砖、植草砖、卵石等各种不同面层材质有机结合；水景以其多变的形态穿插其中；而那些散落在园区内具有幽默和赋予你回忆情感的灯饰、小品、雕塑起到了点缀和传达人情的作用，人行其中，一步一景，步随景移。

注重区域自然条件的利用与挖掘：借用贯穿小区南北的灌溉渠，最大限度地创造出人与自然沟通的绿色空间，既有大片水面为主的水空间，也有小桥流水的“绿岛空间”，还有“森林空间”或是户外活动空间。

4.布局结构

社区总体布局上形成“一带、三轴、三区、一主、五次”格局，并对理性的区划和微观的人类行为进行综合考虑，由此形成了适宜人居的协调的新型社区。

(1)一带——滨河绿化景观带

赵河绕区而过，贯穿镇区，在这条景观带上，人们能够与阳光最亲密的接触，听到潺潺的流水声。

结合赵河玉带，规划公共绿地，占地面积10.74公顷。

(2)三轴——道路轴线

沿镇龙路、新兴路、玉龙路的三条道路轴线，沿三条道路轴线设置底商及公共服务社区，为整个小区提供的最主要的服务设施，并在一定程度上丰富了整个小区的景观构成和休憩环境。

(3)三区——三个居住片区

规划依据用地规划及道路布局，将社区分成东部、中部、西部三个相互联系又各成体系的居住片区。

东部居住片区：多层、低层住宅混合区。

中部居住片区：多层、低层住宅混合区。

西部居住片区：多层、小高层混合住宅区。

(4)一主——社区公共服务中心

整个社区的核心部分，形成了社区的最中心的地带，也就是整个社区的功能和精神的内核，其中集中了社区最主要的公建(如社区委员会、社区服务中心、小学、敬老院等)。

(5)五次——片区核心

服务东部、中部、西部三个居住片区内部的组团级公共服务中心。

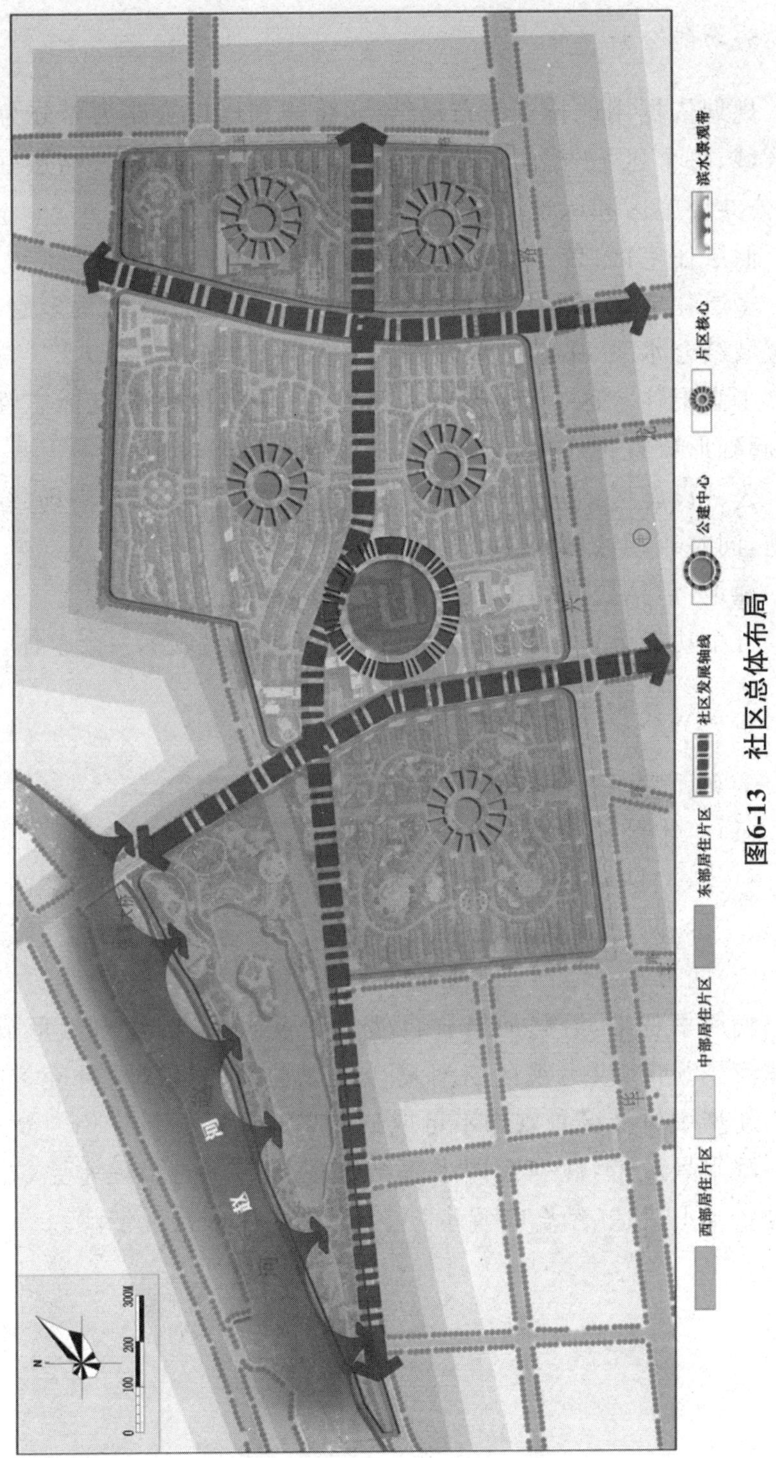

图6-13　社区总体布局

5. 功能分析

规划依据用地特点与布局结构，将规划区以道路为界分为12个区域，每个区域又细分为低层住宅区、多层住宅区、高层住宅区、公共设施区和绿地。

低层住宅区：位于规划区新兴路以东区域。

多层住宅区：新兴路以西区域结合小高层布置大量多层，以东区域结合水系、中心景观设置少量多层。

小高层住宅区：布置于新兴路以西，是社区制高点标志性建筑，起到形象宣传作用。

公共设施区：它是整个社区的神经中枢，各自配套广场、绿化设施，同时兼顾区域居住小区的公共服务功能。

绿地：包括公园用地和居住组团中心绿地。

五个功能分区相互依托，相互联系，共同组成了一个整体。

6. 景观分析

景观环境——师法自然，胜于自然

(1)总体景观构架

总体景观构架和整个小区的总体结构紧密联结，形成“两带、一心、三轴、两廊、多节点”的主要构架。

(2)两带——滨河景观带、滨水景观带

滨河景观带：沿赵河结合自然景观及水系，师法自然形成赵河滨河景观带，成为镇区赵河复合景观轴线的延续及补充，同时成为新型农村社区景观中不可或缺的一部分。

滨水景观带：规划范围中部结合现状南北向沟渠水系，在现状的基础上改造，结合布置步行空间，构成滨水景观带。

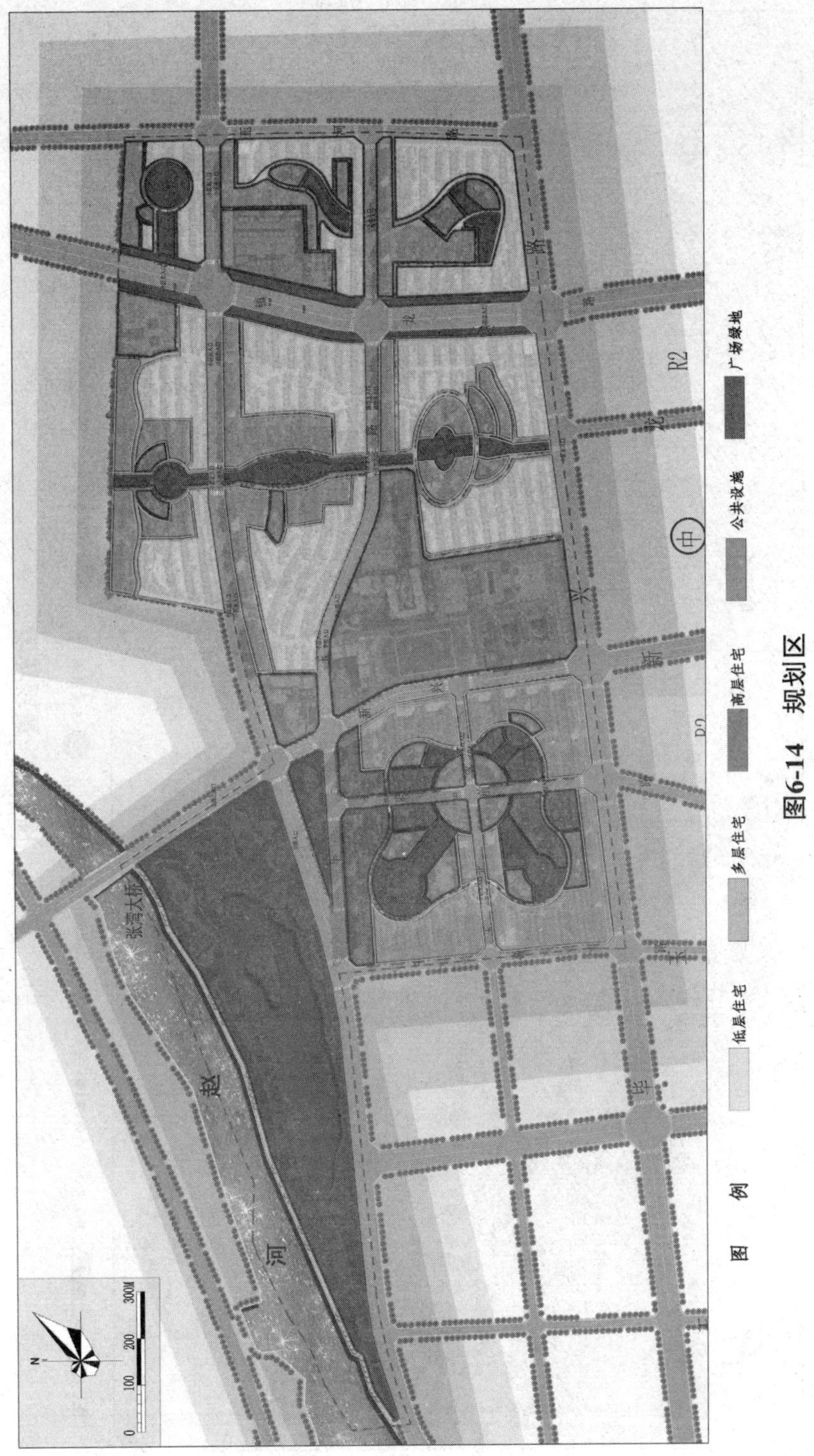

图6-14　规划区

N
0 100 200 300M
赵河
张湾大桥
R2
图例
景观中心
道路景观轴
滨河景观带
主要景观节点
次要景观节点
滨水景观带
景观视廊

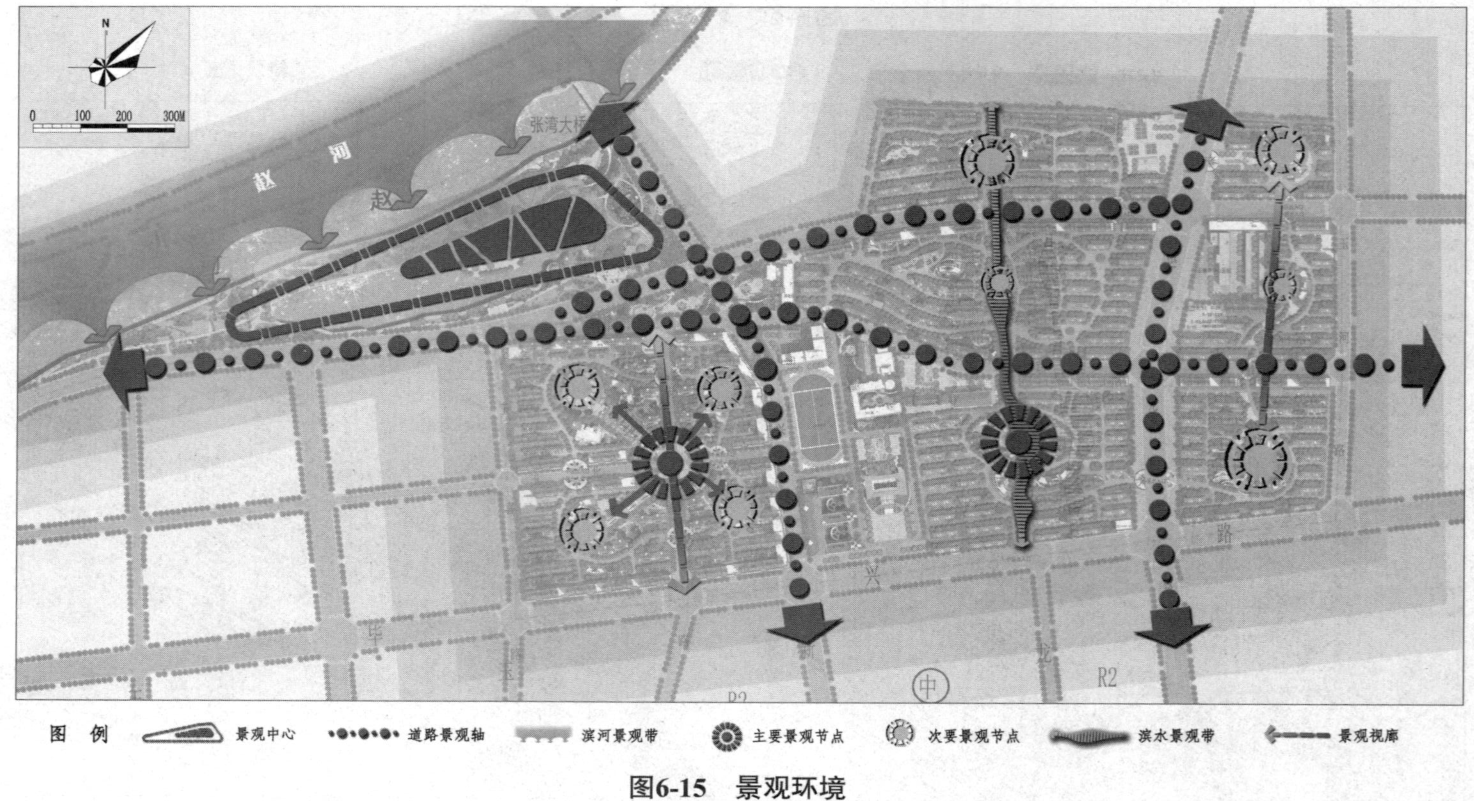

图6-15　景观环境

(3)一心——景观中心

结合玉带赵河，规划的公园绿地，中心的大水面以及与之相适应的大地景观一体化的核心景区，成为整个社区景观中最重要的一笔，其中糅合了各种景致，可谓美不胜收。

(4)四轴——道路景观轴

将景观与道路一体化，沿毕玉路、镇龙路、新兴路、玉龙路设计三条景观道路。

(5)两廊——景观视廊

联系各景观节点，将景观串联的视觉廊道。

(6)多节点

各地块中结合水系、公共建筑、绿地形成的主要景观节点和次要景观节点。

7.配套设施规划

(1)公共服务设施

社区级独立占地的公共服务设施，在规划区中部的公建设施中心设置，规划有：社区委员会、综合服务设施和中心小学(含幼儿园)、敬老院、社区服务中心、文化礼堂、集贸市场。

①社区委员会：占地 5 782 平方米，建筑面积为 8 229 平方米。

②综合服务设施：占地 9 131 平方米，建筑面积为 4 017 平方米。其中内部设置有社区服务中心 2 880 平方米、礼堂 1 137 平方米。

③小学：占地 42 579 平方米，建筑面积为 24 800 平方米。按照居住区规模区域共享，配建 24 班。

④幼儿园：中心幼儿园位于小学北侧，占地 9 061 平方米，建筑面积 5 100 平方米。按照居住区规模统筹配置，配建 9 班；另外在东西两片居住区布置两所社区幼儿园，共占地 4 500 平方米，建筑面积共 3 000 平方米。按照居住区规模统筹配置，各配建 6 班。

⑤广场：结合综合服务设施设置，占地 5 720 平方米。

⑥敬老院:占地 7 977 平方米,建筑面积 1 500 平方米。

⑦集贸市场:占地 1 695 平方米,建筑面积 1 200 平方米。

⑧消防站:占地 924 平方米,建筑面积 107 平方米。

⑨水厂:结合现状水厂保留布置,其占地 6 788 平方米,建筑面积 1 492 平方米。

⑩医院:占地 9 752 平方米,建筑面积 6 300 平方米。

(2)社区组团服务设施

社区组团服务设施有物业管理、商业服务、文化体育、医疗卫生、市政公用设施和停车场。

①物业管理:结合各组团主入口沿街公建设置物业管理用房。

②商业服务设施:结合各组团入口沿街设置,包括便民店、农副产品经营点、超市、饭店、药店等其他设施。

③文化体育设施:结合各组团公建设置室内文体活动中心;结合组团中心绿地设置室外文体活动场。

④医疗卫生设施:结合各组团公建设置,包括诊所。

⑤市政公用设施:各组团结合组团绿地单独设置公厕用房,每个建筑面积 60 平方米;设置两处垃圾收集转运站结合公厕布置,每个建筑面积 60 平方米;根据户数及用电规模,总共设置 17 台室外箱变;此外,各组团在入口处设置燃气调压站等其他市政公用设施。

⑥停车位:结合社区广场绿地及宅前绿地布置停车位,社区共布置停车位 1 451 个。

8.道路交通规划

(1)规划原则

①统一性原则:遵循组织交通、合理分区、景观营造相结合的三统一原则进行路网规划。

②便捷性原则:以主导性为主的道路,尽量直达;以车流为主的道路,适度曲折,通而不畅,以达到减速、确保安全的目的,提高

环境的完整性;小区主路应简捷实用,减少对小区的干扰。

③舒适性原则:人行道路与造景相结合,滨水穿林,曲折幽径,对景生情,营造驻留空间。

(2)道路系统规划

社区道路交通体系采用人车分流体系,人行和车行互不干扰各行其道。

小区级道路分为:社区主要道路、社区次要道路、宅前路、步行道。形成"外部三横三纵,内部玉璧如意并列"的路网结构。

外部三横三纵:地块外部整体形成三横三纵规则路网。

内部玉璧如意并列:地块内部以"玉璧"和"玉如意"布局路网,环路曲折连理成枝。

曲线型主路确定社区的不规则道路骨架系统,减少车流量和增加社区的可步行性,控制车行速度。

(3)静态交通

静态交通规划也是本次规划设计的重要方面,充分考虑停车场库的安排。机动车停车分为三种方式:①住宅底层车库;②宅间停车;③地下停车。

9. 建筑设计

(1)住宅

①户型设计

根据迁并村民的要求,结合当地经济发展情况,本项目共设计有130平方米左右的舒适三房户,并配有适当比例的110～120平方米左右经济型三房,90平方米左右的两房户,260平方左右的底层住宅户型。户型设计在面积标准,功能取向以及环境配合方面进行了多方面的考虑。多户型,多种类使住户选择余地广阔。设计中以"舒适合理"成为户型设计的出发点。在设计中合理分配各房间面积,减少消极无用空间,各功能空间布置紧凑流畅,以期给住户一个舒适合理的住房。

在控制套型面积的同时,我们更注意功能的合理型。合理性

图例
城镇主干道
城镇次干道
城镇支路
社区主要道路
社区次要道路
社区步行道
宅前路
张湾大桥
赵
河
R2
0
100
200
300M

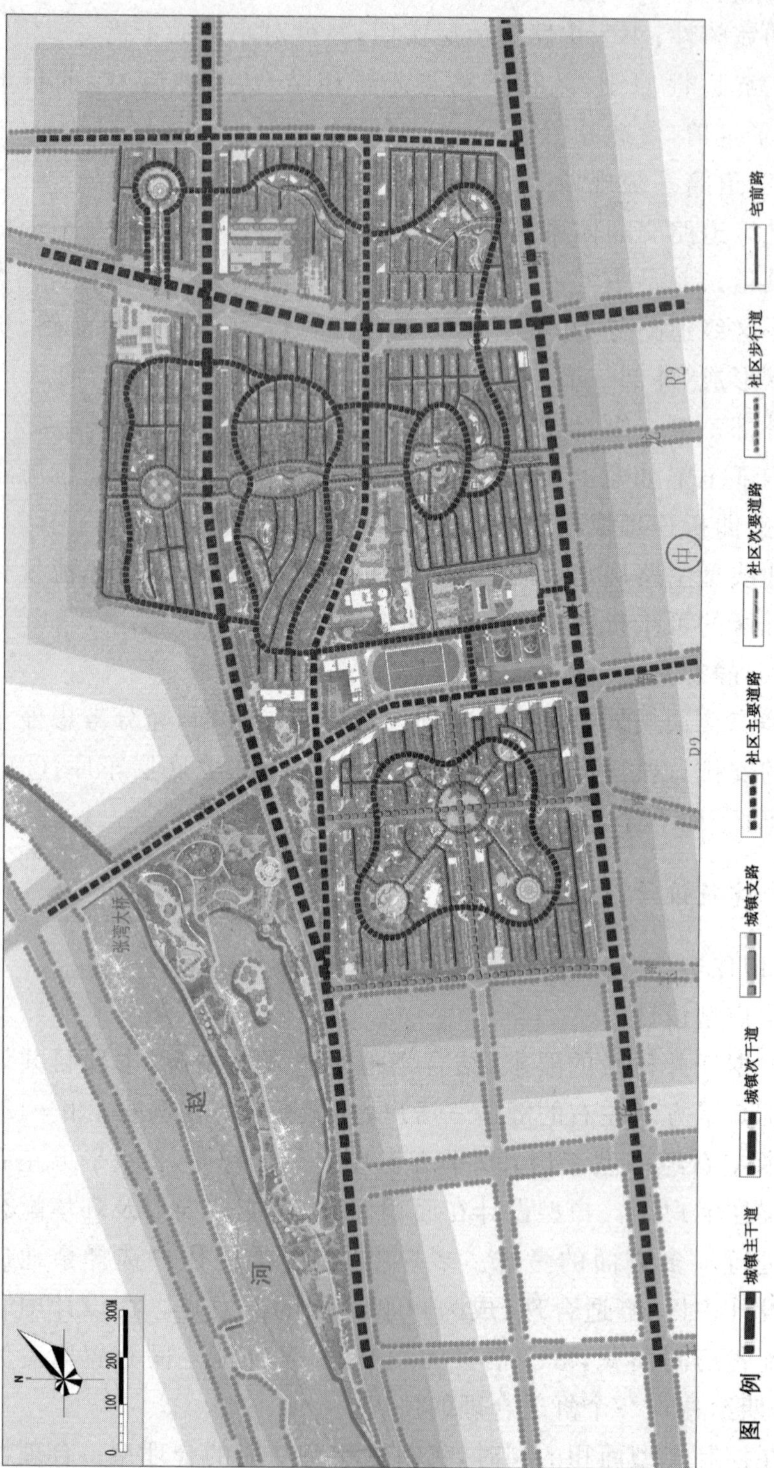

图6-16 道路系统规划

表现为明确的动静、内外分区；客厅，餐厅南北相通，既空间宽敞，又有利于采光通风；厨房及餐厅较宽敞明亮；卫生间面积合理，配置齐全；同时玄关处空间足够摆放鞋柜及换鞋；各户型南阳台宽度均在 1.5 米以上，北面有些户型还设了生活小阳台；室外空调机位基本上每个卧室，客厅均设置一个，冷凝水统一排放，立面上用间隔较大的彩铝扁管进行遮档，既不影响空调正常运行，又统一了立面造型。

具体如下：

低层住宅户型：

总建筑面积 257.49 平方米，一层建筑面积 106.18 平方米，二层建筑面积 75 平方米，三层建筑面积 76.31 平方米。

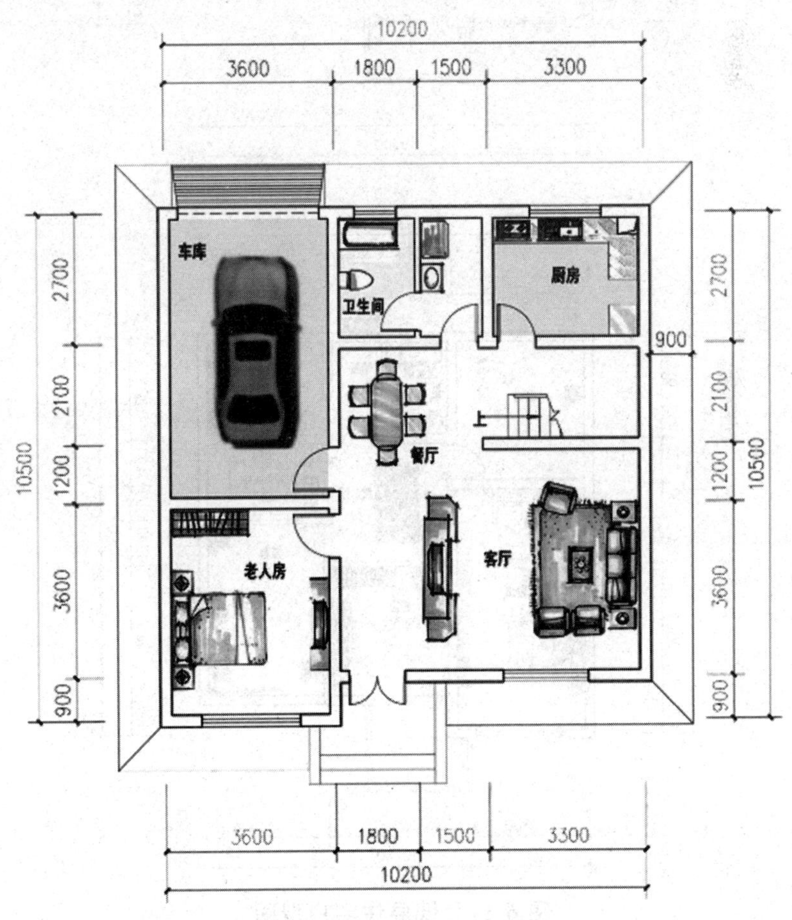

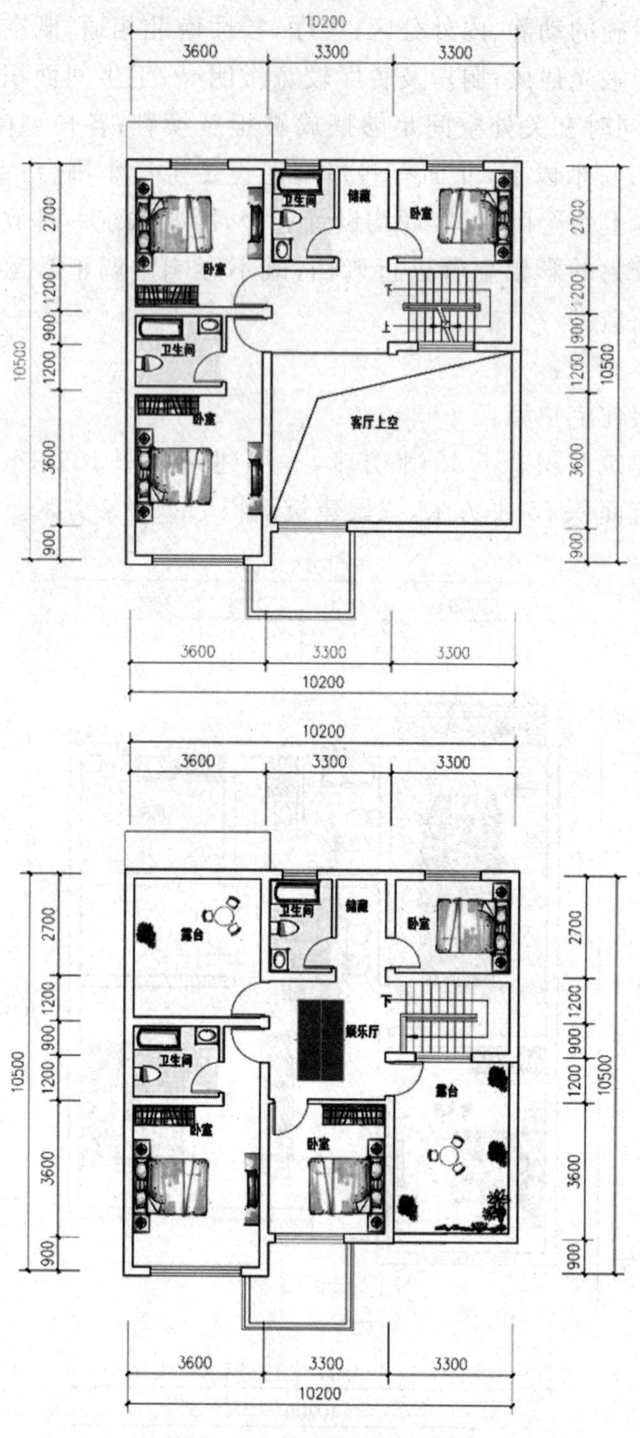

图 6-17　低层住宅户型图

多层住宅户型：

A 户型：一梯两户，每户建筑面积 86.44 平方米。

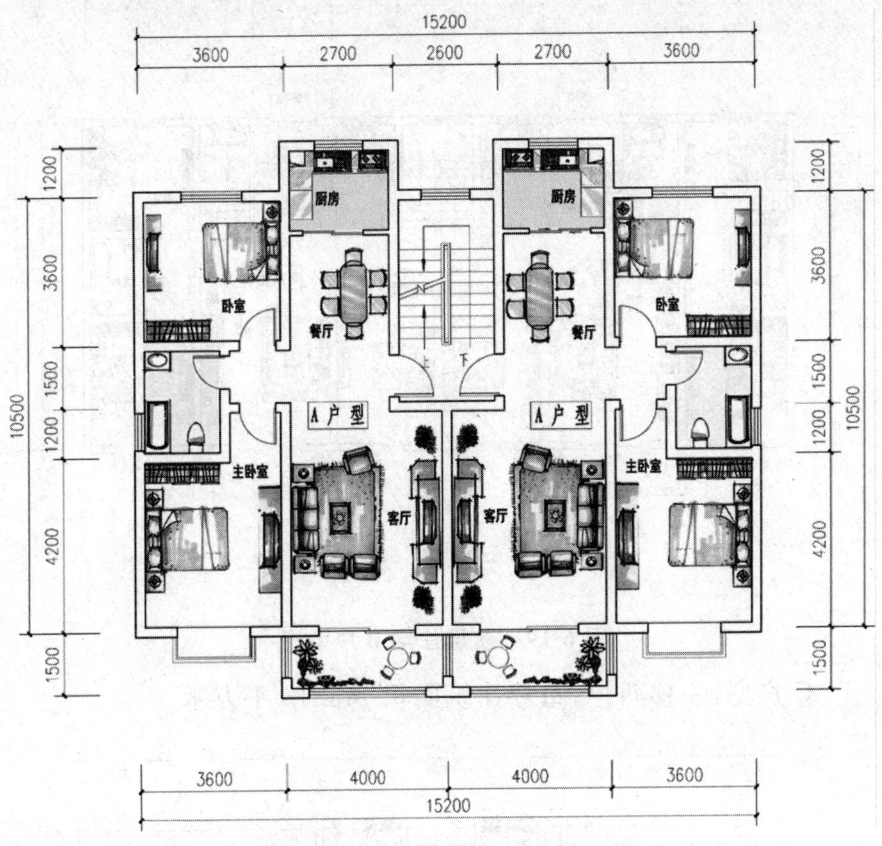

图 6-18 多层住宅 A 户型图

B 户型：一梯两户，每户建筑面积 126.56 平方米。

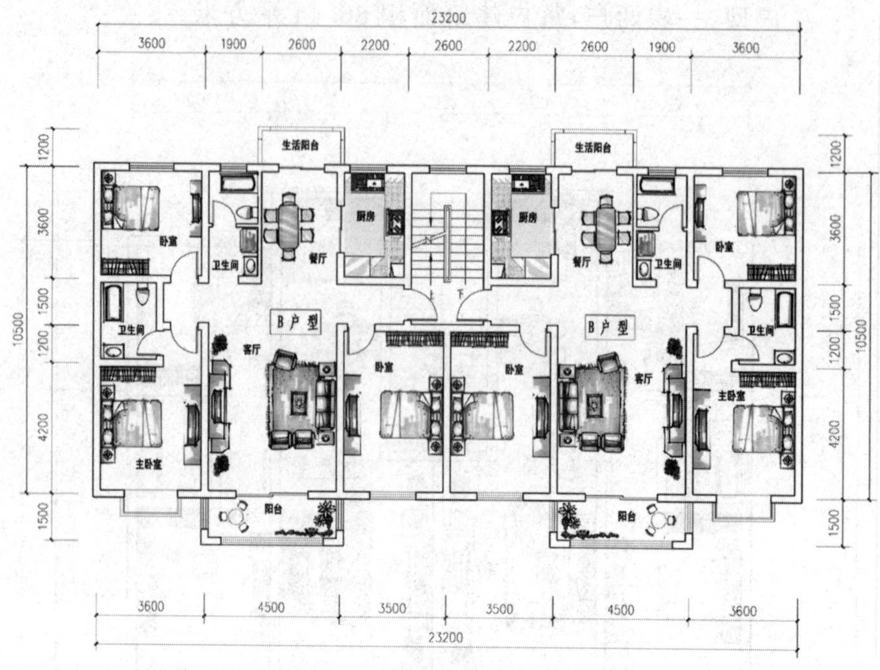

图 6-19　多层住宅 B 户型图

C 户型：一梯两户，每户建筑面积 143.12 平方米。

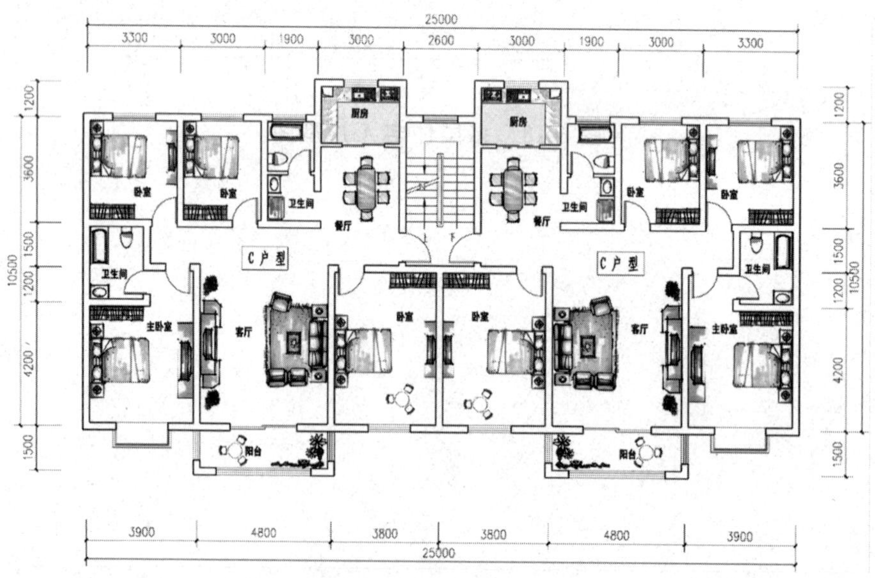

图 6-20　多层住宅 C 户型图

小高层住宅户型:一梯三户,D 建筑面积 103.41 平方米,E 建筑面积 97.22 平方米,F 建筑面积 68.47 平方米。

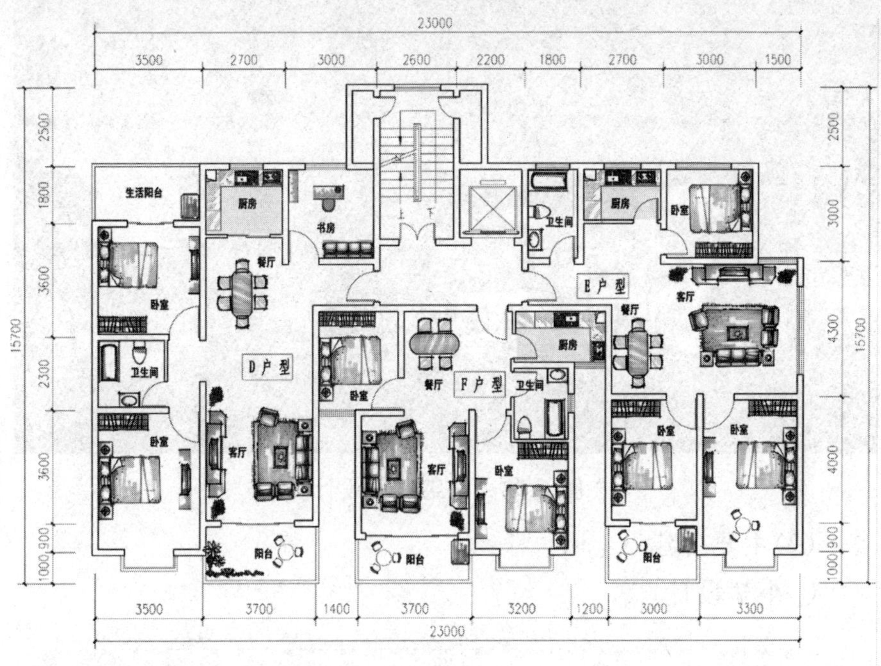

图 6-21　小高层住宅户型图

②立面设计

建筑立面风格采用现代徽派建筑风格,传统的徽派建筑经过提炼和升华,然后通过现代技术手段和装饰材料,运用徽派建筑的色彩技巧将徽派传统的民居建筑的特点用一种现代而且简约的方式表现出来。建筑型体依照徽派民居特色配以黛瓦粉壁,流檐马墙,与翠峰绿林相映,古典中流露秀美,现代里蕴含儒雅。黑白相间的建筑群表现出古老东方“道法自然”的悠久文化意蕴,将朴素的古典美学融入现代住宅之中。漫步其间将体会到本项目不仅仅是一座建筑,也是传统文化厚重积淀的无声载体。整个小区建筑形象独特、厚重,富于光影变化和错落的轮廓,在现代的居住氛围里渗透出传统地域文脉的亲切气息。在立面设计中充分重视入口门厅、阳台及空调板等细部设计。特别是结合平面,合理设置空调板与雨水管等的位置,减少其对建筑立面产生的不利影响，使其成为建筑的有机部分。

图 6-22　住宅立面设计

(2)主要公建

①小学设计

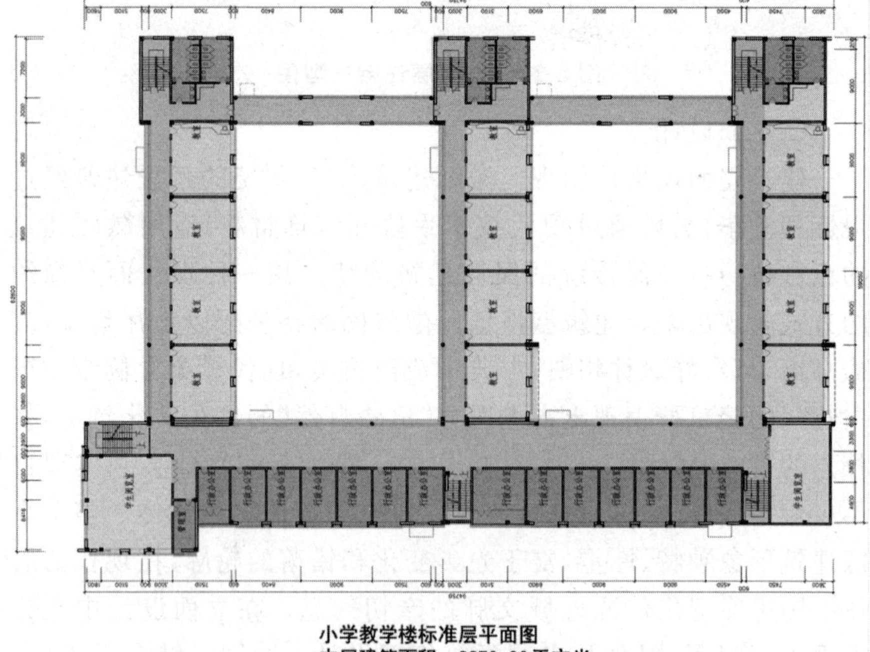

图 6-23　小学设计

充分考虑新型小学的全面素质教育和现代化开放教育的需求，力图塑造一个功能分区清晰、合理、经济可行、环境优美的高品位新校园。总体布局力求满足各功能分区的使用要求，处理好各功能分区间的相互关系，以实现使用功能、育人功能、审美功能的和谐统一，实现各功能分区间整体美、自然美、功能美的和谐统一。

建筑以现代徽派风格为基调，形式上力求简洁、明快。设计上力求体现学校建筑典雅、庄重特征，建筑布局注意群体效果，在统一中突出重点，建筑造型整体协调。学校设计为四轨制，共24个教学班，在校生1 080人，可以满足社区内儿童教育要求。

②幼儿园设计

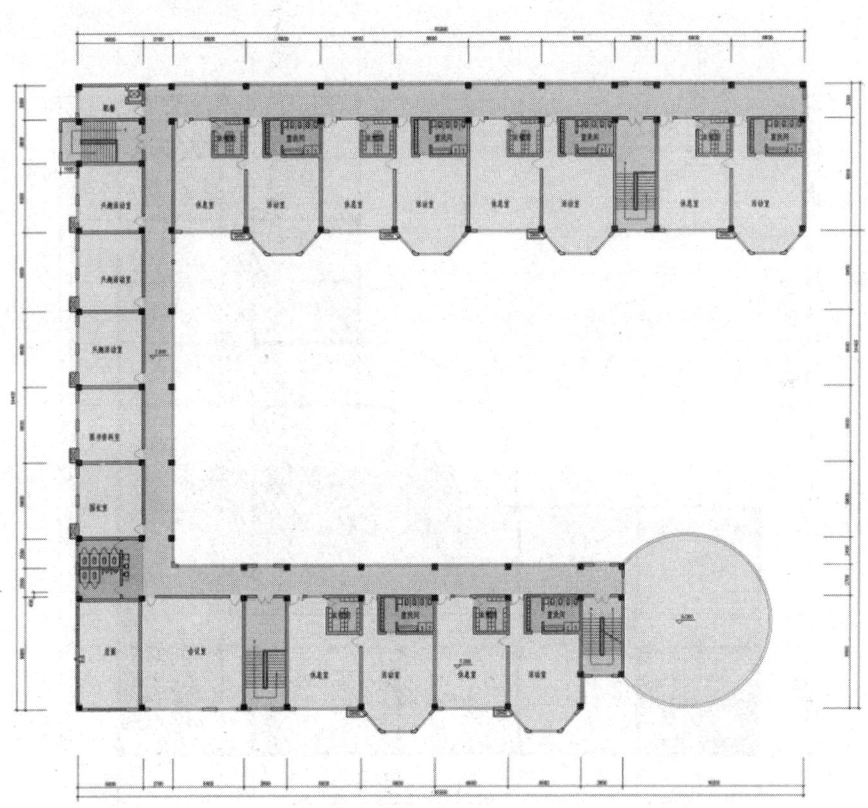

幼儿园标准层平面图
本层建筑面积：1789.27平方米

图6-24　幼儿园设计

由于本项目用地范围较大，根据幼儿园的服务半径不能大于300米的要求，故在项目的东部、中部和西部组团内各设置一个幼儿园。每个幼儿园用地宽广，室外活动空间充足，每个班单元均设有独立的户外活动场地，结合室外的公共活动场地，共同促进儿童的交往活动。平面设计简单紧凑，各部分联系紧密、便利而又互不交叉。从幼儿心理特点考虑，着重室内外空间环境营造，每个班单元的活动室均朝南，阳光充足，通风良好。

③社区行政中心设计

行政中心建筑主体为5层，局部为6层，建筑风格为现代徽派风格，建筑体型稳重典雅而又不失亲和力。

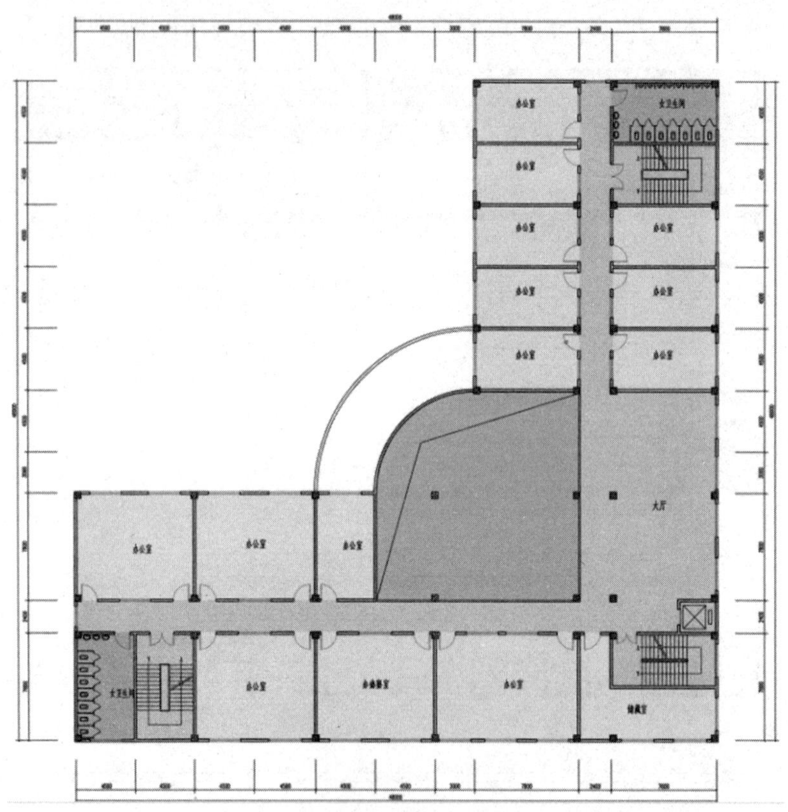

行政中心标准层平面图

本层建筑面积：1466.30平方米

图 6-25　社区行政中心设计

④养老院设计

养老院位于本项目的中央地带，方便服务全体社区。建筑主体为两层，建筑面积 1 500 平方米左右，内部设有菜地、花圃、运动场，可供老人休闲、健身、劳动。

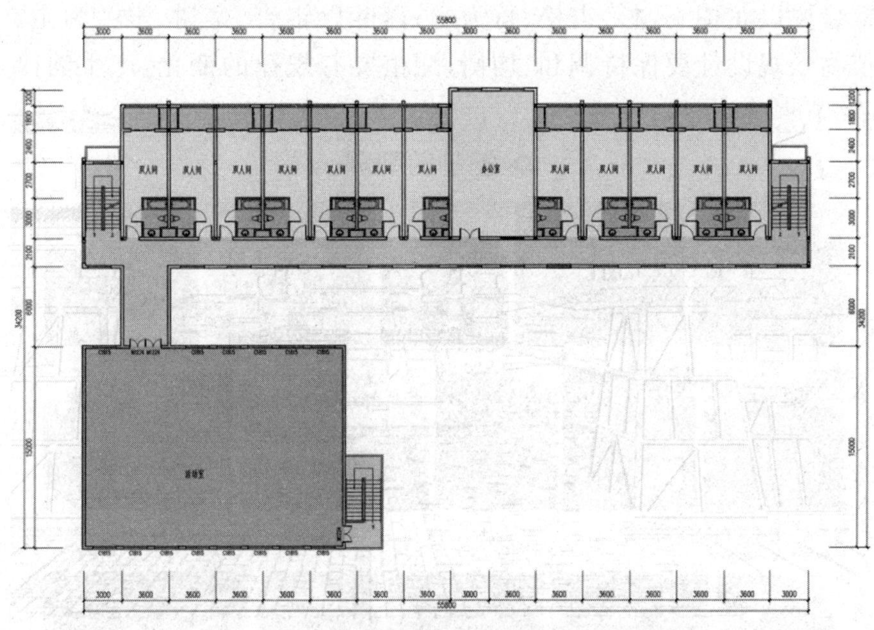

养老院标准层平面图
本层建筑面积：1000平方米

图 6-26　养老院设计

⑤沿街商业用房

小区周边的沿街设置商业用房。商业用房为一层沿街小商铺，对镇区开放。商业用房上部为住宅，住宅高度层次的变化与商业裙房一起形成良好的城市界面。

10. 植物配置

(1)植物配置原则

①全区绿地做自然式布置，在植物配植上也讲究表现自然风光，追求自然树丛的群落种植方式；结合园区内起伏地形，从竖向上丰富植物配植层次，分隔、点缀空间，创造良好的休憩环境。

②在植物选择上首先要以人为本，再则要配合不同景点、功

能，满足四季长青、三季有花、景景宜人的要求。由于北京的气候特点，配植上着重考虑冬季景观。在常绿树为背景基础上，结合观干观果植物增添冬季园林景致变化。

③植物树种丰富，但要保持一定的统一性。园中基调树种，常绿树以龙柏、云杉、雪松、竹为主；落叶以银杏、栾树、玉兰为主。植物景观设计要保持调和、均衡，配植要有规律的变化，产生韵律感、节奏感。

图 6-27　植物配置

(2)供选择的主要树种

①常绿针叶树

乔木类:雪松、龙柏、云杉、竹。

灌木类:匍地柏、五针松、罗汉松。

②常绿阔叶树

乔木类:香樟、广玉兰、女贞。

灌木类:大叶黄杨、瓜子黄杨、枸骨、海桐、夹竹桃、迎春、南天竹、小叶女贞。

③落叶阔叶树

乔木类:银杏、合欢、火炬树。

灌木类:樱花、桃树、腊梅、贴梗海棠、榆叶梅、白玉兰。

④藤木

紫藤、美国凌霄。

⑤花卉

长生菊、一串红、羽衣甘蓝、太阳花。

⑥草坪

采用混交,季节性草种和耐践踏型草种混交。

(3)重要景点植物设计说明

公共绿地——沿着人工湖曲折迂回变化,通过植物配植,使景观既连续,又随着步移景移。种植上增加水面层次,软化驳岸,形成花溪效果。地锦、蔷薇点缀山石;水中栽植睡莲、鸢尾等,岸边配以水杉、黄栌、紫叶李、绣线菊、平枝荀子、铺地柏等树形美观植物,色彩变化多样,景色怡人。

(4)植物的栽植

①涉及的种植土应为疏松透气的砂质土壤,如不符合条件应更换种植土,种植土中不应有石块等杂物。

②大乔木种植土厚度应不小于 1.5 米,小乔木种植土厚不小于 1 米,灌木种植土厚不小于 0.8 米,球类不小于 0.5 米,模纹和草坪不小于 0.3 米。

③苗木应选择健康,强壮的植株,严禁杜绝病株枯株。落叶

乔木应主干健壮枝叶茂密，株形好看；常绿乔木应株形漂亮、丰满。

④乔木和灌木栽植前必须带土球，土球破碎者不得栽植，树木栽之前应疏枝，并施底肥。

11.规划实施

(1)分期建设

本着可持续发展的规划原则，整体控制，分片开发，滚动成区，保证规划的顺利实施。规划将一期分为二片区分期实施。

一期：一期规划用地面积为 30.72 公顷，合 460.8 亩，位于社区建设用地范围的东南部，西起新兴路，东至玉河路，北靠玉龙路，南到毕兴路。

二期：二期建设范围为一期建设范围外的 47.38 公顷用地，合 710.7 亩，分布于基地范围北侧和西侧。

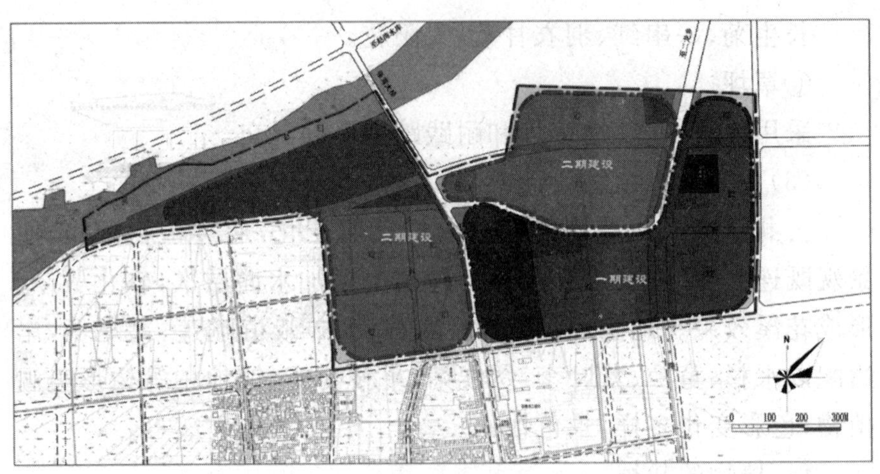

图 6-28 分期建设规划

(2)实施措施

开展新型农村社区建设，不是对城市社区建设模式的简单复制，要根据农村发展实际，顺应农民需求，认真探索和实践。要因地制宜，分类指导，充分考虑当地财力和群众的承受能力，从解决农民群众最直接、最现实的利益问题入手，切实抓好各项措施的落实。

建立健全新型农村社区建设领导体制和工作机制。各级政府要高度重视新型农村社区建设工作，积极探索新型农村社区建设工作的组织形式，建立健全由民政部门牵头、有关部门协同、村级组织承办、社会力量支持、群众广泛参与的新型农村社区建设领导体制和工作机制。建立新型农村社区建设联席会议制度，协调解决新型农村社区建设中的相关问题。要明确工作职责，制定工作计划，分解落实任务，加强督促检查。有关部门要各司其职，相互配合。

制定新型农村社区建设发展规划和年度计划。各地要从实际出发，积极探索完善新型农村社区的设置模式，制定切实可行的发展规划和年度实施计划。乡镇要制定新型农村社区建设工作实施意见，建立考核、民主评议、工资待遇、保险、奖惩、培训管理等制度，形成多层次的社会参与机制。切实加强新型农村社区组织建设，健全村民会议、村民代表会议和村务公开民主管理等工作制度，保证农民群众依法直接行使民主权利，依法管理基层公共事务和公益事业，支持和保障新型农村社区建设工作有效开展。

建立社会广泛参与的社区工作队伍。积极探索引导农民群众参与社区建设和活动的有效机制，充分发挥社区人大代表、政协委员、村民代表、党员、团员、致富能人、驻社区单位代表、老干部、老农民、老模范、老教师、老复员退伍军人和热心公益事业的积极分子的作用。根据新型农村社区居民需要，成立社会互助救助、环境卫生监督、民间纠纷调解、文体娱乐活动、公益事业服务、计划生育服务、生产发展服务、科技致富服务等新型农村社区志愿者组织和专业协会，积极开展各种类型的服务。建立新型农村社区志愿者注册制度，完善社区志愿者激励机制。为新型农村社区志愿者组织开展服务活动提供必要的场地，给予适当经费补助，促进新型农村志愿服务活动快速健康发展。

加强新型农村社区基础设施建设。积极探索确定新型农村社区服务功能，引导社会救助、社会福利、社会保障以及教育、卫生、文化、科技、法律等公共服务进社区。切实抓好社区服务组织平台、社区服务设施平台和社区服务网络平台建设，逐步建立和完善村务室、会议室、警务室、为民服务全程代理点、图书阅览室、多功能活动室、现代远程教育中心、社区卫生服务站、社区公务公开栏、文化娱乐场地。

健全新型农村社区建设投入机制。各级政府要将新型农村社区建设列入本地区经济社会发展规划，加大投入和政策扶持力度，安排一定的新型农村社区建设经费。培育发展新型农村社区志愿者组织、民间组织和兴办社区公益性事业。整合社会资源，挖掘社区潜力，鼓励社会力量投资兴办新型农村社区服务和公益事业。提倡县、乡政府部门和有关单位结对帮扶新型农村社区，投入相应的人力、财力、物力，推进农村社区建设。

(3)新型农村社区建设运作模式

设立集体建设用地收购专项基金。在一定地区范围内公布集体建设用地基准地价；以平衡农村集体和农村个人收益关系为核心，在不损害农村个人利益，也不损害农村集体利益的情况下，对农村集体建设用地进行收购。

开发商介入新型农村社区的整合与建设。允许集体建设用地以整村的形式，在村集体与开发公司之间出让与转让。开发公司必须购得原有整村的集体建设用地，才能进行新农村的开发与建设。开发公司资金不足时，可以申请政府收购基金与之捆绑并在农村展开收购；但新型农村社区建设产生的用地指标，需按投入的资金比例，在开发商和政府之间进行分配。

(4)提高居民的社区建设意识和整体素质

努力提高广大人民群众的社区意识和整体素质，逐步适应新型农村社区发展的要求。政府各部门要通过各种渠道，利用电视、广播、报纸、杂志等宣传媒体，采取农民喜闻乐见的形式，大力宣传和积极倡导新型农村社区建设的重大意义，向农民灌输新的思想观念、文明的生活方式，增强他们的城市意识、文明意识、法制意识、环境意识、社会公德意识,形成追求文明和良好行为习惯的风气,促使其从传统农民向现代市民的转变。

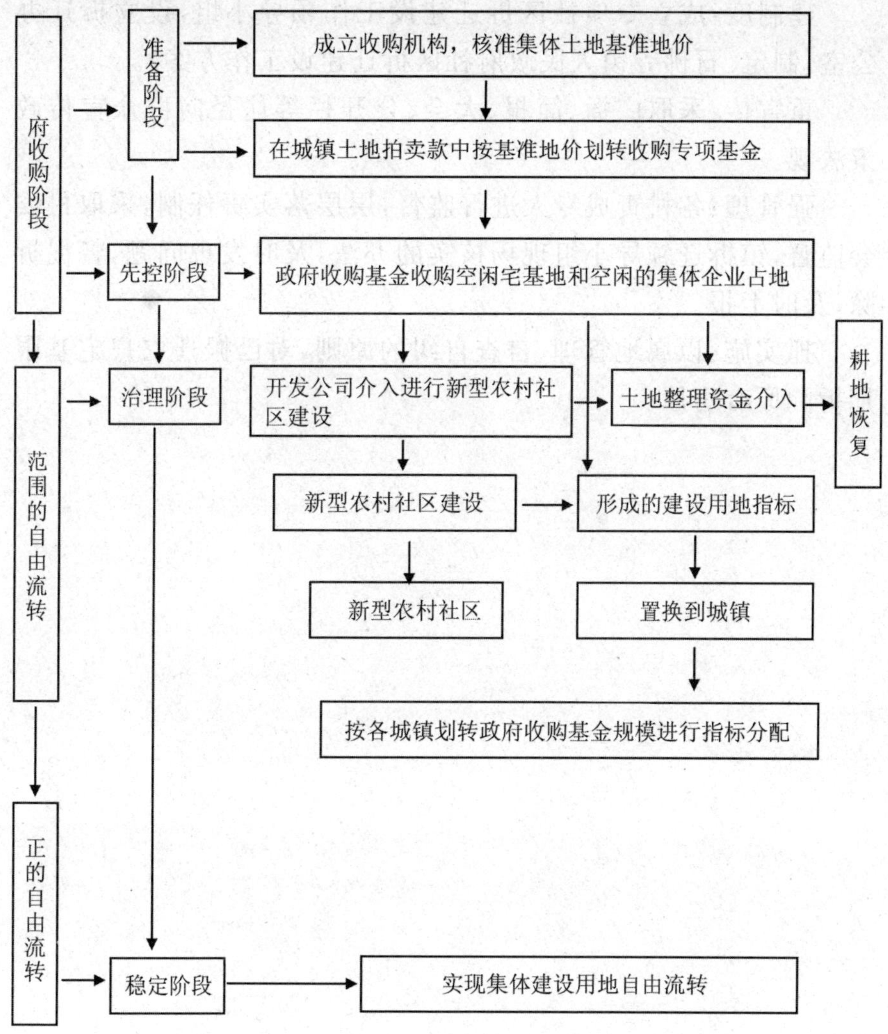

图 6-29 “政府收购十自由流转”模式的流程图

(5)旧村建设控制措施

社区建设要严格执行村镇建设用地标准等国家城乡建设规范及河南省地方建设法规,按照既有利于保护耕地、节约土地,又有利于促进城镇化发展的原则,正确处理好社区建设与合理利用土地、保护土地的关系。

一期涉及搬迁的村庄，搬迁后原有宅基政府统一收回，进行建设控制，不允许擅自建房。具体措施：

建制度：成立专项社区拆迁建设工作领导小组，设立拆迁办公室，制定《石佛寺镇人民政府社区拆迁建设工作方案》。

重宣传：采取广播、简报、大会、公开栏等途径向群众宣传政策法规。

强管理：各村责成专人进行监督，层层落实责任制，采取村委会监督，镇拆迁领导小组现场核实的办法，及时发现问题，督促拆除，及时上报。

抓实施：以属地管理、自查自纠的原则，对已搬迁农户宅基限期拆除原有房屋。

附　录

附录1　新型农村社区调查问卷

新型农村社区公共服务设施调查问卷(问卷中显示的图标为现场调查部分结果统计)

您好！我们是来自华北水利水电大学的学生,正在做一项关于新型农村社区公共设施的调研,希望能够得到您的配合,我们会保证相关信息保密性。真挚地感谢您的信任和支持!

1.您的性别是________?

□男　　□女

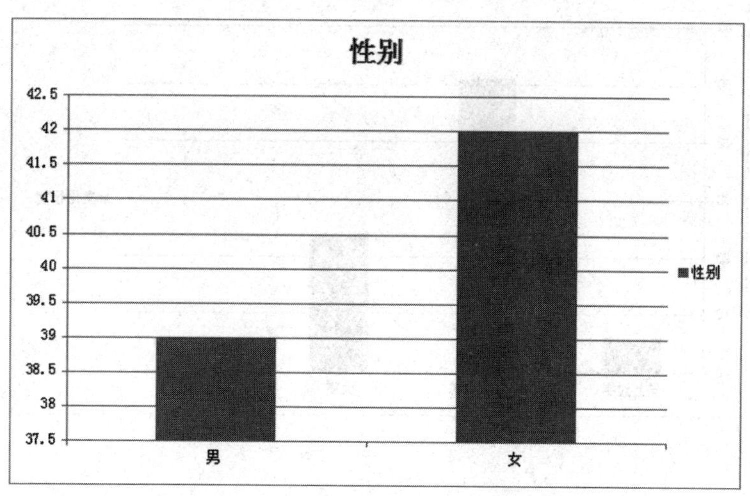

2. 您的年龄是________？

□18 岁以下　□19—30 岁　□31—65 岁　□65 岁以上

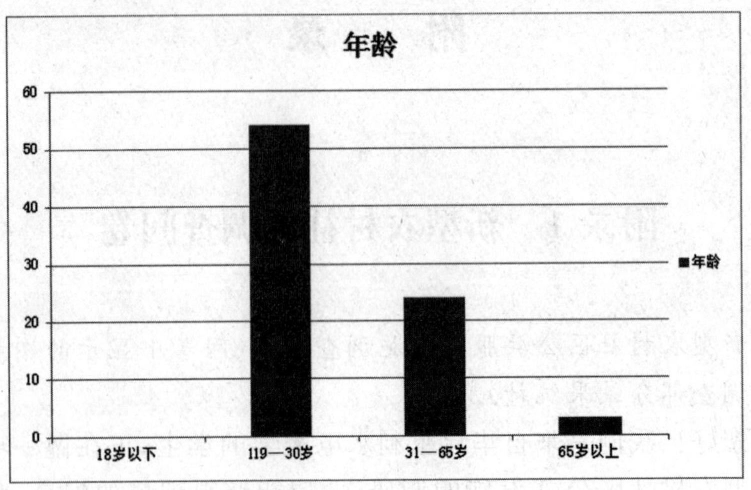

3. 您的文化程度是________？

□没上过学　□小学、中学　□大学　□硕士及以上

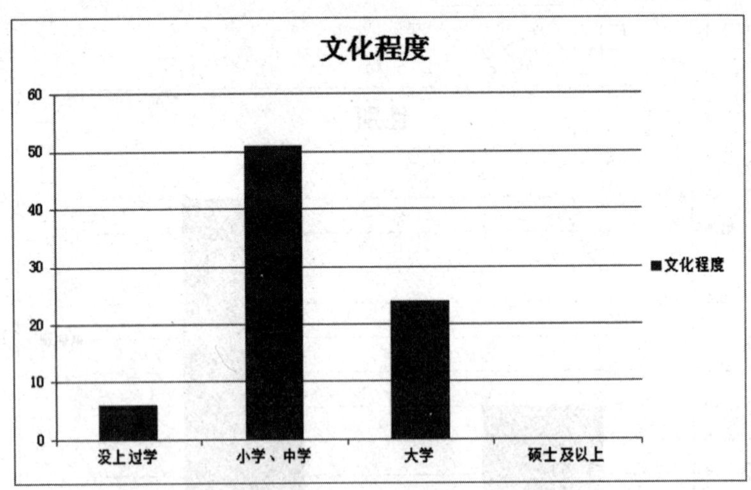

4. 您的职业是________?

□农民 □工人 □商人 □白领 □学生 □政府部门

□其他________

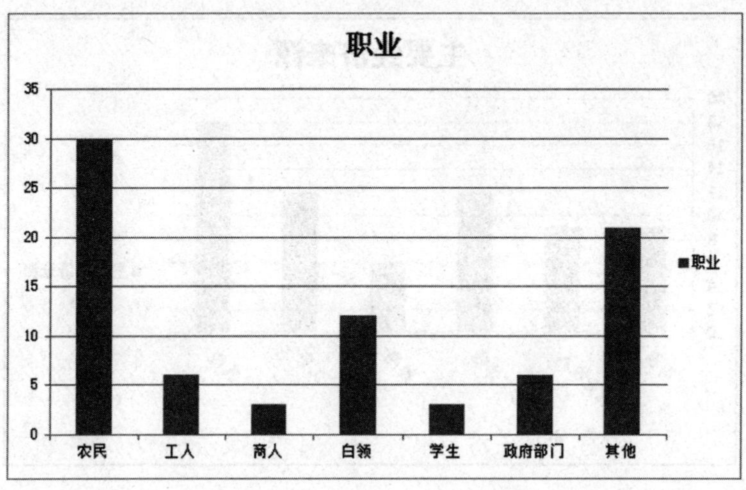

5. 您的月收入是________?

□1 000 元以下 □1 000～3 000 元 □3 000～6 000 元 □6 000 元以上

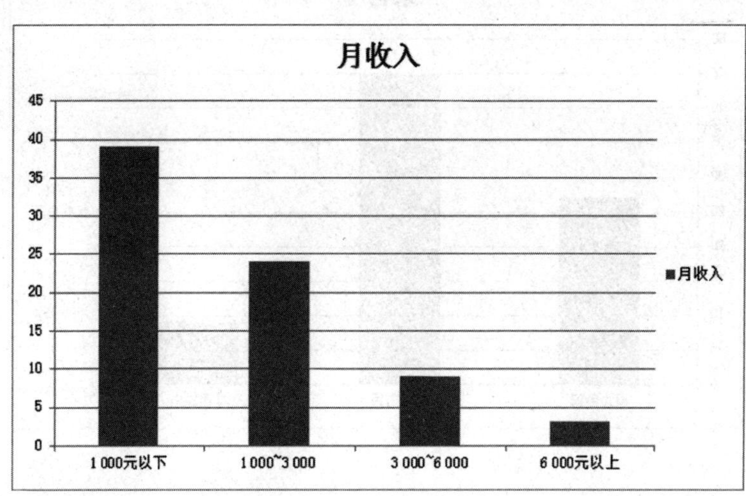

6. 您的主要经济收入来源是________？

□房租 □农业收入 □外出打零工挣钱 □经商

□工资 □其他

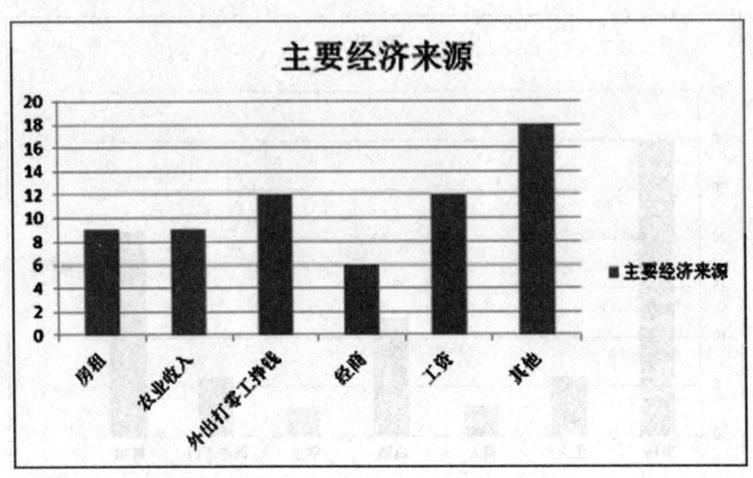

7. 您来自________？

□周边乡镇 □本地市民 □其他城市

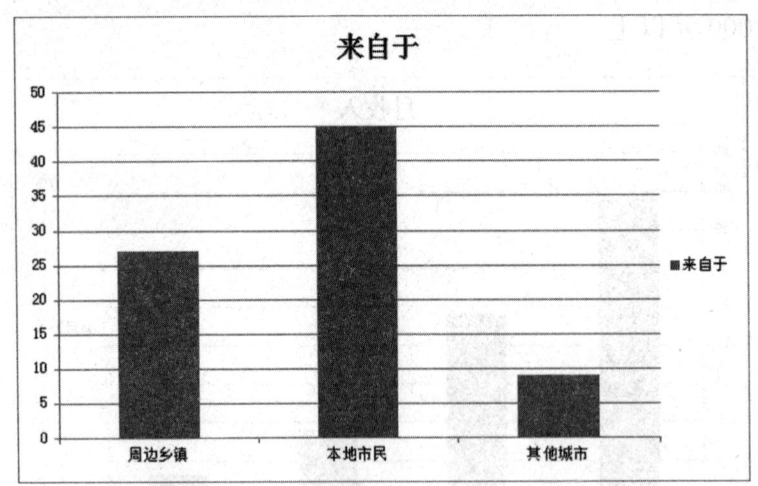

8. 您到这里居住是＿＿＿＿＿？

□家在这　□在这租房子　□在这的旅馆住宿　□其他

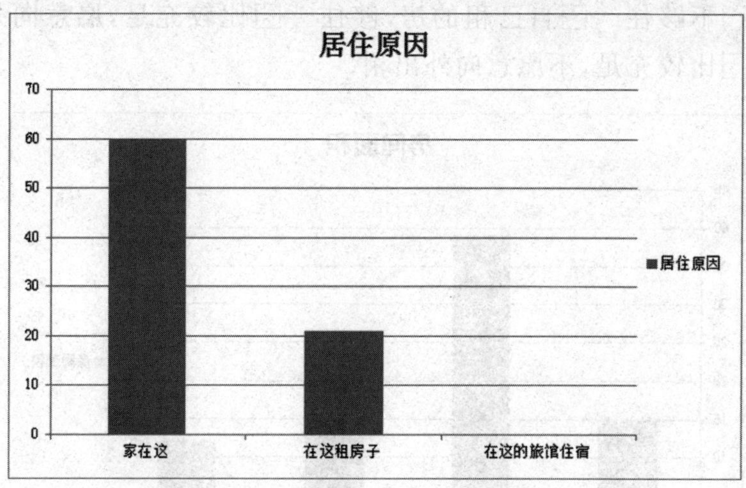

9. 您家有多少人在这里居住？

□1 人　□2～3 人　□4 人及以上

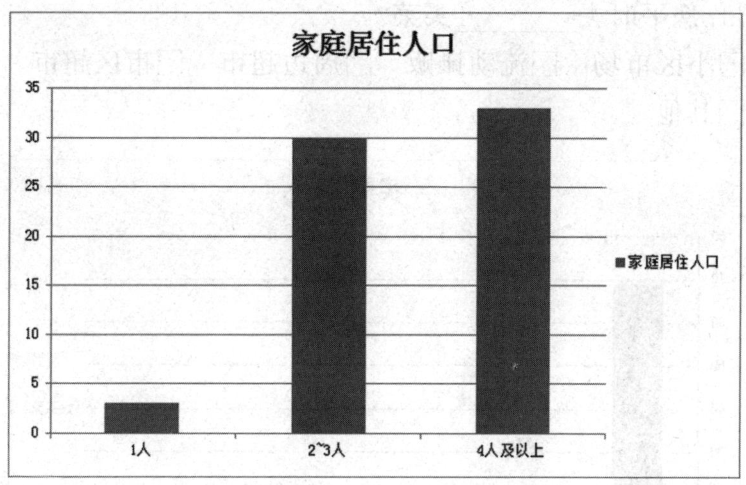

10. 您现在住房的面积是否充足？如果充裕，是否愿意向外出租？

□不够住　□自己租的房，够住　□比较充足，愿意向外出租　□比较充足，不愿意向外出租

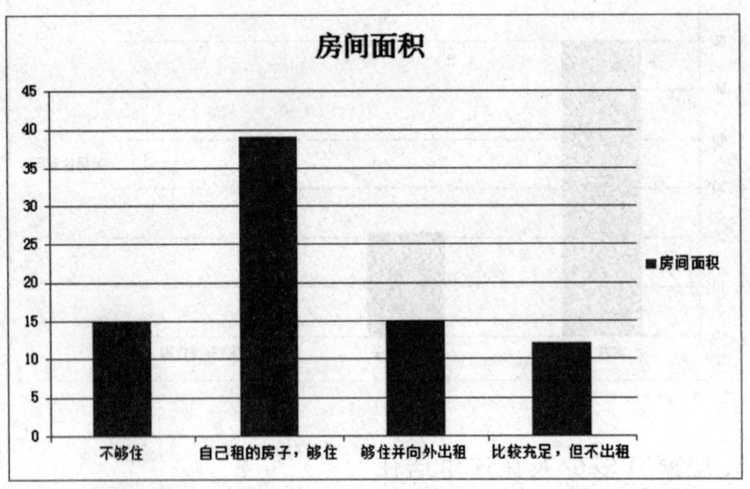

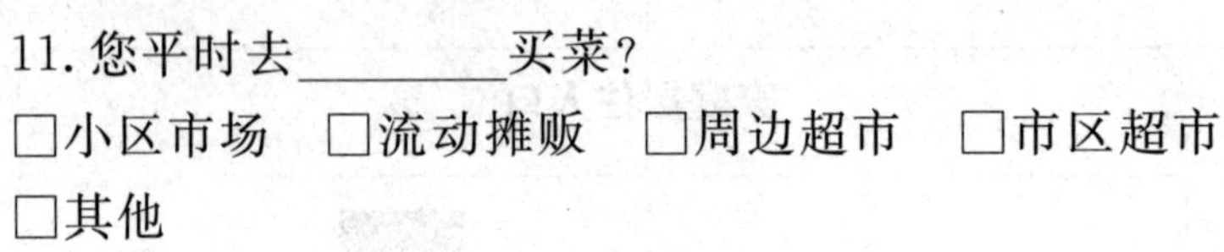

11. 您平时去________买菜？

□小区市场　□流动摊贩　□周边超市　□市区超市　□其他

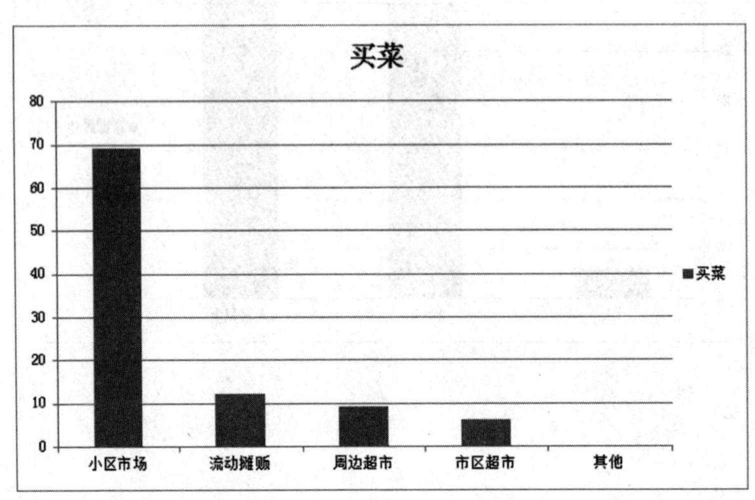

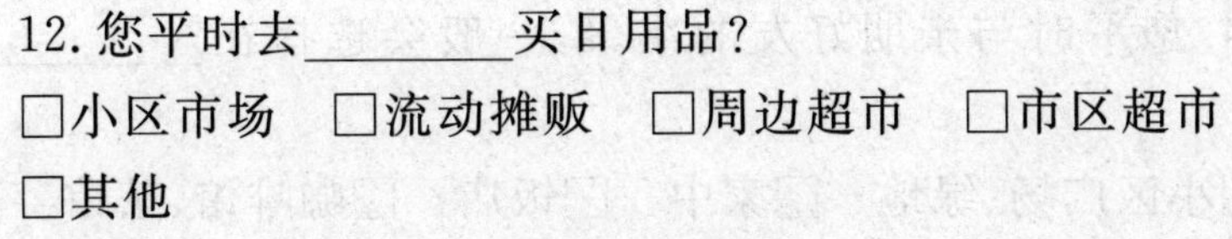
12.您平时去________买日用品？

□小区市场　□流动摊贩　□周边超市　□市区超市

□其他

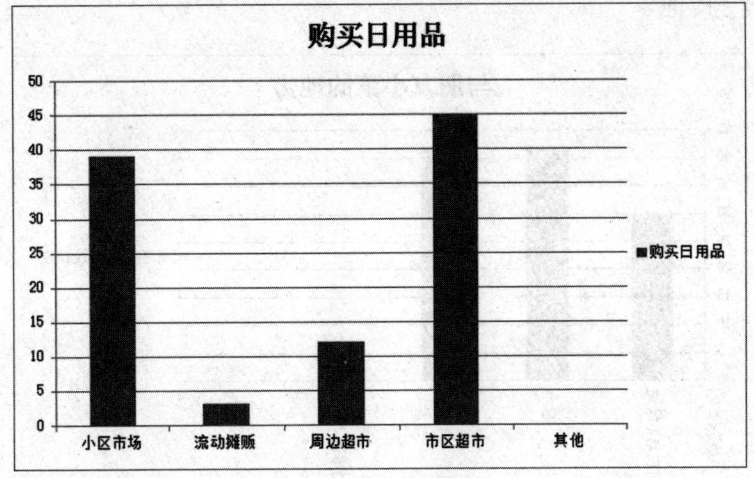

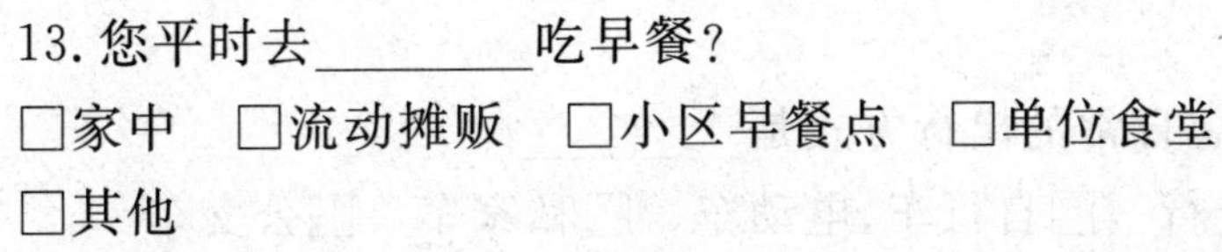
13.您平时去________吃早餐？

□家中　□流动摊贩　□小区早餐点　□单位食堂

□其他

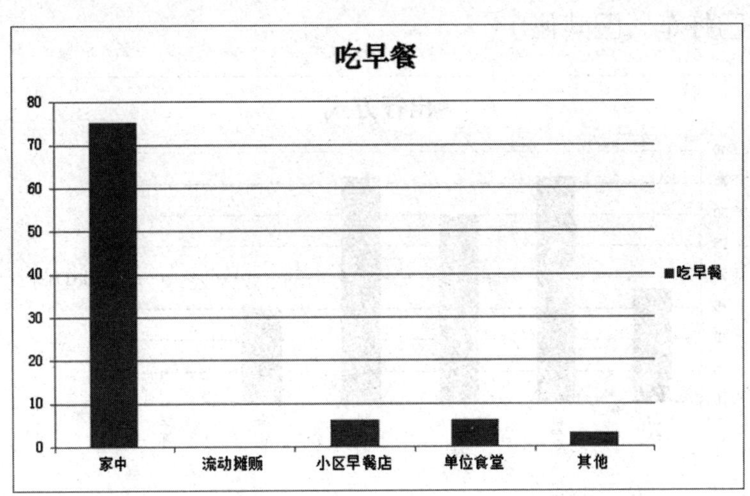

14. 您平时与亲朋好友的小聚，一般会选择在________（多选）

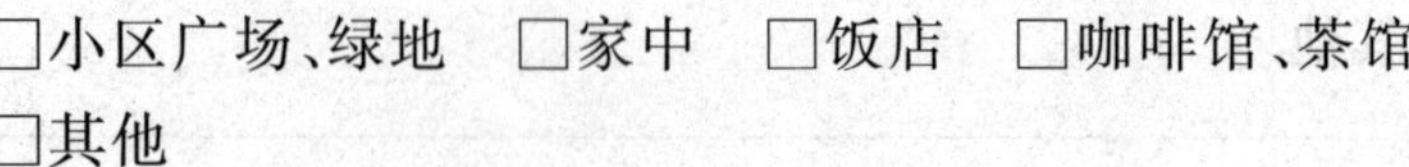

□小区广场、绿地　□家中　□饭店　□咖啡馆、茶馆

□其他

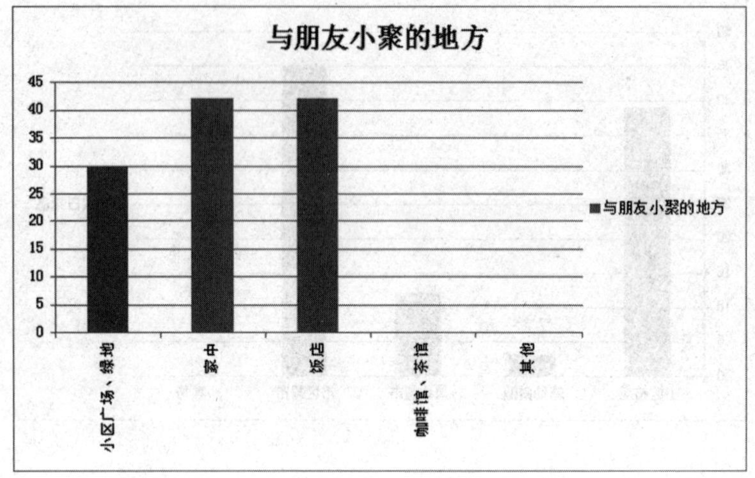

15. 您日常的出行方式是________？

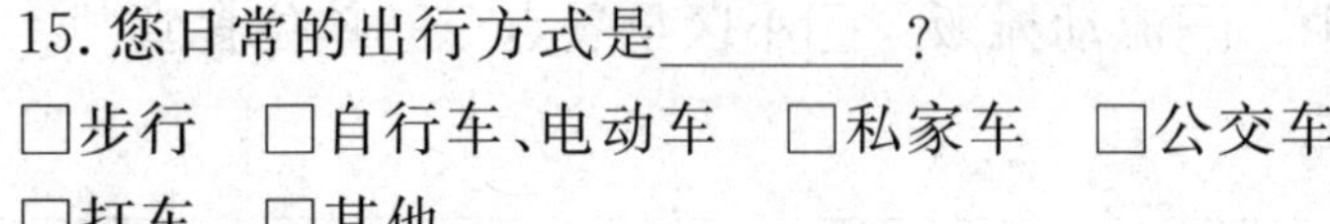

□步行　□自行车、电动车　□私家车　□公交车

□打车　□其他

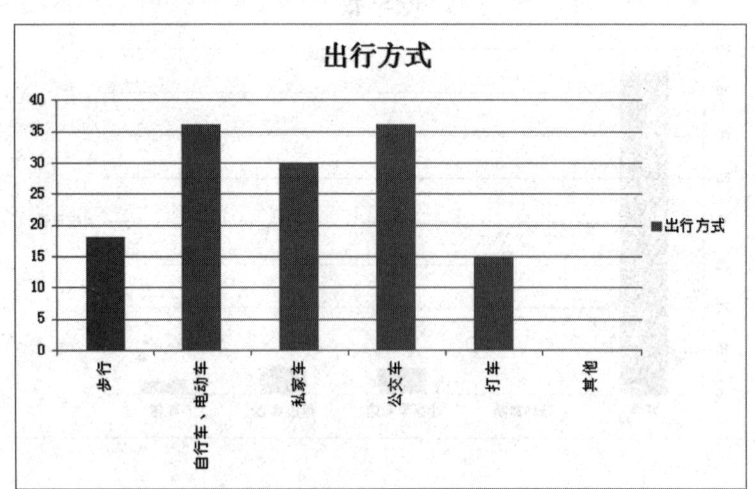

16. 您日常的休闲活动主要是________(多选)

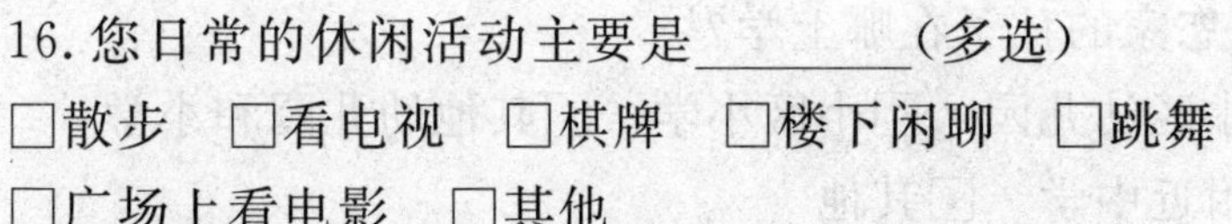
□散步 □看电视 □棋牌 □楼下闲聊 □跳舞
□广场上看电影 □其他________

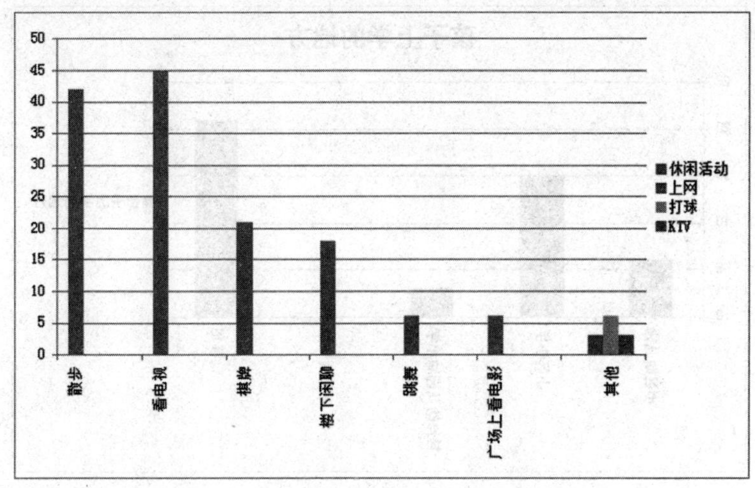

17. 您日常休闲活动主要在________(多选)

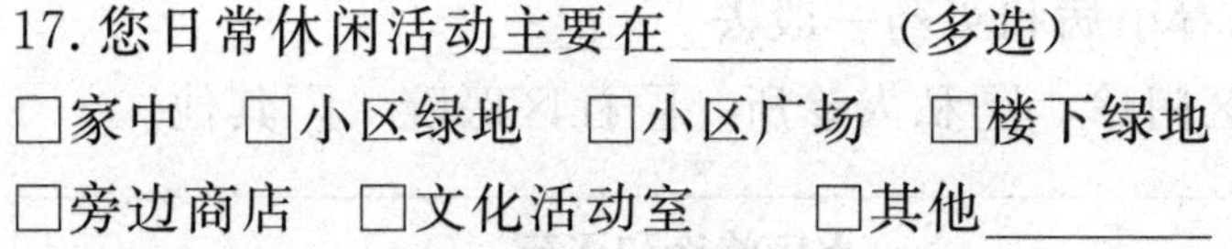
□家中 □小区绿地 □小区广场 □楼下绿地
□旁边商店 □文化活动室 □其他________

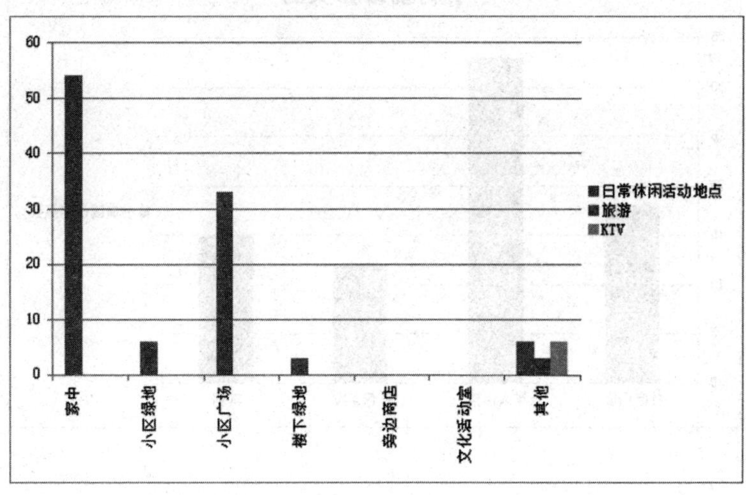

18. 您家的孩子在哪上学？

□小区幼儿园　□小区小学　□其他幼儿园和小学

□附近中学　□其他

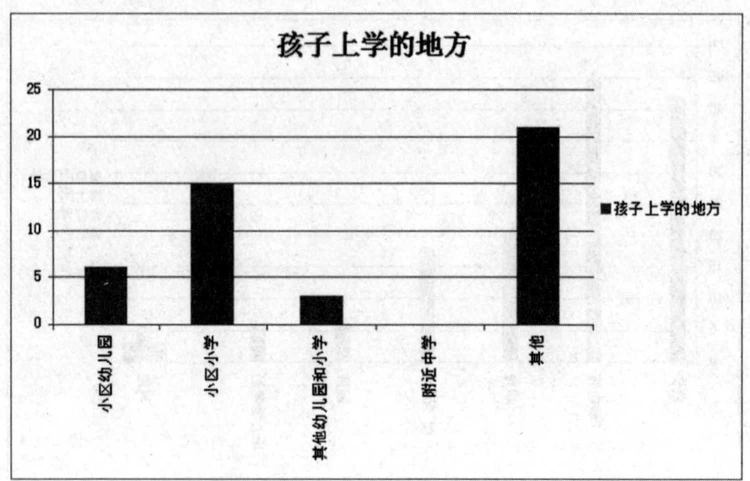

19. 您看小病和买药一般去________？

□社区门诊　□私人诊所　□社区医院　□其他

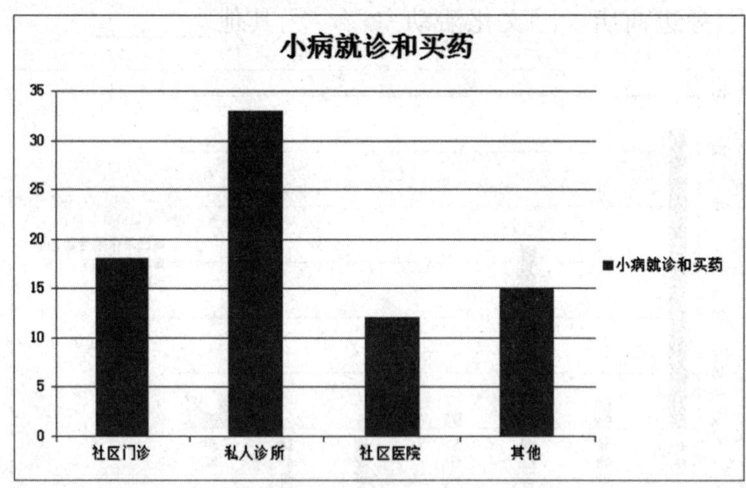

20.您对小区的公共场所、公共设施比较满意的是________（多选）

□大屏幕　□健身器材　□诊所　□绿地　□商店

□小学　□幼儿园　□小区广场　□小区绿地

□文化活动室　□其他

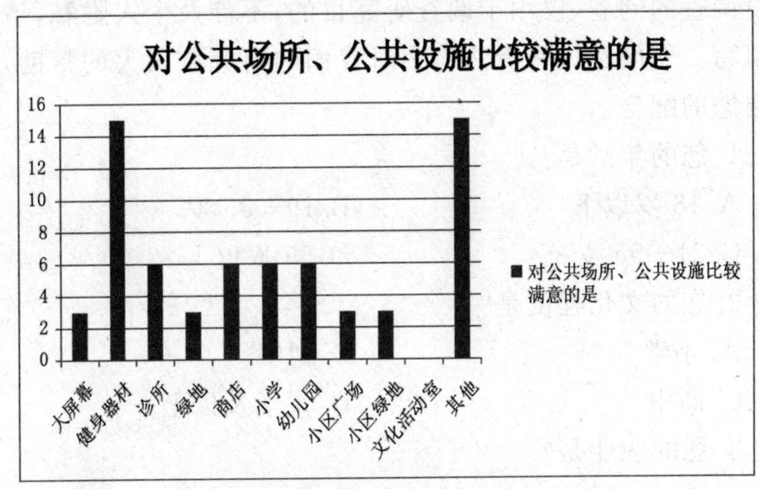

21.您觉得小区中还需要增加哪些公共设施？

____

22.您觉得小区的建设和发展还有什么建议？

____

再次感谢您的信任和配合！

附录 2　新型农村社区建设调查问卷

您好，我们是华北水利水电大学的学生。感谢您在百忙之中抽出时间填写此份问卷，这是一份关于郑州村镇建设及新型社区建设调查的问卷，仅用于调查研究目的，不涉及个人隐私，请您放心填写。您的意见和看法将会对我们的研究有很大的帮助，再次感谢您的配合。

1. 您的年龄是？

A. 18 岁以下　　B. 19—35 岁

C. 31—55 岁　　D. 55 岁以上

2. 您的文化程度是？

A. 小学　　B. 初中

C. 高中　　D. 大学及以上

3. 您的职业是？

A. 学生　　B. 在职工作者

C. 农民　　D. 退休者

E. 其他________

4. 请问您是本地居民还是外地游客？

A. 本地居民　　B. 外地游客

如果你是本地居民的话：回答 5～7 题

5. 您是否长期居住在本村镇：

A. 是　　B. 否

6. 您是否在本村镇工作：

A. 是，在本村镇工作的具体位置及性质：________________

____

B. 否，在外地工作的具体位置及性质：________________

____

7. 您每天在本村镇户外停留的时间：

A. 超过 2 小时　　B. 低于 2 小时

8. 你对本村镇的总体居住条件满意吗？

A. 非常满意　　B. 满意

C. 基本满意　　D. 不满意

9. 您对本村镇的总体居住环境满意吗？

A. 非常满意　　B. 满意

C. 基本满意　　D. 不满意

10. 您认为本村镇有什么特色是值得推荐或者介绍的吗？

A. 建筑　　B. 习俗

C. 产品　　D. 文物古迹

E. 其他________

11. 您认为本地交通状况是否便利：

A. 便利　　B. 不便利

如果“不便利”的话原因是：

A. 周边规划和道路布局不合理

B. 停车设施不足

C. 公共交通站点太少

D. 路过出租车少

E. 其他________

12. 您对本地户外环境中休息设施状况是否满意：

A. 满意　　B. 不满意

如果“不满意”的原因是：

A. 数量不足　　B. 分布不均匀

C. 不舒适　　D. 其他________

13. 您对本地户外环境中娱乐设施状况是否满意：

A. 满意　　B. 不满意

如果“不满意”的原因是：

A. 数量不足　　B. 分布不均匀

C. 种类太少　　D. 其他________

14. 您对本地户外环境中的绿化是否满意：

A. 很满意　　B. 较满意

如果“不满意”的原因是：

A. 绿化太少　　B. 分布不均匀

C. 不舒适　　D. 其他________

15. 您对本地户外环境中商业设施是否满意：

A. 满意　　B. 不满意

如果“不满意”的原因是：

A. 数量太少　　B. 分布不均

C. 距离太远，不便使用　　D. 其他________

16. 你到本地最看重什么？是否值得保留？

____

____

____

17. 你觉得本地的规划建设与周边建设和发展是否达到了和谐统一？

A. 是　　B. 否　　C. 说不清楚

原因____

____

____

18. 对于您而言，你觉得新型农村社区建设意味着什么？对您的影响大吗？

____

____

19. 你觉得新型农村社区建设中应注重哪些方面：

____

____

20. 你对社区建设还有什么建议：________________

____

感谢您百忙之中，抽空参与！

附录3　郑市州城中村儿童受学前教育现象调查问卷

时间：____月____日____时　　地点：________　调查员：______

尊敬的家长，你好！

我们是华北水利水电大学的学生，现在进行一项关于郑州市城中村儿童受学前教育现状的调研。我们真诚希望您能通过该问卷得到一些您的真实感受和看法，谢谢您的合作！（注：问卷不涉及关于您本人的任何私人信息）

1.您的性别：男（　）　女（　）

2.您的年龄：20—30（　）　30—40（　）　40—50（　）
50—60（　）

3.您是：原住居民（　）　外来人员（　）

4.您的文化程度：初中以下（　）　高中（　）　专科（　）
本科（　）　硕士、博士（　）

5.您的年均纯收入：3 000元以下（　）　3 000～6 000（　）
6 000～10 000（　）　10 000～15 000（　）
15 000～30 000（　）　30 000～50 000（　）
50 000～100 000（　）　100 000以上（　）

一、关于幼儿园工作

1.您对幼儿园的整体印象感到：
满意（　）　一般（　）　不满意（　）

2.您选择幼儿园最看重的是：
收费低（　）　教学理念新（　）　特色教育（　）　硬件好（　）
软件好（　）　饮食好（　）　口碑好（　）　就近方便（　）

3.您把孩子送至现在所在幼儿园是因为：
管理规范（　）　服务态度好（　）　教学质量高（　）
名声好（　）　环境设施好（　）　住得近（　）

4.您认为您的孩子在幼儿园发展得：

很好（ ） 好（ ） 一般（ ）

5.您认为幼儿园的那些方面让您满意？（可多选 ）

师资队伍建设（ ） 办园质量（ ） 育人水平（ ）

伙食（ ） 服务态度（ ） 生活护理（ ） 课程设置（ ）

孩子能力培养（ ）

6.您对幼儿园的膳食工作感到：

较满意（ ） 满意（ ） 一般（ ）

7.您最关心孩子在幼儿园的哪些方面：

学习（ ） 习惯培养（ ） 生活情况（ ） 情绪（ ）

身体状况（ ）

8.您认为幼儿园目前存在的安全隐患有哪些：____________

____

9.您理想当中的幼儿园教育应该是什么样的：____________

____

二、关于幼儿园教育教学及教师工作

1.教师是否较具亲和力，对您的孩子是否热情有礼貌：

较好（ ） 好（ ） 一般（ ）

2.老师和孩子的情感融洽，孩子热爱班集体，喜欢上幼儿园程度：

较喜欢（ ） 喜欢（ ） 一般（ ）

3.教师对家长热情，能听取家长合理的建议和意见，尽量满足需求情况：

经常（ ） 偶尔（ ） 很少（ ） 没有（ ）

4.您认为班级教师的责任心，师德师风情况：

优秀（ ） 良好（ ） 一般（ ）

5.老师是否经常主动向您反馈孩子在园的情况：

经常（ ） 偶尔（ ） 无（ ）

6.您对班级教学质量的评价：

很满意（ ） 较好（ ） 一般（ ）

7. 您对班级环境卫生质量的评价：

清洁（　）　整齐（　）　零乱（　）

8. 您认为班级教师最需要提高的方面：________________

附录4　郑州市城中村儿童受学前教育现象调查问卷

时间：____月____日____时　　地点：________　调查员：______

尊敬的家长，你好！

我们是华北水利水电大学的学生，现在进行一项关于郑州市城中村儿童受学前教育现状的调研。我们真诚希望您能通过该问卷得到一些您的真实感受和看法，谢谢您的合作！（注：问卷不涉及关于您本人的任何私人信息）

一、关于孩子的问题

1. 您对孩子上幼儿园以来卫生习惯、行为习惯方面进步满意吗：

满意（　）　不满意（　）

2. 您对孩子上幼儿园以来兴趣、性格方面的进步满意吗：

满意（　）　不满意（　）

3. 您关心您孩子在幼儿园的成绩吗：

非常关心（　）　有时会问一下（　）　不关心，幼儿园是玩的地方，成绩不重要（　）

4. 您希望您的孩子在幼儿园学到些什么（可多选）：

学做人（　）　学自信（　）　学能力（　）　养成良好的行为习惯，形成良好的个性品质（　）

学自理（　）　学会学习（掌握知识、技能、为小学打基础）（　）游戏（　）

外语和特色教育（　）　开发智能（　）　学什么由园方教师定（　）

5. 您认为您的孩子在幼儿园每天应该有多长时间的户外活动：

2个小时（　）　3个小时（　）　3个小时以上（　）

6.您认为对一个现在的儿童来讲，童年应当怎样度过最好？

以玩为主（　）　学习一些有用的知识（　）　既玩又学（　）

二、对家长

1.您清楚知道孩子班上老师的联系电话吗，是否有主动打电话联系了解孩子情况？

知道，经常联系，或者特殊情况联系（　）

不清楚，不主动（　）　忘记了（　）

2.您多长时间主动与老师联系一次：

约一学期（　）　约一个月（　）　约一个星期（　）　从来没有（　）

3.您是否愿意参与幼儿园组织的活动：

很愿意（　）　有时间偶尔参加（　）　不乐意（　）

4.您是否做到经常关注幼儿园内的家园联系栏，及时配合班级工作：

经常（　）　偶尔（　）　很少看（　）　没看过（　）

5.您知道如何通过电脑登陆过我们幼儿园幼教通的网站了解孩子在幼儿园的情况吗？

知道并经常浏览（　）　不清楚，没浏览过（　）

6.您了解孩子在幼儿园的情况的方式是

看家里表现（　）　听孩子汇报（　）　等老师告知（　）

主动打电话问老师（　）　到幼儿园问老师（　）

没了解过（　）

7.您认为孩子有时不愿上幼儿园的原因：＿＿＿＿＿＿＿＿

附录5　郑州市城中村儿童受学前教育现象访谈节录

居委会访谈记录

问：请问你们居委会主要管理城中村的哪些方面呢？

答：我们居委会管理主要是：卫生、计生、协同治安、民事纠纷和思想教育等方面，比如同民警一起管理不法商贩，还有就是对外来人员的登记管理。

问：请问你们居委会对城中村内孩子上学情况了解吗？

答：还算比较了解吧，大部分孩子都是在这附近的学校上学。

问：那你们对于内部幼儿园的情况了解有多少？

答：村子里幼儿园都不是公办的，一般是私人开办，招收的也是这一片的孩子，每个月的费用比公办的要低很多，毕竟这的人外来人口比较多，收入不算高，也送不起孩子去好的学校。但这些幼儿园的办学质量还是不错的，比较受欢迎的。

问：那这些幼儿园有规定的证件吗？办园的条件怎么样？

答：恩，这的幼儿园都是私人开办的，和正规的办园条件相差比较大，是没有证件的，可以说是无证幼儿园，但是这的孩子需要上幼儿园，大家也是睁一只眼闭一只眼。办园地点一般都是租用当地人的房屋，周边环境相对来说比较复杂，但这也是没有办法的办法。

问：那你们有没有采取相关的措施来保证孩子们的安全呢？

答：紧急应对措施我们还是有的，但对于教育这一块我们懂得也不多，对于孩子们的安全除了老师平时多注意，家长多防范，我们能做的也只是协助他们处理一些治安方面的问题。

家长采访记录

职业：个体　　　　　　　　性别：女　　　　　　　　年龄：38 岁

问：您是原住民还是外来人口啊？
答：外来人口。

问：您家总共几个孩子？有没有上幼儿园的？
答：家里是 3 个孩子，有一个正在上幼儿园，就在这村里的新艺幼儿园。

问：那您为什么选择这所幼儿园呢？
答：上不起政府办的幼儿园，这个是民办的幼儿园，每个月的费用才 400 多，离家又近，每天接送她比较方便，而且这的老师教的还是不错的。

问：孩子在这个幼儿园学得怎么样？您有经常地和老师联系了解她在园内的表现吗？
答：孩子学的还是不错的，比在家好得很，幼儿园有很多小朋友和她一起玩，总比天天跟着我出来卖东西强得多。我一天基本上都在外边呆着，也就是孩子放学的时候去接她，老师一般是有事才和她联系，孩子在幼儿园的表现，也只是回家的时候问问她，犯错误了老师会在接送孩子的时候说一说。

问：您对孩子的教育期望是什么呢？
答：在学校好好学习，别像我们一样文化低，生活都是问题，把他们自身提升上去就行了。

结　语

新型农村社区是我国新型城镇化过程中出现的新的社区形态，也是支撑新型城镇化发展的基本单元。新型农村社区的形象设计不是单一层面上建构的农村社区形象，也不是西方 20 世纪初兴起的“城市美化运动”的翻版，而是从观念到行为，从行为到视觉，从视觉到农村文化结构的重构，是整合提升乡村社会价值观、农民行为礼仪和乡村空间环境，是新型城镇化建设的必然要求，是从一种新视角致力于农村传统形象更新营造的方法。

新型农村型社区形象作为地区形象的一种资源，对内创造凝聚力，对外创造辐射力，通过建构形象识别体系，塑造现代发展与传统文化的新生长点。在乡村社会的变迁中，新型农村区形象战略是农村社区快速持久发展利益的一种理念选择，是农村社区对未来发展和文化传统的继承和发扬，是一种对未来美好形象建设的理想发展观，是一种有了科学定位后需要长期坚持下来的可持续发展战略，是一个地区各方面因素综合发展的系统。形象资源是新型农村社区内在品质的外在表现，塑造美好的形象不仅为居民提供了良好的工作、学习、生活环境，还为社区增强了居民凝聚力、向心力和认同感；同时也展示了社区的美丽底蕴和对外形象，为农村社区的高吸引力、竞争力、辐射力和美誉度奠定基础。

我们关于农村地区形象的研究早在 2006 年新农村建设开始就着手进行，直到近两年，才逐渐形成较为完整的新型农村社区形象设计的体系构建。课题的研究创造性地提出对新型农村社区形象要素的重新定义，摆脱了传统“形象”塑造过程中对物质空间塑造的过度依赖，有效的解决乡村表面“美化”运动产生的“一过性”建设问题。同时，课题研究强调城乡整体形象体系构建的层级性和差异性，侧重城市文化与乡村文化的“结合”与“独立”并存，反对“同质化”泛滥；对于快速城镇化过程中出现的城乡差异盲目“趋同性”问题提出有效策略。同时，课题研究倡导在新型农村社区建设中人工环境要素与自然环境要素为一体的形象设计观念。针对农村社区建设的长期性与转型特点，从生态学的角度对社区形象塑造提出要求。

我们的研究可以广泛的应用在城乡规划的各个层面，从总体规划到详细设计，从综合、系统的宏观策略到微观小尺度的具体地块控制都可以进行独立操作，也可以与城乡规划的各个层级规划相结合，为规划设计单位编制相应规划提供指导和参考。同样，研究可以应用在政府决策部门，从政策调控、立法支持等方面对新型农村社区建设进行宏观控制和引导。

当然，我们的研究内容和工作也存在一定的问题，下一步所要进行的分析工作是显而易见的。随着新型城镇化的纵深推进，我们接下来的首要工作就是建立新型农村形象定量的评价方法，设定总体形象的定性评价标准。其次，是运用我们现有的分析方法，进行更恰当的取样分析和案例实践，使得我们的形象体系更加的完善、合理、可靠，具有更大范围的推广价值和意义。

参考文献

[1]推进新型城镇化的实践与探索——2011—2012 河南新型城镇化发展形势分析与展望系列研究之一.河南省社会科学院课题.

[2]李政新,白玉.加快新型农村社区建设是实现新型城镇化的有效途径——关于河南安阳滑县锦和新城建设的实践与思考[J].农村农业农民,2011.

[3]陈斌.小城镇形象探索的战略与研究[D].同济大学,2006.

[4]朱城琪.城市 CIS 城市形象营造的方法初探[D].西安建筑科技大学,2003.

[5][美]凯文·林奇.城市意象[M].方益萍,何晓军译.北京:华夏出版社,2001.

[6]杨盖尔著.交往与空间[M].何人可译.北京:中国建筑工业出版社,2002.

[7]段汉明.城市设计概论[M].北京:科学出版社,2006.

[8]芦原义信.外部空间设计[M].北京:中国建筑工业出版社,1985.

[9]王云霞.小城镇形象设计研究——以江南水乡为例[D].苏州科技学院,2008.

[10][美]埃德蒙·N·培根著.城市设计[M].黄富厢,朱琪译.北京:中国建筑工业出版社,2003.

[11]新型城镇化合村并城新型社区建设五年行动计划暨 2012 年工作任务(征求意见稿).

[12]河南省新型农村社区规划建设导则.

[13]诸葛鹏.农村社区变迁与新农村社区建设研究[D].山东农业大学,2011.

[14][美]克里斯托弗·亚历山大著.城市并非树形[J].严小婴译.建筑师,1985(24).

[15]陈满妮.基于行为特征的关中新型乡村社区邻里交往空间研究[D].长安大学,2013.

[16]周深.南方居住区户外环境设计研究[D].湖南大学,2005.

[17]王达生.看不见的手:城市设计导则对建筑形态的控制研究[D].重庆大学,2009.